図解で早わかり

三訂版

労働安全衛生法のしくみ

社会保険労務士
林 智之 [監修]

三修社

　　　　　本書に関するお問い合わせについて

　本書の記述の正誤、内容に関するお問い合わせは、お手
数ですが、小社あてに郵便・ファックス・メールでお願い
します。お電話でのお問い合わせはお受けしておりません。
内容によっては、ご質問をお受けしてから回答をご送付す
るまでに1週間から2週間程度を要する場合があります。

　なお、本書でとりあげていない事項や個別の案件につい
てのご相談、監修者紹介の可否については回答をさせてい
ただくことができません。あらかじめご了承ください。

はじめに

　会社を繁栄させるために「利益を出す」「顧客に誠意をもって対応する」などの経営方針を掲げて運営することは必要なことですが、その前提として、何よりも、「会社で働く従業員の安全を守ること」が重要になります。従業員が適切な管理の下で安心して業務を行うことで、会社の利益は生み出すことができるからです。

　会社が管理を怠った場合には、重大な労働災害を引き起こす可能性があります。災害の度合いによっては従業員の生命に係る深刻なものがあり、その場合は会社もまた貴重な人材や売上、対外的な信用を失い、さまざまな被害を受けることが予想されます。このような労働災害を防止するため、国は労働安全衛生法という法律により、事業主が職場の安全管理のために行うべきさまざまな義務の内容について定めています。しかし、安全衛生の分野には日常生活ではあまりなじみのない専門用語が多いため、具体的に何から始めたらよいのかがわからない事業主が多いことも実情です。

　本書は、安全管理体制に必要な内容についてわかりやすく解説した入門書です。まず、労働安全衛生法の概要について説明した上で、安全衛生管理体制のしくみについて順を追って解説しています。また、業種特有の危険性や防止策、従業員の防災意識を高めるための安全衛生教育の内容についても網羅しました。本書では、「化学物質管理者」「保護具着用管理責任者」の選任義務化などを定めた、令和6年（2024年）4月施行の労働安全衛生法の施行規則や施行令など、最新の法改正、ガイドラインなどの改定についてもフォローしています。労働災害に伴う労災保険や健康保険のしくみを解説するとともに、巻末には安全衛生に関する規程フォーマットや行政へ提出する書類の記入例も掲載しており、実務上のさまざまな場面で活用できるような構成になっています。

　本書を通じて、皆様の職場の安全管理体制の整備や、職場環境の向上に少しでもお役に立てるよう、心よりお祈り申し上げます。

監修者　社会保険労務士　林　智之

CONTENTS

はじめに

PART 1　労働安全衛生法・労災保険の基本

1	労働安全衛生法①	10
2	労働安全衛生法②	12
3	事業場・事業者・労働者	14
4	事業者・労働者の責務	16
5	安全配慮義務	18
6	労災保険	22
	資料　労災保険の料率	24

PART 2　安全衛生管理体制の全体像

1	安全衛生管理体制	26
2	総括安全衛生管理者	30
3	安全管理者	32
4	衛生管理者	34
5	安全衛生推進者・衛生推進者	36
6	作業主任者	38
7	産業医	40
8	安全委員会・衛生委員会・安全衛生委員会	42
9	下請けと元請けが混在する建設現場での安全衛生管理体制	46
10	元方事業者が講ずべき措置	50
11	現場監督が講ずべき措置	54

12	注文者が講ずべき措置	56
13	ジョイントベンチャーでの代表者選出	60
14	安全衛生管理規程	62
15	従業員が業務中に負傷したときの報告書	64
16	その他作成する書類	66
Column	偽装請負の問題	68

PART 3　危険防止と安全衛生教育

1	危険や健康被害を防止するための事業者の措置	70
2	建設現場などにおける事業者の義務	72
3	騒音・振動の防止対策	74
4	酸素欠乏や粉じんに対する対策	78
5	石綿対策	80
6	有害物質に対する規制や対策	84
7	建設業における救護措置	88
8	建設業における災害防止対策	92
9	機械等の安全確保のための規制	94
10	機械の使用にあたっての注意点①	96
11	機械の使用にあたっての注意点②	98
12	機械の使用にあたっての注意点③	100
13	作業環境を確保するための必要な措置①	102
14	作業環境を確保するための必要な措置②	106
15	作業環境を確保するための必要な措置③	108

16	ずい道における危険防止措置	110
17	危険物の取扱い	112
18	安全衛生教育①	116
19	安全衛生教育②	120
20	建設現場における特別教育①	122
21	建設現場における特別教育②	126
22	建設現場における特別教育③	130
23	就業制限のある業務	134
Column	最近の労働安全衛生法に関する改正	136

PART 4　メンタルヘルスと安全管理

1	メンタルヘルスと安全配慮義務	138
2	メンタルヘルス対策	140
3	1次予防・2次予防・3次予防	144
4	うつ病と労災	148
5	過労死・過労自殺と労災	152
6	過労死の認定基準	154
7	過労死と労災申請	158
8	健康診断①	160
9	健康診断②	164
10	ストレスチェック	166
11	職場環境づくりのための措置	170
12	労働災害防止のための措置	174
13	届出や審査が必要な仕事	176

14	労災事故が発生した場合の手続き	180
15	派遣労働者の安全衛生①	182
16	派遣労働者の安全衛生②	184
17	労働安全衛生法違反の罰則	188
Column	出向と労災の適用	190

PART 5　労災保険・健康保険のしくみ

1	労災保険の適用と特別加入	192
2	業務災害	194
3	労災の補償内容	196
4	労災保険の特色と申請手続き	198
5	療養（補償）給付	202
6	休業（補償）給付	204
7	傷病（補償）年金	208
8	障害（補償）給付	210
9	遺族（補償）給付	212
10	介護補償給付	214
11	二次健康診断等給付	216
12	労災で死亡したときの給付	218
13	健康保険	220
14	傷病手当金	222
15	寄宿舎での事故・トラブル	224
Column	健康保険の埋葬料等	226

巻末　書式集

書式1	安全衛生管理規程	228
書式2	労働者死傷病報告（休業が４日以上の場合）	231
書式3	労働者死傷病報告（休業が４日未満の場合）	232
書式4	事故報告書（安全衛生規則第96条関係）	233
書式5	定期健康診断結果報告書	234
書式6	心理的な負担の程度を把握するための検査結果等報告書	235
書式7	安全衛生教育実施結果報告	236
書式8	総括安全衛生管理者・安全管理者・衛生管理者・産業医選任報告	237
書式9	共同企業体代表者（変更）届	238
書式10	特定元方事業者等の事業開始報告	239
書式11	機械等設置・移転・変更届	240
書式12	建設工事・土石採取計画届	241
書式13	クレーン設置届	242
書式14	特別加入申請書（中小事業主等）	243
書式15	療養補償給付たる療養の給付請求書	244
書式16	療養補償給付たる療養の費用請求書	245
書式17	休業補償給付支給請求書	247
書式18	健康保険傷病手当金支給申請書	250
書式19	葬祭料請求書（業務災害用　表面）	254
書式20	遺族補償年金支給請求書	255

PART 1

労働安全衛生法・労災保険の基本

PART1 1

労働安全衛生法・
労災保険の基本

労働安全衛生法①

労働者が快適に職場で過ごせるようにする法律

■ どんな法律なのか

　労働安全衛生法は、職場における労働者の安全と健康を確保し、快適な職場環境を作ることを目的として昭和47年に制定された法律です。このため、同法1条には「労働基準法と相まって、職場における労働者の安全と健康を確保するとともに、快適な職場環境の形成を促進する」と規定されています。

　労働安全衛生法には、①同法の目的を達成するために厚生労働大臣や事業者などが果たすべき義務、②機械等や危険物・有害物に対する規制、③労務災害を防止するために講じなければならない措置、④事業者が労働者の安全を確保するために安全衛生を管理する体制を整えること（安全衛生管理体制の確立）、⑤同法に違反した際の罰則などが規定されています。

■ どのような組織を配置する義務があるのか

　労働安全衛生法は、労働者の安全と衛生を守るため、安全管理体制を構築すべく、さまざまな役割を負った組織（スタッフなど）を事業場に配置することを事業者に義務付けています。労働安全衛生法により配置が義務付けられている組織は、総括安全衛生管理者、産業医、安全管理者、衛生管理者、安全衛生推進者・衛生推進者、安全委員会・衛生委員会などです。

　また、建設業など請負の労務関係で行われる仕事は、「元請けから依頼を受けた下請けが、さらに孫請けに依頼する」というように数次にわたる関係となるため、一般の安全衛生管理体制とは異なる安全衛生管理体制の構築が求められています。

労働安全衛生法1条

本文記載の他にも、労働安全衛生法1条は「職場における労働者の安全と健康の確保」と「快適な職場環境の形成」という目的を達成するため、企業側（事業者）に「労働災害の防止のための危害防止基準の確立」を求めている。

10

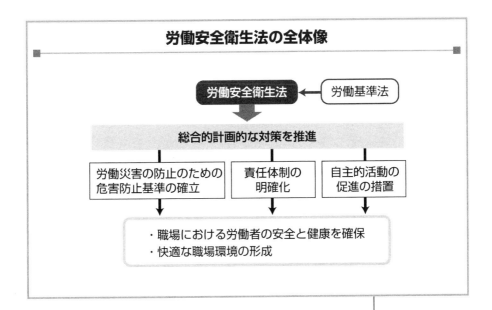

■ 事業者が講じるべき措置

　労働安全衛生法は、事業者が配置すべき組織の種類の他にも、事業者が講じるべき措置について定めています。

　まず、機械等の設備による危険、爆発性・発火性の物などによる危険、掘削・採石・荷役などの業務における作業方法から生じる危険などを防止する措置を講じなければならないことを定めています（20条、21条）。次に、ガス・粉じん・放射線・騒音・排気などにより、労働者に健康被害が生じないような措置を講じなければならないとしています（22条）。

　さらに、下請契約が締結された場合には、元請業者（元方事業者）は、下請業者（関係請負人または関係請負人の労働者）に対して、労働安全衛生法や関係法令に違反することがないよう、必要な指導をしなければならないとしています（29条）。

　この他にも、事業者が講じなければならない措置としてさまざまな事項が定められています。

> **事業者が講じなければならない措置**
> 総括安全衛生管理者などの選出や安全衛生委員会などを開催する「安全衛生管理体制の整備」や、労働者に対する「安全衛生教育の実施」、労働者の健康を保護するための「健康診断の実施」などが挙げられる。

PART1 2

労働安全衛生法・
労災保険の基本

労働安全衛生法②

労働者の生命・健康を守るためのさまざまな措置を行う

■ 労働者への安全衛生教育

労働安全衛生法では、事業者が労働者の生命や健康を守るために安全衛生教育を行わなければならないことを定めています。

たとえば、事業者は、新たに労働者を雇い入れた場合や作業内容を変更した場合、労働者に対して安全衛生についての教育を行うことが義務付けられています（59条）。

■ 労働者の健康保持のための検査

労働安全衛生法は、労働者の健康を守るために、いくつかの検査を行うことを事業者に義務付けています。

まず、有害物質を扱う屋内作業場などでは、労働者の健康が害される可能性が高いため、作業環境下での空気の汚染度合いの分析をする作業環境測定を行わなければなりません（65条）。

次に、事業者は、労働者に対して定期的に健康診断を実施しなければならず（66条）、実施後には、診断結果（異常所見がある労働者に係るものに限る）に対する事後措置について医師の意見を聴くことも義務付けられています（66条の4）。

このような検査を経て、労働者の健康が害されるおそれがあると判明した場合、事業者は必要な対策を講じなければなりません。たとえば、作業環境測定により労働者への悪影響の可能性が判明した場合は、新たな設備の導入などを行い（65条の2）、健康診断により労働者の健康状態の悪化が判明した場合は、労働時間の短縮や作業内容の変更などを行います（66条の5）。

職長教育

本文記載の安全衛生教育の他にも、現場で労働者を指導監督する者（職長など）に対しては、労働者の配置や労働者に対する指導の方法などについて、安全衛生の観点からの教育（職長教育）を行わなければならない（60条）。

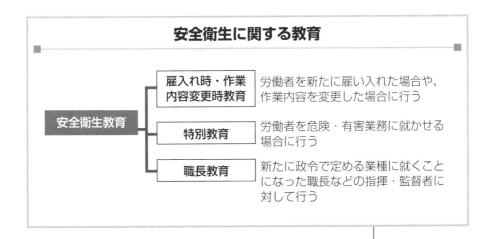

■ 快適な職場環境を形成するために

事業者は、労働者が快適に労務に従事できるよう、職場環境を整えるよう努めなければなりません（71条の2）。具体的には、厚生労働省が公表する「事業者が講ずべき快適な職場環境の形成のための措置に関する指針」を参考にします（71条の3）。

そして、これらの措置を講じるにあたり、労働者の意見を反映させ、継続的かつ計画的に取り組んでいく必要があります。労働者にストレスが生じやすいという状況をふまえ、労働者が働きやすい環境を作ることが必要です。

また、労働者が労働災害に遭うことを防ぐため、厚生労働大臣には労働災害防止計画の策定・変更が義務付けられています。具体的には、①関係者がめざす計画の目標（死亡者数の減少など数値目標を掲げる）、②重点施策、③重点施策ごとの具体的取組み、などの策定をします。労働災害防止計画の策定・変更にあたっては、労働政策審議会の意見を聴くことが必要です。その上で、社会情勢による労働災害の変化を反映させ、労働災害の防止のための主要な対策に関する事項や、その他労働災害の防止に関し重要な事項を定めます。

事業者が講ずべき快適な職場環境の育成のための措置に関する指針

この指針では、労働環境を整えるために空気環境、温熱条件、視環境、音環境を適切な状態にすることが望ましいとされている。また、労働者に過度な負荷のかかる方法での作業は避け、疲労の効果的な回復のため休憩所を設置することも重要である。

PART1
3

労働安全衛生法・
労災保険の基本

事業場・事業者・労働者

同じ会社でも場所が離れていれば事業場は区別される

■ 事業場について

　労働安全衛生法は、事業者にさまざまな義務を課す上で、「事業場」ごとに義務付ける（事業場が適用単位になる）という制度を採用しています。事業場については、同一場所にあるものは原則として1つの事業場となるのに対し、場所的に分散しているものは原則として別個の事業場と判断されます。

　たとえば、東京に本社、大阪・横浜・福岡に支社がある事業者の場合、東京本社が1つの事業場、3つの支社でそれぞれの事業場となるため、1つの事業者が4つの事業場を有することになります（次ページ図）。ただし、場所的に分散しているものであっても、出張所や支所など規模が著しく小さく、1つの事業場という程度の独立性がないものは、直近上位の機構と一括して1つの事業場として取り扱われます。

　反対に、同じ場所にあっても、著しく「働き方」（労働の態様）を異にする部門がある場合において、その部門を別個の事業場としてとらえることで、労働安全衛生法がより適切に運用できるときは、その部門を別個の事業場としてとらえます。たとえば、工場と診療所が同じ場所にある場合に、工場と診療所を別個の事業場としてとらえるのが典型的な例です。

■ 業種の区分について

　建設業や製造業の現場では大変危険な作業が伴います。重大事故を引き起こす危険性も高いため、労働安全衛生法は、機械や化学物質の取扱いについてさまざまな規制を設けています。

他の事業場と一括して1つの事業場となる場合

新たに出張所が設置され、労働者が1名しかいないケースなどは、出張所に事業場としての独立した機能がないと判断されると、その出張所の上位となる部署・組織と一括して1つの事業場として取り扱われることになる。

フリーランス等の個人事業者も保護の対象になる

令和6年11月よりフリーランス（特定受託事業者）でも労災保険に特別加入できるようになり、通常の労働者と同様の補償を受けられるようになった。
また、フリーランス等の個人事業者の安全衛生対策について、注文者（発注者）の安全衛生配慮義務や個人事業者の労災報告制度の創設、過重労働による脳・心臓疾患や精神障害が起きた場合の労基署への申告が可能なしくみづくり等の検討が行われている。

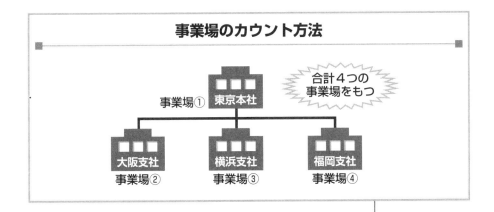

　1つの事業場で行われる業態ごとに定められているのが「業種」です。労働安全衛生法は、業種に応じて異なる安全衛生管理の規制が定められています。1つの事業場において適用されるのは1つの業種のみであるため、同一の場所で複数の業務が行われる場合には、業種ごとに事業場も区別されます。

■ 労働安全衛生法上の事業者や労働者について

　労働安全衛生法には、その事業場で働く労働者の健康と安全を守るために、事業主と労働者が守らなければならない事項が規定されていますが、その大部分は事業者が行わなければならない措置あるいは行うことが禁止されている事項です。

　ここで「事業者」とは、その事業における経営主体、つまり「事業を行う者で、労働者を使用するもの」です（2条3号）。個人企業の場合は、その個人企業を経営している事業主個人が事業者となり、株式会社や合同会社などの法人企業の場合は、法人自体が事業者になります。これに対し、事業または事務所（同居の親族のみを使用する事業または事務所を除く）に使用され、賃金を支払われる者が「労働者」です（3条2号）。ただし、家事使用人などは労働安全衛生法の適用が除外されます。注意すべき点は、名称や雇用の形態などは無関係だということです。

業種の区別
たとえば、工場と事務所が同一の場所にある場合には、工場が製造業、事務所がその他の業種としての適用を受けることになる。

名称や雇用の形態は無関係
たとえば、役員の地位を与えられていても業務執行権を有する者の指揮命令下で労働している場合や、請負契約を結んでいても業務の実態が被雇用者と変わらない場合には、労働者とみなされることがある。

PART1
4

労働安全衛生法・
労災保険の基本

事業者・労働者の責務

事業者は、民事・刑事責任の対象となり、行政処分を
受ける可能性もある

■ 事業者の責務・労働者の責務とは

　労働安全衛生法が定められた目的は「労働者の安全と衛生を
守ること」で、労働災害防止もその一環とされています。労働
条件全般については、労働基準法が規定していますが、特に労
働者の安全・衛生に特化して、労働基準法から独立して制定さ
れた法律です。そのため、労働安全衛生法では、事業者の責務
として以下のような点が規定されています。

・労働安全衛生法で定める労働災害防止のための最低基準を守る
・快適な職場環境の実現と労働条件の改善を通じて職場におけ
　る労働者の安全と健康を確保する
・国が実施する労働災害防止に関する施策に協力する

　一方、事業者がどんなに労働災害の防止に努め、労働者の安
全と健康を守る努力をしたとしても、労働者がそれを損なうよ
うな行為をしていては効果をあげることはできません。そのた
め、労働安全衛生法では、労働者側の責務として事業者が行う
措置に協力することなどを規定しています。

■ 事業者にはどんな責任が課されるのか

　労働災害を発生させた事業者は、刑事責任・民事責任の対象
となるとともに、行政処分を受ける場合もあります。

・刑事責任

　労働安全衛生法の多くの規定の違反については刑事責任の対
象になりますが、労働安全衛生法が規定する刑罰は、違反行為
者である個人（自然人）に科されるのが原則です。ただし、違

労働者側の責務
労働安全衛生法4条に
おいて、「労働者は、労
働災害を防止するため
必要な事項を守る他、
事業者その他の関係者
が実施する労働災害の
防止に関する措置に協
力するように努めなけ
ればならない」と規定
されている。

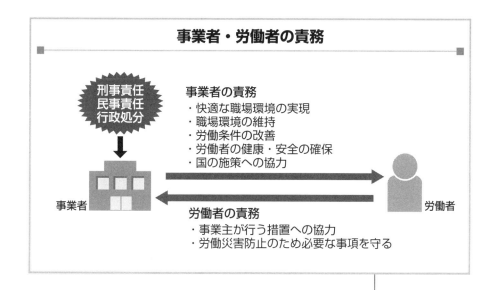

反行為者が事業者の代表者や従業者などである場合には、代表者や従業者などに刑罰が科されるとともに、その事業者にも罰金刑が科されます。これを両罰規定といいます。

・民事（民事損害賠償）責任

労働災害によって死傷した労働者またはその遺族は、労働者災害補償保険（労災保険）の給付を受けることができます。しかし、それだけですべてが片付くわけではありません。労働者が労働災害によって受けた精神的苦痛や財産的損害を賠償する民事上の責任が、事業者に対して生じることがあります。

・行政処分

労働安全衛生法の一定の規定に違反する事実がある場合、事業者や注文者などは、作業の停止や建設物等の使用停止・変更といった行政処分を受ける可能性があります。労働安全衛生法に違反する事実がなくても、労働災害発生の急迫した危険があって緊急の必要がある場合、事業者は、作業の一時停止や建設物等の使用の一時停止といった行政処分を受ける可能性があります。

両罰規定

事業者が違反行為者とともに処罰される場合は、特に法人が人間（自然人）でないことを考慮し、人間を前提とする懲役刑・禁錮刑などは科されず、罰金刑のみが科されるとしている。
なお、令和7年6月以降は懲役刑と禁錮刑が一本化されて「拘禁刑」となる。

PART1

5

労働安全衛生法・
労災保険の基本

安全配慮義務

労働者の安全や健康を守るため必要な措置を講ずることが必要

■ 安全配慮義務とは

事業者（使用者）には「安全配慮義務」が課せられています。安全配慮義務とは、労働者が職場において安全に労務を提供できる環境を整備する義務ということです。これは労働災害の発生を防止し、労働者を保護するために定められた最低限度の義務だといえます。

そして、労働契約法5条は、「使用者は、労働契約に伴い、労働者がその生命、身体等の安全を確保しつつ労働することができるよう、必要な配慮をするものとする」と規定して、事業者（使用者）が労働者に対して安全配慮義務を負うことを明示しています。

安全配慮義務違反の責任者

従業員に対する安全配慮義務違反があった場合、主として、会社やその代表者、取締役等の役員、管理監督者や労災事故の加害者が損害賠償責任を負う可能性がある。

■ 具体的な措置内容とは

安全配慮義務を果たすためにどのような対策を講じていくかについては、さまざまな場面が想定できるため、ケース・バイ・ケースで考えていく必要があります。

たとえば、危険な作業方法などを伴う仕事に従事する労働者に対しては、労働者を危険から守るための措置を具体的に講じることが必要です。

また、労働時間が長くなりすぎてしまい、労働者が過労死しかねない状況が生じている場合には、その労働者の業務内容を洗い出した上で、振り分けが可能な業務を他の労働者に行わせたり、新たな労働者を雇用したりするなど、労働者の負担を軽減するような措置を講じることが要求されます。

安全配慮義務を果たすための会社側の対策

安全配慮義務を果たすための対策

- 危険な作業方法を伴う仕事については労働者が危険な状態に陥らないようにする措置を講じる
- 労働者の負担を軽減するような措置を講じる
- 専門医によるカウンセリングを定期的に実施する
- カウンセリングなどで問題が発覚した場合には、その都度適切な措置を講じる
- 労働者の安全や健康を守るために必要なことは何かを常に考えておく

　労働者の健康のために普段から行うべきことは、専門医によるカウンセリング（健康相談）を定期的に実施することです。カウンセリングにより何か問題が発覚した場合には、その都度適切な措置を講じることを考えます。

　このように、事業者（使用者）が果たすべき安全配慮義務の内容は通り一辺倒なものではなく、労働者が置かれた労働環境の状況に応じて変化します。

　労働者が劣悪な労働環境に置かれた場合、心身を害して休職をする可能性や、改善が見られないと退職につながる可能性があります。事業者は、貴重な人材を失うばかりか、場合によっては劣悪な労働環境に対する訴えを起こされるケースもあり、多大な労力を費やす危険性があります。

　このような事態を防ぐため、事業者は、労働者の安全や健康を守るために何をするべきかを常に考え、必要な配慮について措置を講じる必要があります。

必要な配慮

事業者に求めている「必要な配慮」の内容は一義的に定まるものではなく、当該事業場での労働者が担う職種や職務の内容などに応じて、個別に決定せざるを得ない。

PART1　労働安全衛生法・労災保険の基本　**19**

■ 安全配慮義務違反の具体例とは

どのような場合に安全配慮義務違反が問われるかは、労働者の置かれた環境などによって変わるため、一概に説明することはできません。ここでは、いくつかの裁判例をもとに、「安全配慮義務違反がある」という判断が下された事例を示していきます。

まず、製造現場での健康被害の発生という点において「石綿セメント管を製造していた会社の従業員に対する安全配慮義務違反」が認められたケースがあります（さいたま地裁平成24年10月10日判決）。石綿（アスベスト）に関しては、作業に従事した労働者に対する多大な健康被害が現在でもたびたび取り上げられています。石綿の健康被害については、石綿健康被害救済法に基づいて、平成19年4月以降、労災保険適用事業場のすべての事業主（事業者）に対して、石綿健康被害救済のための一般拠出金の負担を義務付けています。

次に、宿直中の労働者が外部からの侵入者により殺傷された事件が発生したケースでは、会社が外部からの侵入者を防ぐための物的設備を施すなどの措置を講じなかった点に安全配慮義務違反があったとされました（最高裁昭和59年4月10日判決）。

さらに、労働者が過労死した事件においては、会社が労働者の健康に配慮し、業務の軽減・変更などの方法で労働者の負担を軽減するための適切な措置をとらなかった点に安全配慮義務違反があったとされました（東京高裁平成11年7月28日判決）。

他にも、労働者が勤務中に自動車の運転を誤って同乗者を死亡させた事件では、会社などの安全配慮義務として、車両の整備を十分に行う義務や、十分な運転技術を持つ者を自動車の運転手として指名する義務があるとされています（最高裁昭和58年12月6日判決、最高裁昭和58年5月27日判決）。

このように、安全配慮義務はさまざまな場面で問題となります。事業者は、自社の労働者を危険から守るためにどのような安全配慮義務を負うのかについて、常に考えていく必要があります。

一般拠出金

石綿は、これまで多くの業種において幅広い利用がなされてきたため、拠出の対象は石綿製造に係る事業主に限らず、労災保険が適用されるすべての事業主である。料率（負担割合）は業種を問わず一律で、労働保険の年度更新手続時または事業終了（廃止）時に、一般拠出金の申告と納付を行う。

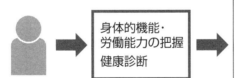

■ 中高年齢者に対しての安全配慮

近年、少子高齢化や不景気などの影響により、中高年の労働者の割合が増加する事業場が多くあります。

経験豊富で知識量、技術力の高い労働者がいるのは事業場にとって財産といえるものの、その一方で年齢が高くなるに従って心身の機能が衰え、労働能力が低下する人がいることも事実です。

このため、労働安全衛生法では事業者に対し、「中高年齢者の就業について、心身の条件に応じて適正な配置を行うように努力すること」を求めています。

安全配慮の内容としては、たとえば、身体的に過重な負担がかかる作業を行う部門から軽易な作業を行う部門に移す方法や、それまで1人で行っていた業務を複数で分担できるようにするといった方法が考えられます。

なお、ここでいう「中高年齢者」とは、厚生労働省ではおおむね45歳以上を想定しています。しかし、労働者の身体的機能や労働能力は、単純に年齢だけではかれるものではありません。事業者としては個々の労働者の心身の状況をチェックした上で、それぞれに必要な対策を検討することが必要です。

> **治癒に時間を要する**
>
> 中高年齢者（中高齢者）が労働災害にあった場合、若年者に比べて、治癒に多くの日数が必要であるという傾向もある。

PART1
6

労働安全衛生法・
労災保険の基本

労災保険

仕事中にケガをしたときの補償である

■ 労災保険は仕事中・通勤途中の事故を対象とする

労働者災害補償保険（労災保険）は、仕事中や通勤途中に発生した労働者のケガ、病気、障害、死亡に対して、迅速で公正な保護をするために必要な保険給付を行うことを主な目的としています。また、その他にも、負傷労働者やその遺族の救済を図るためにさまざまな社会復帰促進等事業を行っています。労災保険は労働者の稼得能力（働いて収入を得る能力）の損失に対する補てんをするために、必要な保険給付を行う公的保険制度ということになります。

労災保険は事業所ごとに適用されるのが原則です。本社の他に支社や工場などがある会社については、本社も支社も、それぞれ独自に労災保険に加入することになります。ただ、支店などで労働保険の事務処理を行う者がいないなどの一定の理由がある場合には、本社で事務処理を一括して行うこともできます。

■ 1人でも雇うと自動的に労災保険が適用になる

労災保険は労働者を1人でも使用する事業を強制的に適用事業とすることにしています。つまり、労働者を雇った場合には自動的に労災保険の適用事業所になります。届出があってはじめて労災保険が適用されるわけではありません。ただし、個人経営の農林水産業の一部（次ページ図）では、従業員が家族だけという場合もあるため、事業主が申請し厚生労働大臣の許可があって初めて、適用事業所と取り扱うことになります（暫定任意適用事業）。

社会復帰促進等事業

労災による被災労働者の社会復帰の促進、その遺族に対する援護等を行う事業。
社会復帰促進等事業には、①社会復帰促進事業、②被災労働者等援護事業、③安全衛生の確保等を図るための事業がある。

暫定任意適用事業

暫定任意
適用事業

（個人経営の事業）

①農業・畜産・養蚕の事業で、常時使用労働者数が5人未満のもの

②林業で労働者を常時使用せず、年間使用延労働者数が300人未満のもの

③常時使用労働者数が5人未満の事業で、総トン数5t未満の漁船による事業と特定水面で操業する総トン数30t未満の漁船による漁業

■ 労災保険が適用される労働者と保険料

労災保険の対象となる労働者については、その事業所で労働者として働いている者すべてに労災保険が適用されます。労働者とは、正社員であるかどうかにかかわらず、アルバイト・日雇労働者や不法就労外国人であっても、賃金を支払われているすべての人が対象となります。労働者にあたるかどうかの判断は、①使用従属関係があるかどうかと、②会社から賃金（給与や報酬など）の支払いを受けているかどうかによって決まります。

代表取締役などの会社の代表者は労働者ではなく、使用者であるため、原則として労災保険は適用されません。一方で、工場長や部長などの兼務役員については、会社の代表権をもたないことから、労災保険の適用があります。また、同居の親族については、使用従属関係があり、他の労働者と同じ就業実態がある場合は、適用されます。

労災保険の保険料は、業務の種類ごとに、1000分の2.5〜1000分の88まで定められています（24ページ）。保険料は全額事業主が負担しますので、給与計算事務において、労働者の給与から労災保険料を差し引くということはありません。

> **不法就労外国人**
> 留学や観光のための資格ビザで日本に入国したにもかかわらず、資格外活動許可を得ることなく、仕事に就いて賃金を得ている外国人労働者のこと。

PART1　労働安全衛生法・労災保険の基本　　**23**

資 料 労災保険の料率

労 災 保 険 率 表

(単位：1/1,000) 　　　　　　　　　　　　　　　　　　　　　　　　　　　　　　　　　　（令和6年4月1日施行）

事業の種類の分類	業種番号	事業の種類	労災保険率
林　　　　業	02又は03	林業	52
漁　　　　業	11	海面漁業（定置網漁業又は海面魚類養殖業を除く。）	18
	12	定置網漁業又は海面魚類養殖業	37
鉱　　　　業	21	金属鉱業、非金属鉱業（石灰石鉱業又はドロマイト鉱業を除く。）又は石炭鉱業	88
	23	石灰石鉱業又はドロマイト鉱業	13
	24	原油又は天然ガス鉱業	2.5
	25	採石業	37
	26	その他の鉱業	26
建　設　事　業	31	水力発電施設、ずい道等新設事業	34
	32	道路新設事業	11
	33	舗装工事業	9
	34	鉄道又は軌道新設事業	9
	35	建築事業（既設建築物設備工事業を除く。）	9.5
	38	既設建築物設備工事業	12
	36	機械装置の組立て又は据付けの事業	6
	37	その他の建設事業	15
製　造　業	41	食料品製造業	5.5
	42	繊維工業又は繊維製品製造業	4
	44	木材又は木製品製造業	13
	45	パルプ又は紙製造業	7
	46	印刷又は製本業	3.5
	47	化学工業	4.5
	48	ガラス又はセメント製造業	6
	66	コンクリート製造業	13
	62	陶磁器製品製造業	17
	49	その他の窯業又は土石製品製造業	23
	50	金属精錬業（非鉄金属精錬業を除く。）	6.5
	51	非鉄金属精錬業	7
	52	金属材料品製造業（鋳物業を除く。）	5
	53	鋳物業	16
	54	金属製品製造業又は金属加工業（洋食器、刃物、手工具又は一般金物製造業及びめっき業を除く。）	9
	63	洋食器、刃物、手工具又は一般金物製造業（めっき業を除く。）	6.5
	55	めっき業	6.5
	56	機械器具製造業（電気機械器具製造業、輸送用機械器具製造業、船舶製造又は修理業及び計量器、光学機械、時計等製造業を除く。）	5
	57	電気機械器具製造業	3
	58	輸送用機械器具製造業（船舶製造又は修理業を除く。）	4
	59	船舶製造又は修理業	23
	60	計量器、光学機械、時計等製造業（電気機械器具製造業を除く。）	2.5
	64	貴金属製品、装身具、皮革製品等製造業	3.5
	61	その他の製造業	6
運　輸　業	71	交通運輸事業	4
	72	貨物取扱事業（港湾貨物取扱事業及び港湾荷役業を除く。）	8.5
	73	港湾貨物取扱事業（港湾荷役業を除く。）	9
	74	港湾荷役業	12
電気、ガス、水道又は熱供給の事業	81	電気、ガス、水道又は熱供給の事業	3
その他の事業	95	農業又は海面漁業以外の漁業	13
	91	清掃、火葬又はと畜の事業	13
	93	ビルメンテナンス業	6
	96	倉庫業、警備業、消毒又は害虫駆除の事業又はゴルフ場の事業	6.5
	97	通信業、放送業、新聞業又は出版業	2.5
	98	卸売業・小売業、飲食店又は宿泊業	3
	99	金融業、保険業又は不動産業	2.5
	94	その他の各種事業	3
	90	船舶所有者の事業	42

24

PART 2

安全衛生管理体制の全体像

PART2

1

....
安全衛生管理体制
の全体像

安全衛生管理体制

安全を確保するための組織を設置しなければならない

■ なぜ安全衛生管理体制の構築が必要なのか

事業者は安全で快適な労働環境を維持することが求められています。しかし、どんなに事業者が「安全第一」という理想を掲げ、環境整備を試みても、実際に業務を行う労働者にその意図が正確に伝わらず、ばらばらに動いていたのでは労働災害を防ぐことはできません。安全で快適な労働環境を維持するという目的を達成するためには、安全確保に必要なものが何であるかを把握し、労働者に対して具体的な指示を出し、これを監督する者の存在が不可欠となります。

そのため、労働安全衛生法では安全で快適な労働環境を具体的に実現するための土台として安全衛生管理体制を構築し、責任の所在や権限、役割を明確にするよう義務付けています。

■ 事業場の規模と労働者数で分類される

労働安全衛生法では、その事業場の業種や規模によって構築すべき安全衛生管理体制の内容を分類しています。まず、設置すべき組織には、次のような種類があります。

① **総括安全衛生管理者**

安全管理者、衛生管理者などを指揮するとともに、労働者の危険防止や労働者への安全衛生教育の実施といった安全衛生に関する業務を統括管理します。

② **安全管理者**

安全に関する技術的事項を管理します。

③ **衛生管理者**

安全管理者・衛生管理者

労働災害を防ぐために必要と認める場合、労働基準監督署長は、事業者に対して、安全管理者・衛生管理者の増員・解任の命令を出すことができる。

26

労働安全衛生法で配置が義務付けられている組織

業　種	規模・選任すべき者等
製造業(物の加工を含む。)、電気業、ガス業、熱供給業、水道業、通信業、各種商品卸売業、家具・建具・じゅう器等卸売業、各種商品小売業、家具・建具・じゅう器小売業、燃料小売業、旅館業、ゴルフ場業、自動車整備業、機械修理業	①常時10人以上50人未満 　安全衛生推進者 ②常時50人以上300人未満 　安全管理者、衛生管理者、産業医 ③常時300人以上 　総括安全衛生管理者、安全管理者、衛生管理者、産業医
林業、鉱業、建設業、運送業、清掃業	①常時10人以上50人未満 　安全衛生推進者 ②常時50人以上100人未満 　安全管理者、衛生管理者、産業医 ③常時100人以上 　総括安全衛生管理者、安全管理者、衛生管理者、産業医
上記以外の業種（その他の業種）	①常時10人以上50人未満 　衛生推進者 ②常時50人以上1000人未満 　衛生管理者、産業医 ③常時1000人以上 　総括安全衛生管理者、衛生管理者、産業医
建設業及び造船業であって下請が混在して作業が行われる場合の元方事業者 （元方安全衛生管理者、店社安全衛生管理者は建設業のみ選任義務がある）	①現場の全労働者数が常時50人以上（ずい道等工事、圧気工事、橋梁工事については常時30人以上） 　統括安全衛生責任者、元方安全衛生管理者 ②ずい道等工事、圧気工事、橋梁工事で全労働者数が常時20人以上30人未満、または鉄骨造・鉄骨鉄筋コンクリート造の建設工事で全労働者数が常時20人以上50人未満 　店社安全衛生管理者

衛生に関する技術的事項を管理します。

④ **安全衛生推進者・衛生推進者**

　安全管理者や衛生管理者の選任を必要としない事業場で、総括安全衛生管理者が統括管理する業務を担当します。

⑤ **産業医**

　労働者の健康管理等を行う医師のことです。

> **衛生推進者**
>
> 衛生推進者も安全管理者や衛生管理者の選任不要な事業場で、総括安全衛生管理者が統括管理する業務を担当するが、衛生に関する業務に限られている。

⑥ **作業主任者**

高圧室内作業などの政令が定める危険・有害作業に労働者を従事させる場合に選任する必要があり、当該業務に従事する労働者の指揮などを行います。

■ 業種の区分

一般の安全衛生管理体制においては、業種を次のように区分しています（前ページ図）。

ⓐ 林業、鉱業、建設業、運送業、清掃業

ⓑ 製造業（物の加工業を含む）、電気業、ガス業、熱供給業、水道業、通信業、各種商品卸売業、家具・建具・じゅう器等卸売業、各種商品小売業、家具・建具・じゅう器小売業、燃料小売業、旅館業、ゴルフ場業、自動車整備業、機械修理業

ⓒ その他の業種

■ 建設現場などでの安全管理体制

建設現場などでは、発注者から業務を直接請け負った元方事業者と、その元方事業者から業務を請け負った下請事業者（関係請負人）が混在して仕事をするのが一般的です。このような現場では、それぞれの事業者ごとに安全管理体制を構築していても管理が行き届かず、労働災害が起こりやすくなります。

そこで、労働安全衛生法では、建設業と造船業の事業者に対し、前述した安全衛生管理体制に加えて、元方事業者（特定元方事業者）が統括安全衛生責任者、元方安全衛生管理者、店社安全衛生管理者を選任し、下請事業者が安全衛生責任者を選任して、現場の全体を統括できる安全管理体制を構築するように義務付けています。なお、元方安全衛生管理者と店社安全衛生管理者は、建設業のみ選任義務があります。

① **統括安全衛生責任者**

元方事業者と下請事業者の連携をとりつつ、労働者の安全衛

業種の区分に応じた選任義務

総括安全衛生管理者は、労働者数が常時100人以上のⓐの事業場、常時300人以上のⓑの事業場、常時1000人以上のⓒの事業場で選任義務がある。安全管理者は、労働者数が常時50人以上のⓐとⓑの事業場で選任義務がある。衛生管理者や産業医は、労働者数が常時50人以上のすべての業種の事業場で選任義務がある。

元方事業者

事業者のうち、一つの場所で行う事業の仕事の一部を、請負人に依頼している事業者のこと。複数の請負関係が存在する事業の場合は、最も上位に位置する注文者（自身もその仕事の一部をしていることが必要）を指す。

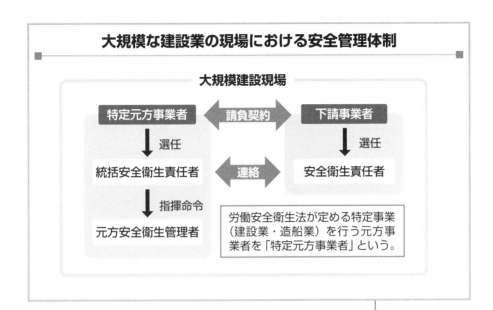

生を確保するための責任者のことです。元方事業者と下請事業者の双方の労働者が同じ現場で作業を行うことで生じる労働災害を防止するため、現場の安全衛生の統括管理を行います。

② **元方安全衛生管理者**

統括安全衛生責任者の下で技術的な事項を管理する実質的な担当者のことです。事業者から建設現場の労働災害を防止するために必要とする措置を行う権限を与えられています。

③ **店社安全衛生管理者**

統括安全衛生責任者の選任を必要としない小規模な建設現場において労働者の安全衛生を確保するため、元方事業者と下請事業者の連携をとりつつ、現場の安全衛生の指導などをする者のことです。

④ **安全衛生責任者**

統括安全衛生責任者の選任を必要とする大規模な現場において労働災害を防止するため、下請事業者が選任する現場の安全衛生を担当する者のことです。

店社安全衛生管理者

建設業のうち、①ずい道（トンネル）等工事、圧気工事、橋梁工事では全労働者数が常時20人以上30人未満の場合、②鉄骨造・鉄骨鉄筋コンクリート造の建設工事では全労働者数が常時20人以上50人未満の場合に、店社安全衛生管理者の選任が必要である。造船業では選任義務がない。

PART2
2

安全衛生管理体制
の全体像

総括安全衛生管理者

事業場の安全衛生管理の最高責任者

■ 総括安全衛生管理者とは

　総括安全衛生管理者は、事業場の安全衛生についての最高責任者です。以下の条件に該当する事業場では、総括安全衛生管理者を選任することが義務付けられています。

① 　林業、鉱業、建設業、運送業、清掃業の事業場のうち、常時100人以上の労働者を使用している場合

② 　製造業（物の加工業を含む）、電気業、ガス業、熱供給業、水道業、通信業、各種商品卸売業、家具・建具・じゅう器等卸売業、各種商品小売業、家具・建具・じゅう器小売業、燃料小売業、旅館業、ゴルフ場業、自動車整備業、機械修理業の事業場のうち、常時300人以上の労働者を使用している場合

③ 　その他の業種の事業場のうち、常時1000人以上の労働者を使用している場合

　上記の条件に合致している事業場が総括安全衛生管理者を選任しなかった場合、事業者には50万円以下の罰金が科せられる可能性があります。

■ どんなことをしなければならないのか

　総括安全衛生管理者の役割は、安全管理者や衛生管理者を指揮し、事業場全体の安全衛生を守ることです。具体的には以下のような業務について統括管理を行います。

① 　労働者の危険または健康障害を防止するための措置に関すること

② 　労働者の安全または衛生のための教育の実施に関すること

総括安全衛生管理者の選任

業　種	事業場の規模 （常時使用する労働者数）
林業、鉱業、建設業、運送業、清掃業	100人以上
製造業（物の加工業を含む）、電気業、ガス業、熱供給業、水道業、通信業、各種商品卸売業、家具・建具・じゅう器等卸売業、各種商品小売業、家具・建具・じゅう器小売業、燃料小売業、旅館業、ゴルフ場業、自動車整備業、機械修理業	300人以上
その他の業種	1000人以上

③　健康診断の実施その他健康の保持増進のための措置に関すること

④　労働災害の原因の調査および再発防止対策に関すること

⑤　①～④の他、労働災害を防止するため必要な業務で、厚生労働省令で定めるもの

■ 選任手続きについて

総括安全衛生管理者には、その事業場において、事業の実施を実質的に統括管理する権限および責任を有する者を選任します。主な仕事は人の管理であるため、統括管理の権限をもち、責任を負う立場にある人であれば、特別な資格や経験は不要です。工場長などの役職名を持っていなくてもかまいません。

なお、総括安全衛生管理者の選任は、総括安全衛生管理者を選任すべき事由が発生した日から14日以内に行わなければなりません。選任後は、遅滞なく所轄労働基準監督署長に選任報告書を提出する必要があります。

---

⑤の「厚生労働省令で定めるもの」

・安全衛生に関する方針の表明に関すること
・危険性または有害性等の調査およびその結果に基づき講ずる措置に関すること
・安全衛生計画の作成・実施・評価・改善に関すること

PART2　安全衛生管理体制の全体像　　31

PART2 3

安全衛生管理体制
の全体像

安全管理者

事業場の安全に関する技術的事項を管理する専門家

■ 安全管理者とは

安全管理者は、事業場の安全についての技術的事項を管理する専門家のことです。安全管理者となるには、安全に関する一定の資格が必要です。具体的には、以下のいずれかの資格を保有する者でなければいけません。

① 大学や高等専門学校等で理科系統の正規の過程を修めて卒業して2年以上、または高等学校や中等教育学校で理科系統の正規の学科を修めて卒業して4年以上、産業安全の実務に従事した経験を有する者のうち、厚生労働大臣が定める研修（安全管理者選任時研修）を修了した者

② 労働安全コンサルタント

③ その他で厚生労働大臣が指定する者

安全管理者が担当する業務のひとつは、労働安全衛生法10条1項が規定する以下の業務（総括安全衛生管理者が統括管理する業務）のうち、安全についての技術的事項を管理することです。

① 労働者の危険または健康障害を防止するための措置に関すること

② 労働者の安全または衛生のための教育の実施に関すること

③ 健康診断の実施その他健康の保持増進のための措置に関すること

④ 労働災害の原因の調査および再発防止対策に関すること

⑤ ①～④の他、労働災害を防止するため必要な業務で、厚生労働省令で定めるもの

もう一つの業務は、作業場等を巡視（巡回）し、設備や作業

中等教育学校

中等教育学校においては、6年間の中高一貫教育を一つの学校で行っている。最初の3年間を前期課程といい、後の3年間を後期課程という。

その他で厚生労働大臣が指定する者

一例として、以下に当てはまる者などが安全管理者の資格を有する。
・大学や高等専門学校で理科系統の課程以外の正規の課程を修めて卒業して4年以上、産業安全の実務に従事した経験を有する者のうち、安全管理者選任時研修を修了した者
・高等学校や中等教育学校で理科系統の学科以外の正規の学科を修めて卒業して6年以上、産業安全の実務に従事した経験を有する者のうち、安全管理者選任時研修を修了した者

安全管理者を選任しなければならない業種と規模

業　　種	事業場の規模 （常時使用する労働者数）
林業、鉱業、建設業、運送業、清掃業、製造業（物の加工業を含む）、電気業、ガス業、熱供給業、水道業、通信業、各種商品卸売業、家具・建具・じゅう器等卸売業、各種商品小売業、家具・建具・じゅう器小売業、燃料小売業、旅館業、ゴルフ場業、自動車整備業、機械修理業	50人以上

方法などに危険のおそれがある場合は、直ちにその危険を防止するための必要な措置を講じなければならないことです。衛生管理者や産業医などとは異なり、作業場等の巡視の回数や頻度についての定めは特にありません。

　なお、安全管理者の業務は、総括安全衛生管理者が選任されている事業場では、その指揮の下で行うことになります。

■ 選任手続きについて

　製造業や林業、建設業などの一定の業種で、事業場で常時使用する労働者の数が50人以上の場合に、安全管理者の選任が義務付けられています。

　安全管理者の選任は、安全管理者を選任すべき事由が発生した日から14日以内に行わなければなりません。また、原則としてその事業場に専属の者を選任するとされています。ただし、2人以上の安全管理者を選任する場合で、その安全管理者の中に労働安全コンサルタントが含まれる場合は、当該労働安全コンサルタントのうち1人は事業場に専属の者である必要はありません。

安全管理者の具体的な職務

厚生労働省の「職場のあんぜんサイト」に記載されている。「職場のあんぜんサイト」（あ行のキーワード）のURLは下記のとおりである。
https://anzeninfo.mhlw.go.jp/yougo/yougo_index02.html

選任報告書の提出

安全管理者を選任したときは、遅滞なく、選任報告書を所轄労働基準監督署長に提出しなければならない。

専属

当該事業場のみで勤務すること。

PART2　安全衛生管理体制の全体像　**33**

PART2 4

安全衛生管理体制
の全体像

衛生管理者

事業場の衛生に関する技術的事項を管理する専門家

■ 衛生管理者とは

　衛生管理者とは、事業場の衛生についての技術的事項を管理する専門家のことです。そのため、衛生管理者となるには、衛生に関する一定の免許等が必要です。具体的には、以下のいずれかの免許等を保有する者でなければなりません。

① 　衛生工学衛生管理者免許

② 　第一種衛生管理者免許

③ 　第二種衛生管理者免許（次ページ図の①に掲げられた業種では衛生管理者になることができない）

④ 　医師

⑤ 　歯科医師

⑥ 　労働衛生コンサルタント

⑦ 　その他で厚生労働大臣が指定する者

　衛生管理者は、業種を問わず、常時50人以上の労働者を使用する事業場で選任が義務付けられており、労働者の人数に応じて選任すべき衛生管理者の人数が決まります。具体的には、以下のようになっています。

・常時50人以上200人以下の事業場は1人以上

・常時201人以上500人以下の事業場は2人以上

・常時501人以上1000人以下の事業場は3人以上

・常時1001人以上2000人以下の事業場は4人以上

・常時2001人以上3000人以下の事業場は5人以上

・常時3001人以上の事業場は6人以上

衛生工学衛生管理者免許が必要な事業場

常時500人を超える労働者を使用する事業場で、①坑内労働、②有害放射線にさらされる業務、③有害物の粉じん・ガス・蒸気を発散する場所での業務などのいずれかに、常時30人以上の労働者を従事させるものは、衛生管理者のうち1人は衛生工学衛生管理者免許を有する者から選任しなければならない。

衛生管理者の免許等の保有要件

業　種	免許等保有者
①農林畜水産業、鉱業、建設業、製造業（物の加工業を含む）、電気業、ガス業、水道業、熱供給業、運送業、自動車整備業、機械修理業、医療業及び清掃業	第一種衛生管理者免許を有する者、衛生工学衛生管理者免許を有する者、医師、歯科医師、労働衛生コンサルタント、その他で厚生労働大臣が指定する者
②その他の業種	上記のいずれかの免許等保有者に加えて、第二種衛生管理者免許を有する者

■ どんなことをしなければならないのか

　衛生管理者が担当する業務は、労働安全衛生法10条1項が規定する業務（32ページ）のうち、衛生についての技術的事項を管理することです。もう一つは、少なくとも毎週1回作業場等を巡視（巡回）し、設備、作業方法、衛生状態に有害のおそれがある場合には、直ちに労働者の健康障害を防止するため必要な措置を講じなければならないことです。

■ 選任手続きについて

　衛生管理者の選任は、衛生管理者を選任すべき事由が発生した日から14日以内に行わなければならず、原則として事業場に専属の者を選任することが必要です。ただし、2人以上の衛生管理者を選任する場合で、その衛生管理者の中に労働衛生コンサルタントが含まれる場合は、当該労働衛生コンサルタントのうち1人は事業場に専属の者であることを要しません。

　そして、衛生管理者を選任したときは、遅滞なく、選任報告書を所轄労働基準監督署長に提出しなければなりません。

総括安全衛生管理者の指揮下

衛生管理者の業務は、安全管理者と同様に、総括安全衛生管理者が選任されている事業場では、その指揮の下で行うことになる。

衛生管理者の具体的な職務

厚生労働省の「職場のあんぜんサイト」に記載されている。「職場のあんぜんサイト」（あ行のキーワード）のURLは下記のとおりである。https://anzeninfo.mhlw.go.jp/yougo/yougo_index02.html

選任しない場合は罰則がある

安全管理者や衛生管理者を選任すべき事由があるのに選任しない場合や、選任しても必要な権限を与えない場合は、50万円以下の罰金に処せられる可能性がある。

PART2　安全衛生管理体制の全体像　35

PART2

5

安全衛生管理体制
の全体像

安全衛生推進者・衛生推進者

中小規模の事業場で安全衛生の推進を担う

■ 安全衛生推進者や衛生推進者とは

中小規模の事業場で職場の安全と衛生を担うのが、安全衛生推進者や衛生推進者です。常時10人以上50人未満の労働者を使用する事業場では、業種に応じて、安全衛生推進者または衛生推進者のいずれかを選任しなければなりません。

具体的には、安全管理者の選任が必要な業種（林業・建設業・製造業・通信業など）の事業場では、安全衛生推進者を選任する義務を負います（次ページ図）。一方、安全衛生推進者の選任義務を負わない業種（金融業など）の事業場では、比較的危険度が低いとされるため、衛生推進者を選任する義務を負います。

■ どのような業務を担当するのか

安全衛生推進者や衛生推進者が担当する業務は、労働安全衛生法10条1項が規定する業務（32ページ）です。たとえば、施設や設備等の点検、健康診断や健康の保持増進のための措置、安全衛生教育、異常な事態における応急措置などです。ただし、衛生推進者は「衛生に係る業務」のみを担当します。

■ 選任手続きや資格について

安全衛生推進者等（安全衛生推進者または衛生推進者）は、これらを選任すべき事由が発生した日から14日以内に選任しなければなりません。しかし、所轄労働基準監督署長などに選任報告書を提出する義務はありません。

安全衛生推進者、衛生推進者の具体的な職務

厚生労働省の「職場のあんぜんサイト」に記載されている。「職場のあんぜんサイト」（あ行のキーワード）のURLは下記のとおりである。
https://anzeninfo.
mhlw.go.jp/yougo/
yougo_index02.html

36

安全衛生推進者、衛生推進者の選任と業務

安全衛生推進者の選任が必要な業種	事業規模	安全衛生推進者の業務内容
林業、鉱業、建設業、運送業、清掃業、製造業（物の加工業を含む）、電気業、ガス業、熱供給業、水道業、通信業、各種商品卸売業、家具・建具・じゅう器等卸売業、各種商品小売業、家具・建具・じゅう器小売業、燃料小売業、旅館業、ゴルフ場業、自動車整備業、機械修理業	労働者の数が常時10人以上50人未満の事業場	・労働者の危険・健康障害を防止するための措置 ・労働者の安全衛生のための教育の実施 ・健康診断の実施その他健康の保持増進のための措置 ・労働災害の原因の調査や再発防止対策　など

衛生推進者の選任が必要な業種	事業規模	衛生推進者の業務内容
安全衛生推進者の選任が必要な業種以外の業種	労働者の数が常時10人以上50人未満の事業場	安全衛生推進者の業務のうち衛生に関する事項

　安全衛生推進者等に選任できるのは、①都道府県労働局長の登録を受けた者が行う講習を修了した者、②安全管理者・衛生管理者・労働安全コンサルタント・労働衛生コンサルタントの資格を有する者、③大学卒業後1年以上安全衛生（衛生推進者については衛生）の実務経験を積んだ者など、安全衛生推進者等としての業務を行うのに必要な能力があると認められる者です。

■ 関係労働者に周知してもらうには

　安全衛生推進者等の選任後、事業者は安全衛生推進者等の氏名を関係労働者に周知させる必要があります。具体的には、作業場の見やすい箇所に氏名を掲示する、名札や他の作業員とは違う色のヘルメットの着用などの方法による周知が考えられます。

大卒以外の場合の実務経験

本文記載の③については、高等学校・中等教育学校を卒業した場合は3年以上、その他の場合は5年以上の安全衛生（衛生推進者については衛生）の実務経験が必要になる。
なお、高専（高等専門学校）卒の場合は、大卒と同じく1年以上の実務経験で足りる。

PART2　安全衛生管理体制の全体像　37

PART2
6

安全衛生管理体制
の全体像

作業主任者

危険な作業において労働災害の防止を担う専門家

**作業主任者の
選任義務**

作業主任者を選任しな
ければならない作業
は、労働安全衛生法施
行令6条において列挙
されている。

高圧室内作業

潜函（せんかん）工法
その他の圧気工法（湧
水を防ぐために高い空
気圧の下で掘削作業を
進める工法）により、
大気圧を超える気圧下
の作業室またはシャフ
トの内部において行う
作業のこと。地下トン
ネルの工事などが該当
する。

■ 作業主任者とは

　労働者が特に危険な場所において業務を行う場合に、労働災
害の防止のために選任されるのが作業主任者です。作業主任者
の選任義務が生ずるのは、事業の規模に関係なく、主として以
下のような危険・有害作業に労働者を従事させる場合です。

① 　高圧室内作業

② 　ボイラー（小型ボイラーを除く）の取扱いの作業

③ 　ガンマ線照射装置を用いて行う透過写真の撮影の作業

④ 　コンクリート破砕器を用いて行う破砕の作業

⑤ 　高さが5m以上のコンクリート造の工作物の解体または破
　　壊の作業

　作業主任者の業務は、現場の労働者が行う作業の内容に応じ
て異なります。一般的には、作業に従事する労働者の指揮の他、
使用する機械等の点検、安全装置等の使用状況の監視、異常発
生時の必要な措置などを行います。

■ 作業主任者となるには

　作業主任者になる資格を有するのは、①都道府県労働局長の
免許を受けた者、または②都道府県労働局長の登録を受けた者
が行う技能講習を修了した者です。①②のどちらを必要とする
かは作業の内容によって異なります。

　たとえば、高圧室内作業や大規模なボイラー取扱い作業など
の場合は、①の免許取得者のみが作業主任者の資格を有します。
これに対し、小規模のボイラー取扱い作業などの場合は、①の

作業主任者一覧表

作業主任者一覧表

作業の内容	作業主任者 氏名
地山の掘削作業（5m）	青木　高雄
型枠支保工の組立作業	井上　健二
足場組立作業	宇野　琢磨

作業場の見やすい箇所に掲示

免許取得者の他、②の技能講習修了者も作業主任者の資格を有します。

作業の内容に応じて必要とされている免許や技能講習は、労働安全衛生規則16条・別表第一で細分化されており、技能講習は都道府県労働局長の登録を受けた「登録教習機関」が執り行っています。

■ 作業主任者の周知義務とは

作業主任者の選任後、事業者は、作業主任者の氏名やその者に行わせる事項を「作業場の見やすい箇所に掲示する等」の方法で関係労働者に周知させなければなりません。「掲示する等」の方法には、作業主任者に腕章を付けさせる、特別の帽子を着用させるなどの措置が含まれます。

一方、作業主任者については、安全管理者や衛生管理者などとは異なり、選任しなければならない理由が生じてから14日以内に選任する義務や、所轄労働基準監督署長などに選任報告書を提出する義務は課されていません。また、代理者を選任する必要はなく、専属・専任の者を選任する必要もありません。

> **選任しない場合は罰則がある**
>
> 作業主任者を選任すべき事由があるのに選任しない場合や、選任しても必要な業務を行わせない場合は、6か月以下の懲役（令和7年6月以降は拘禁刑）または50万円以下の罰金に処せられる可能性がある。

PART2 7

安全衛生管理体制
の全体像

産業医

労働者の健康管理を担う医師である

■ 産業医とは

産業医とは、事業者と契約して、事業場における労働者の健康管理等を行う医師のことです。常時50人以上の労働者を使用するすべての業種の事業場で選任が義務付けられています。

産業医は、労働者の健康管理等を行うのに必要な医学の知識や、労働衛生の知識を備えていることが必要です。また、選任すべき事由が発生した日から14日以内に選任し、選任後は遅滞なく選任報告書を所轄労働基準監督署長に提出する義務を負います。

■ どんな業務をするのか

産業医の主な業務は、健康診断の実施や作業環境の維持管理などの労働者の健康管理、健康教育や健康相談、労働者の健康障害の原因の調査や再発防止のための措置などです。

さらに、少なくとも毎月1回作業場等を巡視し、作業方法または衛生状態に有害のおそれがあるときは、直ちに労働者の健康障害を防止するために必要な措置を講じなければなりません。

なお、平成29年（2017年）施行の法改正で、事業者の同意と所定の情報提供がある場合には、作業場等の巡視は「少なくとも2か月に1回以上」に変更することが可能になりました。その他、産業医は、労働者の健康を確保するため必要があると認めるときは、事業者に対し、労働者の健康管理等について必要な勧告ができます。

産業医の資格

医師のうち、次の①〜⑤のいずれかを満たす者が産業医となることができる。
①厚生労働大臣の指定者が行う労働者の健康管理等を行うのに必要な医学知識についての研修を修了した者
②産業医の養成等を目的とする医学の正規課程を設置する産業医科大学その他の大学を卒業した者であって、その大学の実習を履修した者
③労働衛生コンサルタント試験の合格者で、試験区分が保健衛生である者
④大学において労働衛生関係科目を担当する教授、准教授、講師（常時勤務）またはこれらの経験者
⑤その他厚生労働大臣が定める者

勧告を尊重する

本文記載の労働者の健康管理等についての勧告を受けた事業者は、その内容を尊重しなければならない。

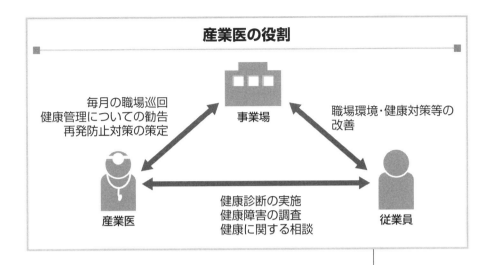

■ 一定の事業場では専属の産業医が必要

産業医は、常時50人以上の労働者を使用するすべての業種の事業場で選任しなければなりませんが、以下のいずれかの事業場では、専属の産業医を選任する必要があります。

① 常時1000人以上の労働者を使用する事業場
② 坑内労働、多量の高熱物体を取り扱う業務、有害放射線にさらされる業務など、一定の有害業務に常時500人以上の労働者を使用する事業場

さらに、常時3000人を超える労働者を使用する事業場では、2人以上の産業医を選任しなければなりません。

■ 産業医の選任義務のない事業所について

常時50人未満の労働者を使用する事業場では、産業医の選任義務はありませんが、労働者の健康管理を行うべきであることは言うまでもありません。そこで、労働安全衛生法では、このような事業場についても医師や地域産業保健センターの名簿に記載されている保健師などに、労働者の健康管理を行わせるよう努めることを求めています。

> **1人は専属にする**
> 本文記載の2人以上の産業医を選任すべき場合は、2人以上の産業医のうち、少なくとも1人が専属の産業医でなければならない。

PART2
8

....

安全衛生管理体制
の全体像

安全委員会・衛生委員会・安全衛生委員会

....

月1回以上開催しなければならない

委員会への出席

安全委員会・衛生委員会・安全衛生委員会を開催することは、労働基準法上の「労働時間」にあたるため、時間外に開催された場合は、出席労働者に対する割増賃金の支払が必要になる（昭和47年9月18日基発602号）。

■ 安全委員会・衛生委員会とは

　事業者は、職場における労働者の安全衛生の確保と健康管理を行わなければなりません。そのため、一定規模以上の事業場では安全委員会や衛生委員会を設置することが義務付けられており、労働者の安全衛生を確保する必要があります。

　安全委員会とは、労働者の危険の防止や、労働災害の原因・再発防止対策（安全に係るもの）などについて調査審議する委員会です。安全委員会では、労働者が事業場の安全衛生について理解と関心を持ち、事業者と意見交換を行います。労働者の意見が事業者の行う安全衛生措置に反映され、結果的に安全衛生管理体制を向上させることがねらいです。

　衛生委員会とは、労働者の健康障害の防止や、健康の保持増進などについて調査審議する委員会です。労働災害の原因および再発防止対策（衛生に係るもの）も調査審議の対象となります。

■ 安全委員会を設置するには

　安全委員会は、林業・鉱業・建設業などでは常時50人以上、製造業・電気業・ガス業・熱供給業などでは常時100人以上を使用する事業場で設置義務が生じます。安全委員会の委員は、以下に該当する者で構成されます。

① 　総括安全衛生管理者または総括安全衛生管理者以外の者で当該事業場においてその事業の実施を統括管理する者か、これに準じる立場の者の中から事業者が指名した者（1人）

② 　安全管理者の中から事業者が指名した者

安全委員会を設置しなければならない事業場

業　　　種	従業員の規模
林業、鉱業、建設業、製造業（木材・木製品製造業、化学工業、鉄鋼業、金属製品製造業、輸送用機械器具製造業）、運送業（道路貨物運送業、港湾運送業）、自動車整備業、機械修理業、清掃業	常時50人以上
上記以外の製造業、上記以外の運送業、電気業、ガス業、熱供給業、水道業、通信業、各種商品卸売業、家具・建具・じゅう器等卸売業、家具・建具・じゅう器小売業、各種商品小売業、燃料小売業、旅館業、ゴルフ場業	常時100人以上

③　当該事業場の労働者で、安全に関し経験を有する者の中から事業者が指名した者

①の委員が安全委員会の議長となります。また、総括安全衛生管理者の選任義務がある事業場の場合、①の委員は総括安全衛生管理者でなければなりません。

一方、上記の②③に該当する委員の半数は、事業場に過半数組合（過半数の労働者で組織する労働組合）が存在する場合はその労働組合、過半数組合がない場合は過半数代表者（労働者の過半数を代表する者）の推薦に基づき指名する必要があります。

なお、安全委員会の委員には、派遣先で就労する派遣労働者を指名することができます。この場合の派遣労働者は、安全に関しての経験をもつ者であることが必要です。

■ 衛生委員会を設置するには

衛生委員会は、業種を問わず、常時50人以上を使用する事業場で設置しなければなりません。衛生委員会の委員は、以下に該当する者で構成されます。

①　総括安全衛生管理者または総括安全衛生管理者以外の者で

PART2　安全衛生管理体制の全体像　43

当該事業場においてその事業の実施を統括管理する者か、これに準じる立場の者の中から事業者が指名した者（1人）

② 衛生管理者の中から事業者が指名した者

③ 産業医の中から事業者が指名した者

④ 当該事業場の労働者で、衛生に関し経験を有するもののうち事業者が指名した者

衛生委員会の委員については、③に該当する者を含まなければならない点が特徴です（選任される産業医は事業場の専属であることを要しません）。また、事業場で作業環境測定を実施している作業環境測定士を委員として指名することができますが、指名義務があるわけではありません。

安全委員会と同様、①に該当する委員が議長となります。一方、②③に該当する委員の半数は、事業場に過半数組合が存在する場合はその労働組合、過半数組合がない場合は過半数代表者の推薦に基づき指名する必要があります。

なお、衛生委員会の場合も、派遣先で就労する派遣労働者を委員として指名することができます。この場合の派遣労働者は、衛生に関しての経験をもつ者であることが必要です。

■ 安全衛生委員会を設置するには

安全委員会と衛生委員会の設置義務がある事業場では、両者を統合した安全衛生委員会を設置することができます。安全衛生委員会の委員は、以下に該当する者で構成されます。

① 総括安全衛生管理者または総括安全衛生管理者以外の者で当該事業場においてその事業の実施を統括管理する者か、これに準じる立場の者のうちから事業者が指名した者（1人）

② 安全管理者および衛生管理者のうちから事業者が指名した者

③ 産業医のうちから事業者が指名した者

④ 当該事業場の労働者で、安全に関し経験を有するもののうちから事業者が指名した者

安全衛生委員会の調査審議事項

安全衛生委員会においては、安全委員会と衛生委員会の調査審議事項について調査審議を行うことになる。

行政官庁への届出

安全委員会・衛生委員会安全衛生委員会の設置時や開催時に、行政官庁への届出を行う必要はない。

安全衛生委員会

| 安全委員会 | → | 安全衛生委員会 |
| 衛生委員会 | | ・毎月1回以上開催
・安全委員会・衛生委員会の
　調査審議事項すべてを網羅 |

⑤ 当該事業場の労働者で、衛生に関し経験を有する者のうち
から事業者が指名した者

なお、作業環境測定士を指名できる点や、①の委員が議長に
なること、過半数組合（ない場合は過半数代表者）の推薦など
については、前述した衛生委員会と同様です。

■ 調査審議事項や開催時期など

安全委員会では、以下のような事項を調査審議します。

① 労働者の危険を防止するための基本となるべき対策

② 労働災害の原因および再発防止対策で、安全に係るもの

③ ①②の他、労働者の危険の防止に関する重要事項

衛生委員会では、以下のような事項を調査審議します。

ⓐ 労働者の健康障害を防止するための基本となるべき対策

ⓑ 労働者の健康の保持増進を図るための基本となるべき対策

ⓒ 労働災害の原因および再発防止対策で、衛生に係るもの

ⓓ ⓐ～ⓒの他、労働者の健康障害の防止および健康の保持増
進に関する重要事項

安全委員会や衛生委員会、安全衛生委員会は、毎月1回以上
開催しなければなりません。開催時には議事内容を記録した上
で、作業場の見やすい場所への掲示や、書面の交付により労働
者に周知し、記録は3年間保存する必要があります。

衛生委員会における健康診断

衛生委員会の調査審議事項には「健康診断結果」があるが、これは受診した労働者すべての健康診断結果ではなく、事業場における健康管理対策の資料として足りる内容であればよい。

委員会を設置していない事業者の場合

安全委員会・衛生委員会・安全衛生委員会の設置義務がなく、これらを設置していない事業者は、安全・衛生に関する事項について、関係労働者の意見を聴く機会（安全衛生懇談会など）を設けなければならない。

PART2　安全衛生管理体制の全体像　　45

PART2 9

安全衛生管理体制の全体像

下請けと元請けが混在する建設現場での安全衛生管理体制

下請けと元請けをつなぐ連絡調整役が必要

■ 統括安全衛生責任者はどんなことをするのか

元請負人と下請負人の呼称

元請負人は元請事業者、下請負人は下請事業者と呼ばれることもある。

特定事業である建設業と造船業の２業種において、同じ場所で事業者の異なる労働者が作業する場合に、元請負人（元方事業者）と下請負人（関係請負人）の連携をとりつつ、労働者の安全衛生を確保する責任者を統括安全衛生責任者といいます。

建設現場などでは、元請負人を頂点に数次の請負が行われ（重層下請構造）、下請負、再下請負と、複数の事業者に雇用された労働者が一つの作業場所で作業を行います。そのため、作業間の連絡調整が不十分になり、労働災害が発生しやすくなります。

このような事態を防止するため、重層下請負構造の作業場所では、一般の事業場とは異なる安全衛生管理体制を取ることが求められます。具体的には、発注者から請け負った建設業や造船業の元請負人（特定元方事業者）で、作業に従事する労働者数が常時50人以上の場合、統括安全衛生責任者の選任義務が生じます。統括安全衛生責任者の業務は、元方安全衛生管理者の指揮とともに、以下の事項を統括管理することです。

統括安全衛生責任者の選任義務

ずい道などの建設、橋梁の建設、圧気工法による作業に労働者が従事する場合は「常時30人以上」に引き下げられている。

① 協議組織の設置および運営を行うこと

② 作業間の連絡および調整を行うこと

③ 作業場所を巡視すること

④ 関係請負人（下請負人）が行う労働者の安全または衛生のための教育に対する指導および援助を行うこと

⑤ 仕事の工程に関する計画および作業場所における機械・設備等の配置に関する計画の作成や、当該機械・設備等を使用する作業に関し関係請負人が労働安全衛生法または同法に基づく

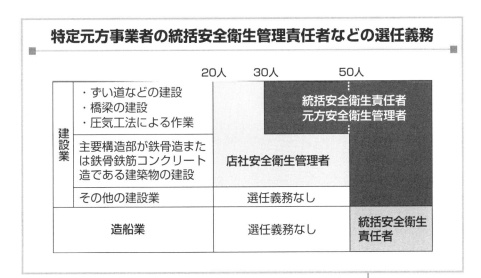

命令の規定に基づき講ずべき措置についての指導を行うこと
⑥ ①〜⑤の事項の他、労働災害を防止するため必要な事項

■ 安全衛生責任者はどんなことをするのか

　一定規模以上の建設現場では、元請負人（特定元方事業者）が統括安全衛生責任者を選任し、現場の安全衛生を確保しなければなりません。一方、元請負人から業務を請け負う下請負人（関係請負人）も同じく安全衛生に取り組む必要があります。

　そこで、元請負人が統括安全衛生責任者の選任義務がある現場で自ら仕事を行う下請負人には、安全衛生責任者の選任が義務付けられています。安全衛生責任者の業務は、以下のものがあります。業務全体を見ると、元請負人と下請負人をつなぐ下請負人側の連絡調整役が安全衛生責任者ということができます。

① 統括安全衛生責任者との連絡
② 統括安全衛生責任者から連絡を受けた事項の関係者への連絡
③ ②の連絡事項のうち、下請負人（安全衛生責任者を選任した下請負人）に関するものの実施についての管理

安全衛生責任者を選任した場合

下請負人が安全衛生責任者を選任した場合は、統括安全衛生責任者を選任した元請負人に対し、安全衛生責任者を選任したことを遅滞なく通報する必要がある。

④　下請負人が作成する作業計画と元請負人が作成する作業計画との整合性を図るために行う統括安全衛生責任者との連絡調整

⑤　労働者の行う作業で生ずる労働災害の危険の有無の確認

⑥　下請負人が仕事の一部を他の請負人に請け負わせている場合は、その請負人の安全衛生責任者との作業間の連絡調整

■ 元方安全衛生管理者はどんなことをするのか

建設現場で統括安全衛生責任者を補佐して技術的事項を管理する実質的な担当者を元方安全衛生管理者といいます。

一定規模以上の建設現場では、同一の場所で異なる事業者に雇用された労働者が作業を行うことがあります。この場合に元請負人（元方事業者）と下請負人（関係請負人）の連携が円滑になるよう、統括安全衛生責任者、元方安全衛生管理者、安全衛生責任者を選任しなければなりません。統括安全衛生責任者は現場の安全衛生を統括管理し、元方安全衛生管理者を指揮します。その指揮の下で、元方安全衛生管理者は統括安全衛生責任者が統括管理する事項のうち技術的事項の管理を行います。

元方安全衛生管理者になるには、原則として、学校教育において理科系統の学科を修了し、学歴に応じた実務経験が必要です。

■ 店社安全衛生管理者はどんなことをするのか

一定規模の建設現場では、統括安全衛生管理者などを選任して作業の連絡調整や作業場の巡視などを行い、安全衛生を確保することが義務付けられています。しかし、統括安全衛生管理者の選任義務のない中小規模の建設現場においても、元請負人（特定元方事業者）と下請負人（関係請負人）が存在する場合、連絡調整の不備が原因で労働災害が起こる可能性があるのは否定できません。

そこで、労働安全衛生法では、中小規模の建設現場において、一定の要件を満たす場合には、元請負人が店社安全衛生管理者

元方安全衛生管理者となるための実務経験

たとえば、大学・高等専門学校（高専）において理科系統の正規の課程を修めて卒業した者は3年以上、高校・中等教育学校において理科系統の正規の学科を修めて卒業した者は5年以上、建設工事の施工における安全衛生の実務経験が必要である。

店社安全衛生管理者となるための実務経験

大学・高等専門学校を卒業した場合は3年以上、高等学校・中等教育学校を卒業した場合は5年以上、その他の場合は8年以上、建設工事に関する安全衛生の実務経験が必要になる。

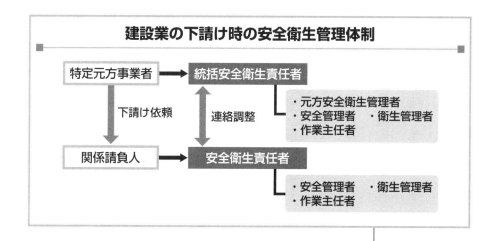

を選任し、元請負人と下請負人の連携をとりながら、事業場の安全衛生の管理をするように義務付けています。

店社安全衛生管理者の選任義務を負うのは、一定の要件を満たす建設業の事業場です（47ページ図）。たとえば、鉄骨造または鉄骨鉄筋コンクリート造の建築物の建設の仕事で、常時従事する労働者数（関係請負人の労働者を含めた数）が20人以上50人未満の事業場などです。

店社安全衛生管理者となる資格を有するのは、大学卒、高等専門学校卒、高等学校卒などの学歴に応じ、一定の年数以上、建設工事の施工における安全衛生の実務経験を有する者などです。

店社安全衛生管理者の業務には、以下のようになっています。

① 工事現場において、統括安全衛生管理を担当する者（現場代理人等）に対する指導を行う
② 少なくとも毎月1回、労働者が作業を行う場所を巡視する
③ 労働者の作業の種類その他作業の実施の状況を把握する
④ 協議組織の会議に随時参加する
⑤ 元請負人が作成した仕事の工程に関する計画や、作業場所における機械・設備等の配置に関する計画のとおりに措置が講じられているかを確認する

PART2
10

安全衛生管理体制
の全体像

元方事業者が講ずべき措置

元方事業者には災害防止のためのさまざまな措置を講じる必要がある

■ 元方事業者はどんな措置を講じなければならないのか

　発注者から仕事を受注した事業者が、その仕事を他の事業者に発注することが「下請け」です。建設業、造船業、鉄鋼業、情報通信業などで、下請けは一般的に行われており、1か所の現場で異なる事業者の下で働く労働者が混在しているのが特徴です。

　下請けで仕事を受注した事業者が、さらにその仕事を他の事業者に発注するのが「孫請け」です。大規模な建設現場などでは、孫請けからさらに下請けが行われることもあります。

　労働安全衛生法では、最初に注文者から仕事を引き受けた事業者を「元方事業者」と名付けて、下請けによってその仕事を引き受けた事業者（請負人）を「関係請負人」と名付けています。なお、下請負人も、孫請負人も、さらにその下請けの請負人も、労働安全衛生法では、「関係請負人」と呼ばれます。

　下請けによって行われる仕事は、一般的に危険で有害性の高いものが多いため、関係請負人の労働者による労働災害の発生率は、元方事業者の労働者に比べて高くなっています。

　このような事態に対処し、下請けにおける労働災害を防止するため、労働安全衛生法では、元方事業者に対して、その業種に関係なく、以下の措置を講ずべきことを規定しています。

① 関係請負人とその労働者が、労働安全衛生法などの規定違反をしないために必要な指導を行うこと

② 関係請負人とその労働者が、労働安全衛生法などの規定違反をしている場合、是正のための必要な指示を行うこと

③ 製造業（造船業を除く）の元方事業者は、混在作業によっ

是正指示に従う義務

②に関連して、労働安全衛生法では、元方事業者から是正指示を受けた関係請負人またはその労働者は、その指示に従わなければならないことも規定している。

50

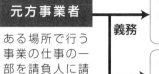

元方事業者が講ずべき措置

元方事業者
ある場所で行う事業の仕事の一部を請負人に請け負わせている者

義務 → 仕事に関し、労働安全衛生法や労働安全衛生法に基づく命令の規定に違反しないよう必要な指導を行う

→ 仕事に関し、労働安全衛生法や労働安全衛生法に基づく命令の規定に違反している場合には、是正のため必要な指示を行う

関係請負人やその労働者は、元方事業者の指示に従わなければならない

て生ずる労働災害を防止するため、作業間の連絡・調整等の実施を行うこと

■ 特定元方事業者が特に講じなければならない措置とは

元方事業者のうち、特定事業を行う元方事業者のことを「特定元方事業者」といいます。

特定元方事業者は、前述の措置に加えて、同一の場所において特定事業に従事する労働者（関係請負人の労働者を含む）に対して生じる労働災害を防止するため、以下の事項に関する必要な措置を講じることも義務付けられています。

① 協議組織の設置および運営
② 作業間の連絡および調整
③ 作業場の巡視（毎作業日に少なくとも1回行う）
④ 関係請負人が行う労働者の安全または衛生のための教育に対する指導および援助
⑤ 仕事の工程や作業場所における機械・設備等の配置に関する計画の作成と、機械・設備等を使用する作業に関して関係請負人が講ずべき措置についての指導（建設業においてのみ）

統括安全衛生責任者による統括管理
特定元方事業者が作業現場における統括安全衛生責任者を選任した場合、当該統括安全衛生責任者に特定元方事業者が講じる措置の統括管理をさせる必要がある。

特定事業
「建設業」「造船業」の2つの事業を指す。

協議組織
複数の事業者が作業する建設業の現場における労働災害を防止するために協議する組織。協議組織には、元方事業者に加えて関係請負人も参加し、互いが連携することで労働災害の防止を図る。

⑥　その他労働災害を防止するために必要な事項

　なお、⑥の「必要な事項」に含まれるものとして、クレーン等の運転についての合図の統一、事故現場等の標識の統一、有機溶剤等の集積場所の統一、警報の統一、避難等の訓練の実施方法の統一を行うことや、これらを関係請負人に周知させることなどの行為が挙げられます。

■ 建設現場には安全管理指針がある

　特に建設業の現場においては、複数の事業者がそれぞれの労働者を率いて作業をする労働形態が一般的です。規模の大きい現場になればなるほど、事業者の数も増加します。また、作業内容が大きく変化する場合もあるため、労働災害が発生する危険性は他の業種と比較して非常に高くなっており、労災保険法においても非常に危険度の高い業種とされ、保険料率が高めに設定されています。こうした建設業の現場において、安全管理水準の向上と労働災害の防止を目的にして定められたのが「安全管理指針」です。安全管理指針においては、労働災害を防止するため、以下の事項について、元方事業者が実施することが望ましい安全管理の具体的内容が記されています。

① 安全衛生管理計画の作成

② 過度の重層請負の改善

③ 請負契約における労働災害防止対策の実施およびその経費負担者の明確化

④ 関係請負人と労働者の把握

⑤ 作業手順書の作成

⑥ 協議組織の設置および運営

⑦ 作業間の連絡および調整

⑧ 作業場所の巡視

⑨ 新規入場者（新たに作業を行うことになった労働者）教育

⑩ 新たに作業を行う関係請負人に対する措置

安全管理指針

正式名称は「元方事業者による建設現場安全管理指針」（平成7年4月21日基発第267号の2）である。

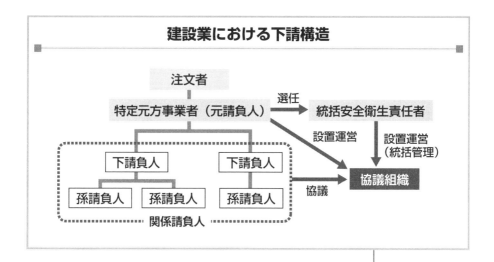

⑪ 作業開始前の安全衛生打ち合わせ
⑫ 安全施工サイクル活動の実施
⑬ 職長会（リーダー会）の設置

■ 建設業の元方事業者が必要な措置を講ずべき場所

　建設業の仕事は足場の悪い現場などで行うため、作業場所自体が危険を伴うものです。その上、作業内容が変化するため、その都度の対処が必要です。また、地形的な問題も安全に影響を及ぼすという特徴を持っています。

　労働安全衛生法では、以下の場所で関係請負人の労働者が建設業の仕事の作業を行うときは、関係請負人が講ずべき以下の場所における危険防止措置が適正に講ぜられるよう、技術上の指導などの必要な措置を講じる義務があると規定しています。

① 土砂等が崩壊するおそれのある場所
② 土石流が発生するおそれのある場所
③ 機械等が転倒するおそれのある場所
④ 感電の危険が生ずるおそれのある場所
⑤ 建設物が損壊するなどのおそれのある場所

感電の危険
架空電線の充電電路（通電中のケーブルなど）に近接する場所で、その充電電路に労働者の身体等が接触し、または接近することにより生ずるおそれがある感電の危険のことを指す。

PART2

11

安全衛生管理体制
の全体像

現場監督が講ずべき措置

現場監督は事業者に代わって作業場の安全を守る必要
がある

■ 現場監督はどんな措置を講じる必要があるのか

　労働安全衛生法は、労働者の安全と健康を守るため、事業者に対してさまざまな措置を講じることを義務付ける規定を設けています。現場監督は、事業者が講ずべき措置について、実際に仕事が行われる作業場に有効に反映させる責務を担っています。一方、労働安全衛生法26条においては、事業者が講じた措置に対する労働者側の遵守義務が定められています。

■ 規則や通達にはどんなものがあるのか

　労働者の安全と健康を守るため、事業者が講ずべき措置をより具体的に示すために定められているのが、「クレーン等安全規則」などの厚生労働省令です（次ページ図）。

　厚生労働省令が定めていないものでも、労働者にとって必要と認められる措置については、通達で指針が示される場合があります。たとえば、業務上疾病の約6割を占めるとされる腰痛については「職場における腰痛予防対策の推進について」（平成25年6月18日基発0618第1号）という通達が出されています。

　この通達にある「職場における腰痛予防対策指針」では、リスクアセスメントや労働安全衛生マネジメントシステムの考え方を導入しつつ、作業管理、作業環境管理、健康管理、労働衛生教育等について、以下の腰痛予防対策を示しています。労働者の健康を損なわないようにするため、特に重量物を取り扱う機会が多くある建設業などは、法律や規則に定めがないものについても、適切な指導や管理を行うことが求められます。

事業者に義務付けている具体的な措置

たとえば、労働安全衛生法が事業者に対して義務付けている労働者の健康障害防止のための具体的な措置には、機械設備・爆発物等による危険防止措置（20条）、掘削等・墜落等による危険防止措置（21条）、健康障害防止措置（22条）、作業環境の保全措置等（23条）などがある。

厚生労働省令

厚生労働省令とは、厚生労働大臣が定める省令のこと。安全衛生に関する法令のうち、クレーン等安全「規則」などのように「○○規則」という名称であれば、ほぼ厚生労働省令である。
一方、労働安全衛生法施行「令」などのように、「○○令」という名称であれば、通常は政令を指している。

54

危険防止や健康被害防止について定めるさまざまな規則

機械等（機械・器具などの設備）の作業の危険防止について定めるもの ➡ クレーン等安全規則
ゴンドラ安全規則
ボイラー及び圧力容器安全規則　など

材料の使用に伴う健康被害防止について定めるもの ➡ 有機溶剤中毒予防規則
粉じん障害防止規則
石綿障害予防規則　など

① 作業管理

作業の自動化や省力化による負担軽減、不自然な作業姿勢や動作をとらない工夫、作業の実施体制の検討、作業標準の策定や見直し、適切な休憩と作業量、作業の組合せ等への配慮、業務に適した靴や服装等の着用など。

② 作業環境管理

適切な温度設定、通路や階段等がわかる適切な照度、凹凸がなく防滑性に優れた作業床面、動作に支障がない作業空間の確保、機器・設備や荷の配置・作業台の高さなどの配慮、長時間の振動を受ける業務の軽減対策など。

③ 健康管理

作業への配置前とその後6か月以内ごとに1回の定期健康診断、作業開始前・作業中・作業終了後の腰痛予防体操の実施と実施するための時間や場所の確保、休業者が職場復帰する際に産業医等の意見を聴き、必要な措置をとることなど。

④ 労働衛生教育等

重量物の取扱い作業や同一姿勢が長時間続く作業に従事する労働者に対し、配置前・配置後に労働衛生教育を必要に応じて行うこと、腰痛に関し、労働者が精神的ストレスを蓄積しないよう相談窓口を設けるなどの組織的な対策を整えること、健康保持増進のための措置を講ずることなど。

機械等

労働安全衛生法20条1号では「機械等」のことを「機械、器具その他の設備」と定義している。機械等という言葉は、労働安全衛生法でよく出てくるもののひとつである。

PART2　安全衛生管理体制の全体像　　55

PART2
12

安全衛生管理体制の全体像

注文者が講ずべき措置

安全に作業をするため、注文者にも講じるべき措置がある

注文者が講ずべき建設物等への必要な措置

労働安全衛生規則では、注文者が必要な措置を講じる義務の対象となる「建設物等」として、「くい打機及びくい抜機、軌道装置、型わく支保工、アセチレン溶接装置、交流アーク溶接機、電動機械器具、潜函等、ずい道等、ずい道型わく支保工、物品揚卸口等、架設通路、足場、クレーン等、ゴンドラ、局所排気装置、全体換気装置、圧気工法に用いる設備、エックス線装置、ガンマ線照射装置」を挙げている。

最も上位の事業者

たとえば、架設通路を使用した建設業の仕事の一部をＡ社がＢ社に依頼し、さらにＢ社がＣ社に依頼している場合、Ａ社とＢ社が注文者となり得るが、最も上位であるＡ社のみが「注文者」となってＢ社・Ｃ社に対して本文記載の義務を負う。

■ 建設物の使用について講じるべき措置とは

労働安全衛生法は、特定事業（建設業・造船業）の仕事を自ら行う注文者が、仕事を行う場所で、建設物等（建設物・設備・原材料）を請負人（仕事が数次の請負契約で行われるときは、当該請負人の請負契約の後次のすべての請負契約の当事者である請負人を含む）の労働者に使用させる場合には、その建設物等について、労働者の労働災害を防止するため必要な措置を講じる義務があることを規定しています。つまり、注文者の建設物等を請負人の労働者が使用する場合に、その建設物等に関する労働災害防止措置を注文者に対し義務付けています。

上記の義務を負う建設業などの仕事の注文者は、自身もその仕事に携わる事業者を指します。そして、仕事が数次の請負契約によって行われることで、同じ建設物等について上記の義務を負う注文者が複数となる場合は、最も上位の事業者のみが「注文者」として上記の義務を負います。

■ 建設機械の安全確保について

建設業の仕事を自ら行う発注者、または発注者から仕事の全部を請け負ってその仕事の一部を他に請け負わせている請負人は、以下の①～③の建設機械の使用に係る作業（特定作業）に従事するすべての労働者の労働災害を防止するための措置を講じる義務があります。具体的には、建設現場の安全確保のため、作業内容、作業の指示系統、立入禁止区域について、必要な連絡調整を行うことが義務付けられています。

建設の仕事について注文者に求められる主な措置

注文者がとる措置

請負人の労働者に使用させる建設物等につき、当該労働者の労働災害を防止する必要な措置を講ずる

一定の建設機械の使用に係る作業（特定作業）に従事するすべての労働者の労働災害防止措置を講ずる

化学設備の清掃等の作業を行う請負人に対して、所定の事項を記載した文書を交付する

① 機体重量が3t以上のパワー・ショベル、ドラグ・ショベル、クラムシエル

② くい打機、くい抜機、アース・ドリル、アース・オーガー

③ つり上げ荷重が3t以上の移動式クレーン

■ 化学物質等を取り扱う設備において講じるべき措置

　化学物質等（化学物質、化学物質を含有する製剤その他の物）の中には人体に有害な物質が存在するため、その取扱いには細心の注意を払わなければなりません。労働安全衛生法では、化学物質等を製造する場合や、その取扱いを行う設備について、注文者が行うべき措置について規定しています。

・措置を行う対象となる設備

　一定の化学設備およびその付属設備、一定の特定化学設備およびその付属設備、SDS（安全データシート）等による通知対象物の製造・取扱設備およびその付属設備が対象です。

・措置の具体的な内容

　改造・修理・清掃等のため、上記の設備を分解する作業またはその内部に立ち入る作業を請負人に行わせようとする場合、以下の事項を記載した文書を交付することが必要です。

PART2　安全衛生管理体制の全体像

① 労働安全衛生法31条の2に規定する物の危険性と有害性

② 作業において注意すべき安全と衛生に関する事項

③ 作業の安全と衛生を保全するために講じた措置

④ 流出などの事故が起きた場合に講ずべき応急の措置

なお、この措置を行う義務を負うのは「他の者から請け負わないで注文している」注文者です。注文者から文書の交付を受けた請負人が、他の事業者に前述の作業を行わせる場合は、その文書の写しを他の事業者に交付することで、安全のための措置を適切に引き継ぎ、周知させなければなりません。

■ 化学プラントの安全性の確保について

化学プラントとは、化学物質の製造や取扱い、貯蔵等を行う工場施設や装置のことです。近年は、化学プラントの大型化・多様化が進んでおり、事故が発生した場合は大惨事になることが予想されます。このような事態を防ぐため、厚生労働省は化学プラントの新設や変更などを行う際の安全性を評価する基準として「化学プラントにかかるセーフティ・アセスメントに関する指針」を定めています。

この指針では、化学プラントの設計から試運転まで、以下のような流れに沿った5つのプロセスについての安全性にかかる事前評価を行うように定めています。

第1段階 関係資料の収集と作成

第1段階では、対象となる化学プラントの特性を把握することを目的として、関係資料の収集と作成を行います。

たとえば、工程系統図、プロセス機器リスト、安全設備の種類とその設置場所等の資料の作成に際しては「誤作動防止対策」や「異常の際に安全に向かうように作動する方式」を組み込むことが求められます。

第2段階 定性的評価－診断項目による診断

化学プラントの一般的な安全性を確保するため、診断項目や

化学プラント

化学プラントでは、天然ガスや石油などの原料を用いて、さまざまな化学物質が生産される。

化学プラントのセーフティ・アセスメントに関する指針

① 関係資料の収集と作成 → ② 定性的評価 → ③ 5項目による定量的評価 → ④ プロセス安全性評価 → ⑤ 安全対策の確認等

関係法令等を参照して、設計関係や運転関係などに関する安全性評価を行います。その上で、改善すべき事項があれば、設計変更等が行われることになります。

第3段階　5項目による定量的評価

5項目（物質、エレメントの容量、温度、圧力、操作）により、総合的に化学プラントの安全性にかかる定量的評価を行います。

その際、災害の起こりやすさ（確率）と災害が発生した場合のその大きさとを同時に評価し、上記5項目に均等に比重をかけて定量化を行い、危険度ランクを付けます。

第4段階　プロセス安全性評価

第3段階で得られた危険度ランクとプロセスの特性等に応じ、潜在的な危険を洗い出し、妥当な安全対策を決定します。

第5段階　安全対策の確認等

第4段階の結果に基づき、対策の確認等とこれまでの評価について総合的な検討を行い、最終的なチェックを行います。

以上の過程を経て安全対策が講じられた設備であっても、機械の誤作動や設計ミス、誤った取扱いによって労働災害が起こることが考えられます。労働災害を防止するには、事業場の特性も加味した上での安全対策を講じることが求められています。

PART2
13

安全衛生管理体制
の全体像

ジョイントベンチャーでの代表者選出

責任の所在が曖昧になることを防ぐ

■ 代表者を届け出なければならない

　建設工事において、複数の事業者が共同連帯して仕事を行うことをジョイントベンチャーといいます。

　ジョイントベンチャーは略して「ＪＶ」とも呼ばれ、ひとつの建設業者が携わるケースと比べ、大規模な建設工事で多く採用される手法です。内容・形態の違いによって、労働安全衛生法上の「代表者の届出義務」が生じる場合があります。

　ジョイントベンチャーは、大きく分けて２つの形態があります。１つは「共同施工方式」と呼ばれるもので、もう１つは「分担施工方式」と呼ばれるものです。共同施工方式は、ジョイントベンチャーでの発注工事で多くとられる方式で、ジョイントベンチャーを構成する建設業者が共同で施工に携わります。

　一方、分担施工方式は、文字通り工事を複数の建設業者が工区や工種別に分担して行う方式で、建設業者それぞれが独立した責任体制を取っています。

　ただし、共同施工方式の場合には、その仕事における建設業者間の境界がないため、両者の区別をすることが困難です。端的な表現をすると、完全なひとつの建設業者となってしまい、その結果、もともと個別に独立していた指揮命令系統・責任体制が複雑かつ曖昧なものとなってしまうおそれがあります。

　そのため、労働安全衛生法は、２つ以上の建設業者が、同一の場所で共同連帯して仕事を請け負った場合、事業者のうちの１人を代表者として都道府県労働局長へ届け出なければならないとする規定を置いています。労働安全衛生法の趣旨は労働環

60

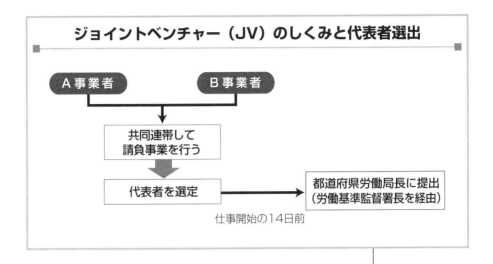

境の保全にあり、それは同時に、万が一のトラブル発生時に責任者をはっきりさせることも意味しているため、このような規定が存在します。

■ 代表者選定・届出の手続きについて

　代表者選定の届出は、仕事開始の日の14日前までに「共同企業体代表者（変更）届」という所定の書面を、仕事が行われる場所を管轄する労働基準監督署長を経由して都道府県労働局長に提出することによって完了します。もし代表者の選定・届出が行われない場合には、都道府県労働局長が代表者を指名することになっており、ジョイントベンチャーの代表者（責任者）が不在ということにはならないしくみになっています。

　そして、代表者の選定は、労働安全衛生規則により、出資割合や工事施工にあたっての責任の程度を考慮して行うべきと規定されているため、原則として、法人の場合は法人代表責任者（社長）を代表者とします。しかし、例外として広範囲にわたる職務権限が支店長等に委ねられている場合には、その支店長名をもって代表者とすることも可能になっています。

> **共同企業体代表者（変更）届**
> 事業の種類や名称、所在地や発注者名、請負金額、工事の概要、工事期間、代表者名などを記載して提出する。代表者が変更になった場合も提出が必要である。

PART2 14

安全衛生管理体制の全体像

安全衛生管理規程

就業規則に記載する必要がある

■ なぜ安全衛生管理規程を作成する必要があるのか

労働安全衛生法や労働安全衛生規則では、事業場で働く労働者の安全を確保するための措置として事業者が守るべき事項について詳細に規定しています。

昨今では、業務の内容が多様化したことで商品の生産工程が複雑になるケースがあります。もし、職場内で何らかの事故が発生した場合、複雑な生産工程をとっていると、事故の原因を突き止めることが困難になると予想されます。

また、新しい設備を導入する場合や、新たな化学物質の出現も、こうした危険要因を把握することが困難となる原因になっています。

こうした状況の中で、事業者が積極的に安全衛生管理に関わるための手段のひとつとなるのが「安全衛生管理規程」（228ページ）の作成です。安全衛生管理規程を作成し、これを労働者に徹底的に周知させ順守してもらうことで、労働災害を未然に防止することができます。

安全衛生管理規程を作成する場合、まずは事業場の安全管理体制を万全な状態に構築する必要があります。場合によっては、安全衛生委員会などの機関を定め、意見を聴くことも必要な手段となります。作業環境の維持、管理、整備はもちろんのこと、健康診断も重要な事項です。

そして、安全衛生管理規程には、もう一つ事業者にとって大きなメリットがあります。避けたいところではあるものの、万が一労働災害が発生した場合でも、安全衛生管理規程を作成し

安全衛生委員会
安全委員会と衛生委員会の両方を設置しなければならない事業場において設置することができる、安全委員会と衛生委員会を統合した委員会のこと。

安全衛生管理規程の内容

安全衛生管理規程

事業場における安全管理体制
- ◆ 安全衛生管理者・安全管理者・衛生管理者等の選任・職務
- ◆ 安全衛生委員会の開催・任務

事業場における安全衛生教育
- ◆ 教育方針や内容など

事業場における安全衛生点検
- ◆ 災害予防のための自主検査
- ◆ 定期的な巡視点検

健康診断
- ◆ 雇入時健康診断、定期健康診断等の実施
- ◆ 健診結果に応じた医師や産業医の適切な指導

ていることで、日頃から事業者が労働者の安全衛生管理に配慮していたことを証明することができます。

　なお、会社の就業規則に記載する事項については、就業規則を作成する際は必ず記載することが必要な「絶対的必要記載事項」、その制度を設けようとする場合は就業規則に必ず記載をすることが必要な「相対的必要記載事項」、就業規則に記載するかどうかを自由に決定できる「任意的記載事項」の3種類に分類することができます。ここで説明した安全衛生に関する規定は「相対的必要記載事項」に該当するため、安全衛生に関する制度を設ける場合は、それを必ず就業規則に記載しなければなりません。

PART2　安全衛生管理体制の全体像　　63

PART2 15

安全衛生管理体制
の全体像

従業員が業務中に負傷したときの報告書

所轄労働基準監督署長に労働者死傷病報告書を提出する

■ 労働者死傷病報告書の提出が必要な場合

労働者が労働災害などより死亡した場合または4日以上休業
をした場合、事業者（使用者）は、所轄労働基準監督署長に対
し、遅滞なく「労働者死傷病報告書」を提出する義務を負いま
す。「労働者死傷病報告書」の提出の目的は、使用者側から労
働者死傷病報告書を提出してもらうことで、「どのような業種で、
どのような労働災害が起こっているのか」を監督官庁側で把握
することにあります。これにより、労働災害の発生原因の分析
や統計を取り、その再発防止の指導などに役立たせています。

労働者死傷病報告は、事故発生後に所轄労働基準監督署長に
提出します。死亡または休業が4日以上続いた場合（231ペー
ジ）と休業が4日未満の場合（232ページ）では提出する書式
が異なります。添付書類についての定めはなく、事故などの災
害の発生状況を示す図面や写真などがあれば添付します。

なお、死亡事故などの重大事故は直ちに電話連絡します。

■ 事故報告書の提出が必要な場合

人身事故ではなくても、特定の機械の事故や爆発・火災など
が生じた場合は、所轄労働基準監督署長に対し「事故報告書」
（233ページ）の提出が必要です。提出義務の対象となる主な事
故は、以下のとおりです（労働安全衛生規則96条）。

・事業場内またはその附属建設物内で発生した一定の事故
・ボイラーの破裂、煙道ガスの爆発またはこれらに準ずる事故
・小型ボイラー、第一種圧力容器、第二種圧力容器の破裂

**労働者死傷病報告
の提出が不要な場合**

通勤途中のケガの場合
には、休業日数に関係
なく「労働者死傷病報
告書」の提出は不要で
ある。

**休業が4日未満
の場合**

労働災害などによる休
業が4日未満の場合
は、前3か月分の業務
災害をまとめて4月、
7月、10月、翌年1月
に提出すればよい。

一定の事故

提出義務のある事業場
内またはその附属建設
物内で発生した「一定
の事故」は、以下のと
おりである。
・火災または爆発
・遠心機械、研削とい
　しその他の高速回転
　体の破裂
・機械集材装置、巻上
　げ機または索道の鎖
　または索の切断
・建設物、附属建設物
　または機械集材装
　置、煙突、高架そう
　等の倒壊

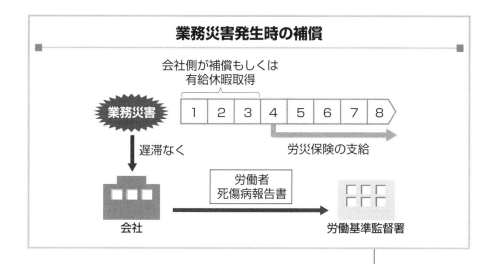

- クレーンや移動式クレーンの逸走、倒壊、落下またはジブの折損、ワイヤロープまたはつりチェーンの切断
- デリックの倒壊またはブームの折損、ワイヤロープの切断
- エレベーターおよび建設用リフトの昇降路等の倒壊または搬器の墜落、ワイヤロープの切断
- 簡易リフトの搬器の墜落、ワイヤロープまたはつりチェーンの切断
- ゴンドラの逸走、転倒、落下またはアームの折損、ワイヤロープの切断

事故が発生した場合には、遅滞なく「事故報告書」を所轄労働基準監督署長に提出します。実際に事故が発生した場合には、冷静に応急の措置をするとともに、素早く的確に事故の状況を把握し、その内容を具体的に漏れなく報告することが必要です。原因となった機械などを特定し、その概要について記入した上で、事故再発の防止対策もあわせて記入します。

事故報告書についても特定の添付書類はないものの、事故の発生状況や原因などの詳細を記載することが必要です。記入欄に書ききれない場合は、別紙を利用して添付します。

索道
空中に張り渡したロープ（索）に搬器を吊るし、その搬器に人や建設工事資材などを乗せ、輸送を行う設備。リフト、ゴンドラ、ロープウェイが代表例である。

PART2

16

安全衛生管理体制
の全体像

その他作成する書類

労働者の安全を確保するための書式

■ 書式を作成する際の注意点

　労働安全衛生法では、事業場の業種や規模に応じた措置とし
て、以下の書式の提出が求められる場合があります。

・定期健康診断結果報告書（234ページ）

　常時50人以上の労働者を使用している事業場では、定期健康
診断後遅滞なく「定期健康診断結果報告書」を提出しなければ
なりません。

・安全衛生教育実施結果報告（236ページ）

　指定を受けた事業場における事業者は、前年度における安全
衛生教育（雇入れ時・作業内容変更時の教育、特別教育、職長
教育）の実施状況を「安全衛生教育実施結果報告」により毎年
度報告する必要があります。

**・総括安全衛生管理者・安全管理者・衛生管理者・産業医選任
報告（237ページ）**

　一般の会社の安全衛生管理体制では、一定の業種または規模
（労働者数）の事業場について、管理責任者の選任と委員会の
組織化を求めています。なお、選任時には報告が必要です。

・機械等設置・移転・変更届（240ページ）

　支柱の高さが3.5m以上の型枠支保工、高さおよび長さがそ
れぞれ10m以上の架設通路、高さが10m以上の構造の足場（つ
り足場、張り出し足場は高さに関係なく）など一定の機械等の
設置、移転または主要構造部分を変更する時は、その計画につ
いて工事開始の30日前までに所轄労働基準監督署長に届け出な
ければなりません。

**安全衛生教育実
施結果報告**

作成時は、教育の種類
ごと（雇入れ時・作業
内容変更時の教育、特
別教育、職長教育）に
作成し、学科、実技な
どの教育方法について
記入する。

**機械等設置・
移転・変更届**

届出書には計画の概要
について簡潔に記入す
る。製造または取り扱
う物質については、有
害な物質が明確にわか
るように記入し、取扱
量は日、週、月など、
一定の期間に通常取り
扱う量を記入する。そ
して、機械等の事項を
記載した図面および機
械の構造図や周囲の状
況および四方の隣接地
との関係を示す図面等
を添付する。

各書類の名称、提出事由・時期

書類名	提出事由	提出時期
定期健康診断結果報告書	常時50人以上の労働者を使用する場合	健康診断実施後遅滞なく
安全衛生教育実施結果報告	雇入れ時、作業内容の変更時、特別教育、職長教育を行った場合	毎年度
総括安全衛生管理者・安全管理者・衛生管理者・産業医選任報告	選任の必要が生じた場合	遅滞なく
機械等設置・移転・変更届	支柱の高さが3.5m以上の型枠支保工などの設置・移転・変更時	工事開始の30日前まで
建設工事・土石採取計画届	高さ31mを超える建築物の建設業務・掘削の高さ（深さ）10m以上の地山の掘削作業、土石採取のための掘削作業時	工事開始の14日前まで
クレーン設置届	つり上げ荷重3t以上のクレーン（スタッカークレーン1t以上）の設置・変更・移転時	工事開始の30日前まで

・建設工事・土石採取計画届（241ページ）

　高さ31mを超える建築物の建設等の業務、掘削の高さまたは深さが10m以上である地山の掘削作業、あるいは土石採取のための掘削作業を行う場合は、工事開始日の14日前までに、所轄労働基準監督署長にその計画を届け出る必要があります。仕事の範囲を記入する時は、労働安全衛生規則90条各号の区分により記入し、計画の概要は簡潔に記入します。

・クレーン設置届（242ページ）

　つり上げ荷重が3t以上のクレーン（スタッカークレーンは1t以上）を設置・変更・移転をしようとする事業者、廃止したクレーンを再び設置しようとする事業者、あるいは性能検査を受けずに6か月以上経過したクレーンを再び使用しようとする事業者は、「クレーン設置届」を所轄労働基準監督署長に提出しなければなりません。

土石採取計画届

届出時は、仕事を行う場所の周囲の状況および四方の隣接地との関係を示す図画、機械・設備・建設物等の配置を示す図面、採取の方法を示す書面・図画、労働災害を防止するための方法および設備の概要を示す書面・図画を添付する。

クレーン設置届

届出時には、クレーン明細書、クレーンの組立図、クレーンの種類に応じた構造部分の強度計算書と、据え付ける箇所の周囲の状況、基礎の概要、走行クレーンについては走行の範囲を記載した書面を添付する。

PART2　安全衛生管理体制の全体像　67

Column

偽装請負の問題

　偽装請負とは、実際には発注者側の企業が請負人側の企業の労働者を指揮監督するという「労働者派遣」に該当する行為が行われているにもかかわらず、発注者側の企業と請負人側の企業との間では「請負契約」を締結していることです。

　偽装請負の例として、A会社がB会社の従業員を使用したいと考えた場合に、A会社が発注者、B会社が請負人となって請負契約を締結したにもかかわらず、Aの指揮監督の下でBの従業員を用いることが挙げられます。

　本来、発注者側の企業が請負人側の企業の労働者を直接に指揮監督する場合には、労働者派遣法の規制を受けることになります。

　しかし、労働者派遣の場合、派遣労働者を受け入れることが禁止されている業種（建設業、警備業、港湾運送業、病院等における医療関係業務）が規定されている他、労働者を派遣する期間についてのルールや管理台帳の作成など、さまざまな義務や努力義務が定められています。このような労働者派遣法の規制を受けないようにするために、あえて請負という形式をとって労働者を受け入れる行為が偽装請負です。

　偽装請負を行った場合、請負人側の責任として、労働者派遣事業を行うために必要な許可を得ていない場合には、罰則が適用される可能性があります。発注者側については、発注者側の企業に対して行政指導（指導または是正勧告）が行われ、行政指導に応じない場合や派遣先事業主としての義務を果たしていない場合には、企業名の公表が行われる場合があります。

　偽装請負による労働者の派遣・受入れを行っている企業は、偽装請負状態を解消するため、①適法な請負に切り替える、②適法な労働者派遣に切り替える、③発注者側の企業が労働者を直接雇用する、といった措置を講じなければなりません。

PART 3

危険防止と
安全衛生教育

PART3
1

危険防止と
安全衛生教育

危険や健康被害を防止するための事業者の措置

危険要因の列挙と同時に明示される講ずべき措置

個人事業者等に対する安全衛生対策の推進

労働安全衛生法は労働者を対象とした法律であるが、建設業における一人親方などの個人事業者等も同様の保護が必要であるとして、令和5年4月から、労働者と同じ場所で危険有害作業を行う個人事業者等も労働安全衛生法の健康障害防止措置の対象となった。
また、令和7年4月からは、危険箇所等で作業を行う個人事業者等に対する事業主の保護措置（立入禁止、火気使用禁止、事故発生時の退避など）、保護具等の使用の周知が義務化される。

⑦の労働災害防止措置とは

伝達・命令系統の周知徹底、防災設備・消火器・非常階段などの避難設備の点検・整備、防災訓練などを徹底した上で、いざという時に備えて、災害発生時の対策本部や救護活動などに関するマニュアルを整備するなどの措置が必要である。

■ 事業者はどんなことをしなければならないのか

　労働災害の防止や安全な労働環境の保全は、種々の危険や健康障害を未然に防ぐことが最重要課題です。そのために事業者が講ずべき措置は、大きく分けて以下のように分類できます。

① 機械や器具等、爆発性・引火性などの物、電気・熱などによる危険の防止措置

② 掘削・採石等、墜落・土砂等による危険の防止措置

③ 原材料、ガス、蒸気、粉じんなどによる健康障害の防止措置

④ 建設物その他の作業場についての健康保持等の措置

⑤ 作業行動から生じる労働災害防止措置

⑥ 労働災害発生の危険急迫時の作業中止・退避等の措置

⑦ 重大事故発生時の労働者の救護における労働災害防止措置

　ここでは「③健康障害の防止措置」という項目を例にとりあげてみましょう。具体的に「何を防止すればよいのか」は業種により異なりますが、労働安全衛生法ではさまざまな業種を想定して、「健康障害を生じさせる危険要因」の例として以下のようなものを挙げています。

原材料、ガス、蒸気、粉じん、酸素欠乏空気、病原体、放射線、高温、低温、超音波、騒音、振動、異常気圧、計器監視や精密工作等の作業、排気、排液、残さい物など

　建設業などの危険性の高い業種などには、さらに細かい規定が設けられています（72ページ）。このように、労働安全衛生

70

事業者が講じなければならない措置

機械・爆発物・電気などから生じる危険の防止措置
・機械や器具等から生じる危険、爆発性・発火性・引火性のある物等による危険、電気・熱などのエネルギーによる危険が生じることを防止する措置

労働者の作業方法から生じる危険の防止措置
・掘削、採石、荷役、伐木等の作業方法から生ずる危険を防止する措置
・労働者が墜落するおそれのある場所、土砂等が崩壊するおそれのある場所での危険を防止するための措置

原材料や放射線などから生じる健康障害の防止措置
・原材料、ガス、蒸気、粉じん、酸素欠乏空気、病原体等による健康障害の防止措置
・放射線、高温、低温、超音波、騒音、振動、異常気圧等による健康障害の防止措置
・計器監視、精密工作等の作業による健康障害の防止措置
・排気、排液、残さい物による健康障害の防止措置

労働者を就業させる作業場についての必要な措置
・労働者を就業させる作業場について通路、床面、階段等の保全や、換気、採光、照明、保温、防湿、休養、避難、清潔に必要な措置など、労働者の健康、風紀、生命の保持のため必要な措置

労働者の作業行動についての必要な措置
・労働者の作業行動から生ずる労働災害を防止するため必要な措置

災害発生の急迫した危険があるときの必要な措置
・労働災害発生の急迫した危険がある場合は、直ちに作業を中止し、労働者を作業場から退避させるなど、必要な措置

法は、労災や危険の原因・要因を列挙すると同時に、それらについての対策を事業者に求めています。

そして、対策や措置が実効性を得るためには労働者の協力が必要です。たとえば、労働安全衛生法26条は、前述した危険や健康被害を防止するための事業者の措置（労働安全衛生法20条〜25条、25条の2第1項）に応じて、労働者が必要な事項を守らなければならないと規定しています。この規定などにより、労働者の協力も求めることで、労働災害・健康障害の発生防止という目的を達成しようとしています。

PART3　危険防止と安全衛生教育

PART3 2

危険防止と
安全衛生教育

建設現場などにおける事業者の義務

事業者による保護具の使用命令に労働者は従う義務を負う

労働災害や健康障害の防止のための事業者の義務

保護具の着用・使用以外に事業者に課された義務として、①安全装置の点検・整備、②危険行為の禁止（危険物周辺での火気使用の禁止、火災・爆発の危険がある場所への立入りの禁止など）、③無資格者の就労禁止の徹底などがある。

保護具着用管理責任者

リスクアセスメントに基づく措置として労働者に保護具を使用させる事業場では、保護具について一定の経験及び知識を有する者から保護具着用管理責任者の選任しなければならない。

■ なぜ保護具の着用・使用が必要なのか

　保護具とは、労働災害や健康障害の防止を目的として、労働者が直接身につけて使用するものです。労働者が危険性の高い作業に従事する場合、保護具を着用して使用することが必要とされます。事業者が備えるべき保護具の例として、保護帽（ヘルメット）、要求性能墜落制止用器具（墜落による危険のおそれに応じた性能を有するベルト・ロープ・フックなど）、呼吸用保護具等、皮膚障害等防止用の保護具が挙げられます。

　たとえば、労働安全衛生規則593条によると、呼吸用保護具等（保護衣、保護眼鏡、呼吸用保護具など）は、以下の業務で備える必要があります。

① 　著しく暑熱または寒冷な場所での業務

② 　多量の高熱物体、低温物体、有害物を取り扱う業務

③ 　有害な光線にさらされる業務

④ 　ガス、蒸気、粉じんを発散する有害な場所における業務

⑤ 　病原体による汚染のおそれの著しい業務

　また、労働安全衛生規則594条によると、皮膚障害等防止用の保護具（塗布剤、不浸透性の保護衣、保護手袋、履物など）は、以下の業務で備える必要があります。

① 　皮膚または眼に障害を与える物を取り扱う業務

② 　有害物が皮膚から吸収され、あるいは侵入して、健康障害や感染をおこすおそれのある業務

　その他にも、労働安全衛生規則595条によると、強烈な騒音を発する場所における業務では、騒音障害防止用の保護具（耳

保護具の種類と保護具の着用が必要な作業

保護帽の着用	・最大積載量2t以上（5t以上の場合もあり）の貨物自動車に荷を積み卸す作業 ・建設工事の作業における、ジャッキ式つり上げ機械を用いた荷のつり上げ、つり下げ作業 ・明り掘削作業 　　　　　　　　　　　　　　　など
要求性能 墜落制止用 器具の着用	・高さ2m以上の高所作業で、作業床を設置できず、墜落の危険のある場合 ・足場材の緊結、取り外し、受渡しなどの作業の作業 ・ロープ高所作業 ・高所作業車を用いた作業 　　　　　　　　　　など
絶縁用 保護具の着用	・高圧の充電電路の点検や修理など、当該充電電路を取り扱う作業で感電のおそれがある場合 ・電路やその支持物の敷設、点検、修理、塗装などの電気工事作業で感電のおそれがある場合 　　　など

栓などの保護具）を備える必要があります。事業者が騒音障害防止用の保護具の使用を命じたときは、遅滞なく、その保護具を使用すべきことを、作業中の労働者が容易に知ることができるよう、見やすい場所に掲示しなければなりません。

■ 事業者はどんなことに気をつけるべきか

事業者は、事業場において必要とされる保護具が適切に利用できるような状況を整えなければなりません。

具体的には、同時に就業する労働者の人数以上の保護具を常備し、労働者全員に行き渡るようにします。保護具は、清潔かつ使用に問題がない状態を常に保っておく必要があり、保護具の使い回しなどで疫病感染のおそれなどがある場合は、各人専用の保護具を用意するか、または疫病感染を予防する措置を講ずるなど、必要な手立てを打つ必要があります。

保護具の使用
皮膚から吸収され健康障害を引き起こし得る化学物質等を製造し、または取り扱う業務に労働者を従事させる場合には、その物質の有害性に応じて、労働者に障害等防止用保護具を使用させなければならない。事業者から業務に必要な保護具の使用を命じられた労働者は、その保護具を使用しなければならない。

PART3　危険防止と安全衛生教育　73

PART3
3
騒音・振動の防止対策

危険防止と
安全衛生教育

騒音や振動を指針に基づいて管理し、健康障害を防ぐ

■ 振動障害防止のための指針がある

　昨今では、チェーンソーなどの機械工具を使用する場合、使用時に生じる振動が労働者の腕や身体に健康障害を発生させる「振動障害」が問題視されています。そのため、事業者は労働者がこうした機械工具を使用する際の振動障害を防ぐ措置をとらなければなりません。

　措置の具体的な内容については、まずはチェーンソーに限定された規定である「チェーンソー取扱い作業指針」により以下の項目にわたって示されています。

① チェーンソーの選定基準

② チェーンソーの点検・整備

③ チェーンソー作業の作業時間の管理および進め方

④ チェーンソーの使用上の注意

⑤ 作業上の注意

⑥ 体操などの実施

⑦ 通勤の方法

⑧ その他（人員の配置、目立ての機材の備え付けなど）

　また、チッピングハンマー、エンジンカッター、コンクリートバイブレーターなどの、チェーンソーを除いた振動工具を対象とした「チェーンソー以外の振動工具の取扱い業務に係る振動障害予防対策指針」では次の事項を示しています。

① 対象業務の範囲

② 振動工具の選定基準

③ 振動作業の作業時間の管理

チェーンソー

鎖状の刃（ノコギリ歯）を動力により回転させて、対象物を切断する電動ノコギリのこと。通常のノコギリとは異なり、前後に刃を引かずに切断できるのが特徴である。

騒音や振動についてのまとめ

チェーンソー以外の
振動対策が必要な工具
→
・ピストンによる打撃機構を有する工具
・内燃機関を内蔵する工具
・携帯用皮はぎ機等の回転工具
・携帯用タイタンパー等の振動体内蔵工具
・携帯用研削盤やスイング研削盤
・卓上用研削盤や床上用研削盤
・締付工具
・往復動工具

作業場で騒音を測定
（作業環境測定）
→
85デシベル未満、85デシベル以上90デシベル未満、90デシベル以上の3つに区分される

↓

騒音の大きさに応じて、作業環境の改善や聴覚保護具の使用が必要になる

④　工具の操作時の措置

⑤　たがねなどの選定および管理

⑥　圧縮空気の空気系統に係る措置

⑦　点検・整備

⑧　作業標準の設定

⑨　施設の整備

⑩　保護具の支給および使用

⑪　体操の実施

⑫　健康診断の実施およびその結果に基づく措置

⑬　安全衛生教育の実施

■ 振動障害を予防するための措置とは

　「チェーンソー取扱い作業指針」では、事業者が講ずべき具体的な振動障害予防措置の指針が示されています。たとえば、チェーンソーを選定するにあたり、事業者に対して、防振機構

たがね

金属や岩盤を加工するための鋼鉄製の工具のこと。木材の加工に使う「のみ」と同じように、ハンマーで叩きながら切断したり、削ったりするのに用いる。

内蔵型を選定することや、可能な限り扱いやすい軽量のものを選ぶことなどを求めています。

そして、定期的な点検・整備とともに、振動工具管理責任者を選任して、チェーンソーの点検・整備状況を定期的に確認させ、その状況を記録させることも必要です。

作業時間の管理については、「チェーンソーを取り扱わない日を設けるなどの方法で1週間の振動ばく露時間を平準化する」「特殊な計算式で日振動ばく露量を求めて、手腕への影響の評価とそれに基づく対策を行う」といったことなどが挙げられます。

その他にも、チェーンソーの使用上の注意、作業上の注意、体操などの実施、通勤の方法などについて、細かい指針が示されています。

チェーンソー以外の振動工具にも「チェーンソー以外の振動工具の取扱業務に係る振動障害予防対策指針」があります。どちらの指針も基本的な内容は重複していますが、とりわけ特殊な計算式を用いて日振動ばく露量を求めた上で、手腕への影響の評価とそれに基づく対策を行うという措置を強く勧奨しています。これは国際標準化機構（ISO）が推進する科学的管理手法の考え方を取り入れたものです。

■ 騒音対策について義務付けられていることは何か

騒音は、作業時の合図・会話による連携などを妨害するおそれがあり、作業の安全をおびやかすだけでなく、騒音性難聴などの騒音障害を引き起こすという問題があります。そのため、事業者には「騒音障害防止のためのガイドライン」などに基づき、必要な措置をとることが求められています。

このガイドラインは、コンクリートブレーカーやインパクトレンチなどによる作業を対象に策定されたものです。作業環境の騒音レベルを測定・評価し、評価区分に応じて聴覚保護具の

細かい指針

・チェーンソーの使用上の注意は、無理に木に押しつけない、移動時は運転を止めるなど。
・作業上の注意は、身体の冷えを避ける、厚手の手袋や軽く暖かい服を用いるなど。
・体操などの実施は、作業開始前、作業間、作業終了後に体操を行うなど。
・通勤の方法は、オートバイなどによる通勤を避けるなど。

騒音障害防止のためのガイドライン

作業にあたる労働者の騒音による難聴などの障害を防ぐため、平成4年に労働安全衛生規則が改正された。
厚生労働省は、この改正内容を受けて、同年に事業者が講ずべき騒音障害を防止するための指針である「騒音障害防止のためのガイドライン」を策定した。
その後、令和5年に改訂され、騒音障害防止対策の管理者の選任を求めるなどの見直しが行われた。

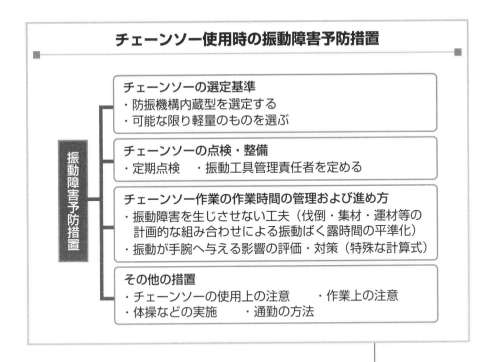

使用や作業環境改善のための必要な措置などが示されています。

その他にも、労働者の健康診断、労働衛生教育の実施などを求めており、騒音対策についての体系的な指針とされています。

特に事業者が「健康診断の結果を5年間保存する」「定期健康診断結果報告書を所轄労働基準監督署長に遅滞なく提出しなければならない」点については、労働安全衛生規則が実施を明確に義務付けています。

労働安全衛生法上の義務でもあるのは、著しい騒音を発する屋内作業場の作業環境測定です。原則として6か月以内ごとに1回、定期的に、以下の方法で等価騒音レベルの測定を実施することが必要です。

① 作業場の床平面上に6m以下の等間隔の縦線と横線を引き、その交点（測定点）の床上1.2m〜1.5mの間で測定
② 発生源に近接して作業が行われる場合、その位置で測定

作業環境改善のため必要な措置
具体的な措置の例として、低騒音型機械の採用、防音設備（遮蔽物や防音塀など）の設置、耳栓や耳覆いの使用などが示されている。

施設などを変更した場合
施設、設備、作業工程、作業方法を変更した場合は、その都度、作業環境測定が必要である。

PART3 4

危険防止と
安全衛生教育

酸素欠乏や粉じんに対する対策

危険な作業環境での作業で求められる措置

酸素欠乏症

「労働安全衛生法施行令 別表第六」で掲げられている。たとえば、長期間使用されていない井戸・ずい道の内部、油性塗料等でその内部を塗装して間もない地下室・タンクの内部、腐敗しやすいものを入れてある水槽・マンホールの内部での作業は、酸素欠乏症を発症する危険性が高いとされている。

酸素欠乏危険作業主任者の選任義務

事業者は、所定の技能講習を修了した者の中から作業の責任者として酸素欠乏危険作業主任者を選任し、労働者の指揮や酸素欠乏症防止器具の点検などを行わせなければならない。

■ 酸素欠乏危険作業について

　酸素欠乏症とは、人体が酸素濃度18%未満の環境に置かれた場合に発症し、脳の機能障害および細胞破壊を引き起こす重大な健康障害です。そのため、労働安全衛生法65条1項の規定に基づいた作業環境測定を行う必要があります。

　具体的な測定基準は「作業環境測定基準」によって、次のような定めがあります。

① 測定点は、当該作業場における空気中の酸素の濃度の分布の状況を知るために適当な位置に5か所以上設ける

② 測定は、酸素計または検知管方式による酸素検定器で行う

■ 酸素欠乏症防止規則を遵守する

　事業者は、酸素欠乏症等防止のための対策が定められた「酸素欠乏症等防止規則」を遵守しなければなりません。

　この規則においては、作業場における空気中の酸素濃度の測定時期、測定結果の記録・保存、測定器具、換気、保護具・要求性能墜落制止用器具等の使用、連絡体制、監視人等、退避、診察・処置などについて、細かい規定が設けられています。

■ 粉じん作業について

　労働安全衛生法上の義務として、事業者は、一定の粉じんを著しく発散する屋内作業場について、作業環境測定を行う必要があります。粉じんには、土石、岩石、鉱物、金属、炭素などがありますが、健康障害を引き起こす最も有名な粉じんは、鉱

粉じんの濃度測定における記録

粉じんの濃度測定		作業環境評価
① 測定日時　② 測定方法 ③ 測定箇所　④ 測定条件 ⑤ 測定結果　⑥ 測定実施者氏名 ⑦ 測定結果に基づく改善措置の概要 ⑧ 測定結果に応じて使用させた呼吸 　用保護具の概要	測定結果 →	① 評価日時　② 評価箇所 ③ 評価結果 ④ 評価実施者氏名
7年間保存		7年間保存

物の一種である石綿（アスベスト）です。石綿は建築用資材として多用されてきましたが、粉じんの吸引により呼吸器系の重大な疾病を引き起こすおそれがあります。

そこで、作業環境測定基準では、粉じんの濃度測定を行う粉じんの種類などが規定されています。粉じん障害防止規則によると、土石、岩石、鉱物に関する特定粉じん作業を行う屋内作業場では、原則として、粉じん中の遊離けい酸の含有量を測定します。また、特定粉じん作業を行う屋内作業場における作業環境測定は、6か月以内ごとに1回定期的な実施が必要です。

■ 事業者はどんなことをしなければならないのか

粉じん障害防止規則によると、事業者は、粉じんの濃度測定を行った際は、その都度、①測定日時、②測定方法、③測定箇所、④測定条件、⑤測定結果、⑥測定実施者氏名、⑦測定結果に基づく改善措置を講じたときは、その措置の概要、⑧測定結果に応じた有効な呼吸用保護具を使用させたときは、その呼吸用保護具の概要、を記載した測定記録を作成して7年間保存します。また、測定結果については、厚生労働大臣の定める作業環境評価基準に照らし、作業環境評価を行います。

特定粉じん作業

一定の発散源対策を講じる必要があり、その対策が可能である粉じん作業のこと。

作業環境評価の記録

作業環境評価を行った際は、その都度、①評価日時、②評価箇所、③評価結果、④評価実施者氏名、を記録して7年間保存しなければならない。

PART3　危険防止と安全衛生教育　　79

PART3 5

石綿対策

危険防止と
安全衛生教育

事業主は石綿対策を講ずる必要がある

■ 石綿の製造等は全面禁止されている

石綿は、日本の産業に大きな影響を与えた製品です。熱に強く頑丈で、コストパフォーマンスにも優れていたため、これまで建築材料や化学設備などに多用されてきました。しかし、現在では石綿の製造、輸入、譲渡、提供、使用は全面禁止されています。石綿の粉じんを吸入することにより、肺ガンなどの重大な病気を引き起こすおそれがあるためです。

このような問題点をふまえ、事業者は、労働者の健康を守るため、建築物の解体などをする際は「石綿障害予防規則」などに基づき、必要な石綿対策の措置を講ずる必要があります。

■ 事前調査をする（石綿障害予防規則３条）

建築物の解体などをする場合、事業者は、あらかじめその建築物について石綿使用の有無を調査しなければなりません。その際には、目視および設計図書（工事用の図面とその仕様書）などにより、石綿使用の有無を確認する必要があります。

しかし、対象建築物の目視による石綿調査を行う場合、石綿使用の事実が見落されやすいという目視調査に特有の欠点があります。これに対応するため、厚生労働省は平成24年の「建築物等の解体等の作業における石綿ばく露防止対策の徹底について」という通達で、目視調査で見落としやすい例を示して注意喚起をしています。事前調査を行う事業者は、この例を確認しておくことが必要です。

この通達では、内装仕上げ材（天井ボード、グラスウールや

事前調査の対象

事前調査の対象となるのは、建築物・工作物・船舶（鋼製の船舶に限る）の解体または改修（封じ込め、囲い込みを含む）の作業である。
したがって、後述する「作業計画」「隔離等の措置」「立ち入り禁止の措置」についても、建築物ではない工作物や船舶が対象となる場合があるが、本文中では「建築物」とのみ表記している。

80

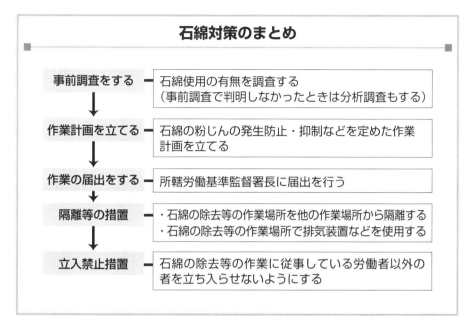

セメント板など)、鉄骨造の柱・梁、煙突内部、天井裏などの石綿使用の事実が見落とされやすい場所の例示や、「煙突内部の石綿建材の上にコンクリートで覆われている」などの特殊な建設技術を要因とした見落されやすい石綿使用の例示などが行われています。

また、「建築物等の解体等の作業及び労働者が石綿にばく露するおそれがある建築物等における業務での労働者の石綿ばく露防止に関する技術上の指針」では、事前調査の細かい方法などを示しています。

たとえば、使用されている可能性がある石綿含有材料の種類が多岐にわたるような大規模建築物または改修を繰り返しており、石綿含有材料の特定が難しい建築物については、特定建築物石綿含有建材調査者または一定の事前調査の経験を有する一般建築物石綿含有建材調査者が、事前調査を行うことが望ましいと規定されています。

令和2年の石綿障害予防規則改正

令和2年7月に石綿障害予防規則が改正され、令和5年10月以降に着手する建築物の解体などについて、厚生労働大臣が定める適切に事前調査を実施するために必要な知識を有する者(一般建築物石綿含有建材調査者、特定建築物石綿含有建材調査者など)に事前調査を行わせることを義務化した他、事前調査の結果の記録を3年間保存する義務などが定められた。

■ 作業計画を立てる（石綿障害予防規則4条、5条）

　事前調査の結果、解体などを検討している建築物に石綿使用の事実が判明した場合は、「石綿障害予防規則」などに定める措置を講じる必要があります。最初にすべきものが、作業計画の策定および所轄労働基準監督署長への作業計画の届出です。作業計画を策定する際には、次の①〜③の事項を定める必要があります。実際の作業も計画に従って進める必要があります。

① 　作業の方法および順序

② 　石綿粉じんの発散を防止し、または抑制する方法

③ 　労働者への石綿粉じんばく露を防止する方法

　実際に作業を行う際は、所轄労働基準監督署長への届出が必要です。たとえば、建設業や土石採取業の仕事において、吹付け石綿の除去等（除去、封じ込め、囲い込み）の作業や、石綿含有の保温材や耐火被覆材等の除去等の作業（粉じんを著しく発散するおそれのあるものに限る）を行う際は、工事開始の14日前までに届出が必要です。これに対し、解体などの対象となる建築物について、吹付け石綿の除去等の作業や、石綿含有の保温材・耐火被覆材等の除去等の作業（粉じんを著しく発散するおそれがあるものに限る）を行う際は、工事開始前までに届出が必要です。

■ 隔離等の措置が必要な場合（石綿障害予防規則6条）

　事業者は、建築物の解体などの作業において、吹付け石綿の除去等の作業や、石綿含有の保温材・耐火被覆材等の除去等の作業（切断等の作業を伴うものに限る）を労働者に行わせる際は、主として以下の措置を講じる必要があります。

① 　作業場所をそれ以外の作業場所から隔離する

② 　作業場所の排気に集じん・排気装置を使用する

③ 　作業場所の出入口に前室・洗身室・更衣室を設置する

④ 　作業場所・前室を負圧（屋外より気圧が低い状態）に保つ

吹付け石綿

石綿にセメントや水を加えて混ぜ、吹き付け機で壁などに吹き付けたもの。耐火性や吸音性を高めるために使用された。

封じ込め・囲い込み

封じ込めとは、吹き付けられた石綿の表面に固化剤を上乗せで吹き付けて、チリ（塵）が舞うのを防ぐこと。
囲い込みとは、吹き付けられた石綿の表面を非石綿建材で覆い、粉じんを散らさないようにすること。

作業計画の策定・所轄労働基準監督署長への届出

作業計画
① 作業の方法および順序
② 石綿粉じんの発散を防止し、または抑制する方法
③ 労働者への石綿粉じんのばく露を防止する方法

所轄労働基準監督署長への届出

作業内容	期限
建設業や土石採取業の仕事で、建築物に①または②を作業をする場合 ① 吹付け石綿の除去等の作業 ② 石綿含有の保温材や耐火被覆材等の除去等の作業（粉じんを著しく発散するおそれのあるものに限る）	工事開始の14日前
解体などの対象となる建築物に①または②の作業をする場合 ① 吹付け石綿の除去等の作業 ② 石綿含有の保温材・耐火被覆材等の除去等の作業（粉じんを著しく発散するおそれがあるものに限る）	工事開始前

※除去等＝除去、封じ込め、囲い込み

■ 立ち入り禁止の措置をする場合

事業者は、石綿を使用した建築物の解体などの作業を行う際は、安全のために当該作業に従事する労働者以外の者が立ち入ることを禁止する必要があります。同時に、立ち入りの制限を周知させるため、見やすい場所に表示をする必要もあります。

届出不要な場合
「工事開始の14日前」の届出をした場合は「工事開始前」の届出をする必要がない。両方の届出事由に該当しても、二重に届出をする必要はないということである。

PART3
6

危険防止と
安全衛生教育

有害物質に対する規制や対策

有害物質に関する徹底した規制

製造等の禁止の例外

試験研究目的があって、あらかじめ都道府県労働局長の許可を得た場合に限り、例外的に製造等の禁止に該当する物質（次ページ図）の製造・輸入・使用が認められる。
この例外に当てはまらないのに、製造等の禁止に該当する物質の製造等を行うと、3年以下の懲役（令和7年6月以降は拘禁刑）または300万円以下の罰金に処せられる可能性がある。

化学物質の新たな規制

令和6年4月からは、化学物質管理者・保護具着用責任者の選任義務化、雇入れ時等教育の拡充、化学物質労災発生事業場等への労働基準監督署長による改善指示の実施などの改正が施行されている。

化学物質管理者の選任

リスクアセスメント対象物の製造、取扱いまたは譲渡提供をする事業場では、化学物質管理者を選任し、ラベル・SDS等の確認、化学物質に関わるリスクアセスメントの実施管理などを実施しなければならない。

■ 製造等の禁止と製造の許可に分けて規制している

　労働者に重大な健康障害を生じさせ、またはそのおそれがある危険・有害物質について、労働安全衛生法は「製造等の禁止」をする物質と、「製造の許可」をする物質とに分けて、製造等の規制を設けています。

　これらの製造等の規制は、事業者に限らず、すべての者が適用対象になっているのが特徴です。

■ 製造等の禁止に該当する危険・有害物質

　労働安全衛生法55条は、「黄りんマッチ、ベンジジン、ベンジジンを含有する製剤その他の労働者に重度の健康障害を生ずる物で、政令で定めるもの」について、製造・輸入・譲渡・提供・使用（あわせて「製造等」といいます）を禁止しています。

　製造等が禁止される危険・有害物質は、次ページ図の「製造等の禁止（施行令16条1項）」に列挙されているものです。

■ 許可を得ると製造可能な危険・有害物質

　労働安全衛生法56条は、「ジクロルベンジジン、ジクロルベンジジンを含有する製剤その他の労働者に重度の健康障害を生ずるおそれのある物で、政令で定めるもの」を製造しようとする者は、あらかじめ厚生労働大臣の許可を受けなければならないことを規定しています。

　厚生労働大臣の許可を得ると製造が可能となる物質は、次ページ図の「製造の許可（施行令17条、別表第3第1号）」に列

危険・有害物質

製造等の禁止（施行令 16 条 1 項）

① 黄リンマッチ
② ベンジジンおよびその塩
③ 4-アミノジフェニルおよびその塩
④ 石綿
⑤ 4-ニトロジフェニルおよびその塩
⑥ ビス（クロロメチル）エーテル
⑦ ベーターナフチルアミンおよびその塩
⑧ ベンゼンを含有するゴムのりで、その含有するベンゼンの容量が当該ゴムのりの溶剤（希釈剤を含む）の5％を超えるもの
⑨ ②③⑤⑥⑦をその重量の1％を超えて含有し、または④をその重量の0.1％を超えて含有する製剤その他の物

製造の許可（施行令 17 条、別表第 3 第 1 号）

① ジクロベンジジンおよびその塩
② アルファ―ナフチルアミンおよびその塩
③ 塩素化ビフェニル（別名 PCB）
④ オルト―トリジンおよびその塩
⑤ ジアニシジンおよびその塩
⑥ ベリリウムおよびその化合物
⑦ ベンゾトリクロリド
⑧ ①～⑥を重量の1％を超えて含有し、または⑦を重量の 0.5％を超えて含有する製材その他の物（合金にあっては、ベリリウムをその重量の3％を超えて含有するものに限る）

挙されているものです。ここで列挙されている物質は、試験研究目的以外であっても、許可を得ることで製造が可能になります。

■ 表示義務と表示方法

　①労働者に危険・健康障害を生ずるおそれのあるものとして政令で定める物質や、②前述した「製造の許可」の対象となる危険・有害物質（①②を総称してラベル表示対象物という）を、容器に入れるか、または包装して譲渡・提供する者は、以下のⓐ～ⓖの表示事項を容器または包装に表示する義務を負います。
ⓐ　名称（「成分」は表示義務事項から除外されています）
ⓑ　人体に及ぼす作用

> **政令で定める物質**
>
> 本文記載の①に該当して表示義務の対象となる「政令で定める物質」は、労働安全衛生法施行令18条で詳細に規定されている。

> **令和5年4月の改正**
>
> 令和5年4月以降、譲渡や提供時以外も、ラベル表示対象物を他の容器に移し替えて保管する場合や、自ら製造したラベル表示対象物を容器に入れて保管する場合は、表示義務の対象とすることになった。

PART3　危険防止と安全衛生教育　　85

ⓒ　貯蔵または取扱上の注意

ⓓ　表示をする者の氏名（名称）・住所・電話番号

ⓔ　労働者に注意を喚起するための標章（絵表示）

ⓕ　注意喚起語

ⓖ　安定性および反応性

　この表示義務は、危険性に関する情報を明確に表示して、譲渡・提供を受けた者が適切な安全措置を行えるようにするのを目的としており、ラベル表示対象物を譲渡・提供する者に課せられた義務です。

　表示方法については、容器・包装に直接表示事項を印刷するか、または表示事項を印刷したラベル（票せん）を作成して貼ることとされています。ただし、容器・包装への直接の印刷・貼付が困難な場合には、「ⓐ名称」以外の表示事項は、印刷したラベルを容器・包装に結びつけて表示することが可能です。

■ 健康診断を行う必要がある

　事業者は、一定の有害業務に従事する労働者に対し、一般健康診断よりも診断項目を増加させた健康診断を行うことが義務付けられています。この場合に行われる健康診断のことを「特殊健康診断」といいます。

　労働安全衛生法施行令22条１項は、特殊健康診断を行うべき有害業務として、高圧室内作業に係る業務、電離放射線業務、特定化学物質の製造または取扱いの業務、石綿の取扱いまたは試験研究目的のための製造の業務、鉛業務、四アルキル鉛等業務、有機溶剤の製造または取扱いの業務などを挙げています。

■ 具体的にどんな健康診断をするのか

　特殊健康診断を行う時期は、①有害業務に常時従事する労働者を雇い入れたとき、②有害業務に配置換えをしたとき、③６か月以内ごとの定期とされています。

表示義務が課せられない場合

容器・包装のうち「主として一般消費者の生活の用に供するためのもの」は、それが譲渡または提供される場合であっても、本文記載の表示義務の対象にならない。たとえば、医薬品、医薬部外品、化粧品が当てはまる。

令和５年４月の改正

令和５年４月以降、有機溶剤、特定化学物質（特別管理物質等を除く）、鉛、四アルキル鉛に関する特殊健康診断の実施頻度について、作業環境管理やばく露防止対策などが適切に実施されている場合は、本文記載の「③６か月以内ごとの定期」という実施頻度を「１年以内ごとの定期」に緩和できるようになった。

特殊健康診断の種類

種類	対象となる業務
じん肺健康診断	粉じん作業
有機溶剤中毒予防健康診断	屋内作業場での有機溶剤の取扱い業務
鉛健康診断	鉛を取り扱う業務
四アルキル鉛健康診断	四アルキル鉛の製造・混入などを取り扱う業務
特定化学物質健康診断	特定化学物質を取り扱う業務（石綿を除く）
高圧作業健康診断	高圧室内業務・潜水業務
電離放射線健康診断	エックス線などの電離放射線を受ける業務
石綿健康診断	石綿を取り扱う業務
歯科健康診断	労働安全衛生法施行令22条3項に定める業務
除染等電離放射線健康診断	放射性物質により汚染された土壌等の除染等を行う業務

　特殊健康診断の対象となる労働者がいる場合は、前述の時期に有害業務の内容に応じて定められた項目の健康診断を行わなければなりません。特に、有害業務のうち歯やその支持組織に有害な物（塩酸・硫酸・硝酸など）のガス・蒸気・粉じんを発散する場所における業務に常時従事する労働者に対しては、歯科医師による健康診断（歯科健康診断）を、雇入れ時、配置換え時、6か月以内ごとの定期に実施する必要があります。

　有害業務を原因とする健康障害の中には、潜伏期間が非常に長いものがあります。そのため、事業者は、労働安全衛生法施行令22条2項に規定する一定の特定化学物質業務または石綿業務に従事した後、他の業務に配置換えした労働者（現に使用している労働者に限る）についても、6か月以内ごとの定期に特殊健康診断を行わなければなりません。

　また、都道府県労働局長が必要と認めたときには、労働衛生指導医の意見をもとに、事業者に対し、臨時の健康診断実施を指示できます。労働衛生指導医とは、厚生労働大臣から任命された労働衛生について学識経験を有する医者のことです。

健康診断を怠った事業者

健康診断の実施義務に違反した事業者は、50万円以下の罰金に処される可能性がある。

PART3　危険防止と安全衛生教育　87

PART3	建設業における救護措置

7

危険防止と
安全衛生教育

建設作業現場では救護のための措置が講じられている
ことが必要

■ 労働安全衛生上の救護措置とは

　労働災害の発生時に適切な救護措置をとることは、どんな業
種においても必要です。労働安全衛生法は、特に労働災害が発
生する危険が高く、発生時には重大な被害が予想される、以下
の①②の仕事をする事業者に対し、救護措置がとられる場合の
労働災害を防止するため、必要な措置を講ずることを義務付け
ています。

① 　ずい道等の建設の仕事で、出入り口からの距離が1000m以
　　上となる場所での作業や、深さが50m以上となるたて杭（通
　　路として使用するものに限られる）の掘削を伴うもの

② 　圧気工法を用いた作業を行う仕事で、ゲージ圧力が0.1メ
　　ガパスカル以上の状態で行うこととなるもの

パスカル

圧力を表す単位のこ
と。本文中における
0.1メガパスカルと
は、1気圧もしくは
10m（噴水などが10
m上がるだけの圧力）
と同等とされる。

■ どんなことをしておかなければならないのか

　労働安全衛生法では、労働者の救護措置がとられる場合にお
ける労働災害が発生しないよう準備しておくとの観点に立って、
以下の①〜⑤の措置を講じておくことを規定しています。

① **救護等に必要な機械等の備付けと管理**

　備え付けていなければならないものには、空気呼吸器または
酸素呼吸器、メタン・硫化水素・一酸化炭素・酸素の濃度測定
器、懐中電灯、その他の救護に必要とされるものがあります。

② **救護訓練の実施**

　救護訓練は1年以内ごとに1回実施することが必要で、訓練
を実施した日（訓練日）、訓練を受けた労働者の氏名、訓練内

救護措置とは

労働安全衛生上の救護措置

救護等に必要な機械等の備付・管理
①空気呼吸器・酸素呼吸器
②メタン・硫化水素・一酸化炭素・酸素濃度測定のため必要な測定器具（発生のおそれがない時は不要）
③携帯用照明器具（懐中電灯など）
④その他労働者の救護に関し必要な機械等

救護訓練の実施
①１年以内ごとに一度の実施
②訓練日・労働者名・訓練内容の記録は３年保存

救護の安全についての規程の作成
救護組織、点検・整備、訓練実施の定めなど

作業労働者の人数・氏名の確認
ずい道等の内部や高圧室内作業の労働者数・その氏名

技術的事項の管理者の選任
救護技術管理者を定める

容についての記録は、３年間保存しなければなりません。

③　救護の安全についての規程の作成

救護組織、救護に必要な機械等の点検・整備、救護訓練の実施などに関する規程が定められている必要があります。

④　作業にかかる労働者の人数と氏名の確認

ずい道等の内部や高圧室内において作業を行う労働者の人数と氏名が常時確認できるようになっていることが必要です。

⑤　技術的事項の管理者の選任

①～④の救護に関する技術的事項の管理者を救護技術管理者といいます。事業者は、ずい道等の建設の仕事または圧気工法

罰則の適用がある

本文記載の①～④に違反すると６か月以下の懲役刑（令和７年６月以降は拘禁刑）または50万円以下の罰金刑、⑤に違反すると50万円以下の罰金刑に処せられる可能性がある。

PART3　危険防止と安全衛生教育　89

の作業に3年以上従事し、厚生労働大臣の定める研修を修了した者の中から、救護技術管理者を選任します。

■ 救護技術管理者への権限付与

救護技術管理者は、前述のように救護に関する技術的事項を管理する技術者のことで、その事業場に専属の者が務めます。事業者は、救護技術がいざという時に円滑に行われるよう、救護技術管理者に対して労働者の救護の安全に関し必要な権限を付与しなければなりません。

なぜなら、救護技術管理者が救護の安全に関する必要な権限を持たない場合、専門的見地から会社の救護設備に対する欠陥点を改善し、必要な器具の購入予算請求などを行おうとしても、権限がないので何もできないという事態が生じ得るからです。

そのため、事業者に対し、救護の安全について必要な知識・技術を持った者に権限の付与を義務付けることで、危険性の高い建設業作業の中でも事故発生率が高く、人命に関わる仕事の技術責任者の立場を、とりわけ安全上の要請からしっかりと守り独立させようとしています。

労働安全衛生法やこれに基づく労働安全衛生規則よって適切なルールを定めることで安全衛生体制が盤石となり、さまざまな救護に関する措置が保全されることが期待されています。

■ 熱中症の予防対策にはどんなものがあるのか

熱中症とは、体内の水分と塩分のバランスが崩れることで発症するめまい・失神・嘔吐・痙攣などの健康障害全般のことを指し、主に高温多湿な環境下等で発症します。近年は気温が高く上昇する傾向にあり、熱中症になる危険が叫ばれています。

特に高温多湿となる場合が多い建設業の現場では、労働者の命に関わる事態になりかねないため、熱中症にならないような対策を講じることが求められます。

主な熱中症予防対策

① 熱中症の発症に重大な影響を与える睡眠不足・体調不良等についての健康管理指導および該当者への必要な対応
② 定期的な水分および塩分摂取の指示および注意喚起
③ 高温多湿環境下での作業に不慣れな者に対して「暑熱順化期間」を設ける
④ WBGT値（暑さ指数）の測定やWBGT基準値の確認をした上で、WBGT値の引き下げを図る
⑤ ①～④の措置の対策開始時期は早めを心がけ、設定する

　職場の熱中症予防については、厚生労働省の「職場における熱中症予防基本対策要綱の策定について」という通達に対策が示されています。この通達にも記載があり、熱中症対策として用いられているのが「WBGT値（暑さ指数）」です。

　WBGT値は熱によるストレスを示す数値で、これが高いほど熱中症を引き起こす危険が増すため、熱中症対策としてはWBGT値を引き下げることが重要になります。

　WBGT値を測定し、通達に定められているWBGT基準値を確認しておくことで、必要な措置等の参考にすることができます。特に、WBGT基準値を実際の測定値が上回るような事態においては、急遽作業時間の見直し等を行うなど、臨時的な対応が必要だといえるでしょう。

　熱中症は真夏によく発症するイメージですが、春先も危険な時期とされています。時期的に「まだ大丈夫」という安心感があるため、気がついたときには脱水症状を起こしていたという事態も少なくありません。そのため、事業者は春先のうちから、熱中症に対する措置を講じることが必要です。

> **WBGT値（暑さ指数）**
>
> WBGT＝Wet-Bulb Globe Temperatureの略で、熱中症を予防するために発表されている指標のこと。熱収支（人の身体と外気との熱気の出入り）に大きく影響される①湿度、②周囲の熱環境状況、③気温、を取り入れた上で示されている。

PART3　危険防止と安全衛生教育

PART3 8

危険防止と
安全衛生教育

建設業における災害防止対策

建設業では災害防止のために必要な調査や届出、審査が行われる

マニュアルも参考にする

リスクアセスメントについては各種のマニュアルが公表されている。たとえば、機械設備の製造等（設計・製造・輸入・販売・使用）をする事業者や労働者に向けたマニュアルとして、厚生労働省の委託に基づき中央労働災害防止協会が作成した「機械設備のリスクアセスメントマニュアル」がある。

■ リスクアセスメントの導入とその結果に基づく措置

リスクアセスメントとは、事業場の危険性または有害性を見つけ出し、これを低減するための手法のことです。労働安全衛生法28条の２では、危険性又は有害性等の調査及びその結果に基づく措置として、建設業などの事業場の事業者に対して、リスクアセスメントおよびその結果に基づく措置の実施に取り組むよう努めることを求めています。

リスクアセスメントを実施するためには、前提として、建設業特有の事業性をふまえなければなりません。具体的には、建設業には、①所属の違う労働者が同じ場所で作業をして、複数かつ何層にもわたる複雑な下請け構造を持つこと、②短期間に作業内容が変化する可能性があることといった特徴があります。

このような建設業の性質は、建設業における災害防止対策の難しさを示すものといえるでしょう。労働安全衛生関係の法令を遵守することはもちろん、現場の元方事業者が統括管理を行い、関係請負人各々が自主的に安全衛生活動を行い、そして本店および支店が安全衛生指導を行い、関係団体や行政が一体となって総合的な災害防止対策を行っていく必要があります。

リスクアセスメントの実施について、厚生労働省の公示である「危険性又は有害性等の調査等に関する指針」では、以下の@〜dの手順を示しています。

@　労働者の就業にかかる危険性または有害性の特定

b　特定された危険性または有害性ごとのリスクの見積り

c　見積りに基づくリスクを低減するための優先度の設定およ

リスクアセスメントの実施体制と役割

総括安全衛生管理者 ➡	調査の実施を統括管理する
安全管理者・衛生管理者 ➡	調査の実施を管理する
安全衛生委員会・安全委員会・衛生委員会 ➡	調査を実施する上で労働者に関与してもらうようにする
職長等 ➡	危険性・有害性の特定、リスクの見積り、リスク低減措置の検討を行ってもらうように努める
機械設備等の専門家 ➡	機械設備等に関する調査の実施にあたり、参画してもらうように努める

※事業者は調査を実施する者に対して必要な教育を実施する

びリスク低減措置の検討

ⓓ 優先度に対応したリスク低減措置の実施

さらに、指針では、事業者が作業標準、仕様書、作業環境測定結果等などの情報を入手し、リスクアセスメントの実施に活用するとともに、洗い出した作業、特定した危険性または有害性、見積もったリスク、設定したリスク低減措置の優先度、実施したリスク低減措置の内容を記録することも示しています。

■ 工事計画の届出と審査

労働安全衛生法では、一定規模以上の建設工事などを行う事業者に対して、工事開始日の30日前または14日前に、厚生労働大臣または所轄労働基準監督署長に届け出ること（事前届出）を義務付けています（詳細については176ページで述べます）。

事前届出があった工事については審査が行われ、法令違反がある場合には工事の差止めや計画変更の指示が行われます。これは計画段階で行われる災害防止のための措置です。

リスクアセスメントの実施体制

上図に掲げている安全衛生管理の担当者を中心にして、リスクアセスメントを実施することになる。

工事計画の事前届出の根拠規定

労働安全衛生法88条（計画の届出等）により、事業者に対して、建設業または土石採取業に属する一定の仕事を行う場合や、一定の機械等の設置・移転・主要構造部分の変更を行う場合などは、事前に計画を届け出ることを義務付けている。

PART3 危険防止と安全衛生教育　93

PART3

9

・・・・・・・・・・・・・

危険防止と
安全衛生教育

機械等の安全確保のための規制

・・

取扱いに高い危険が伴う機械等は、検査を受けなければ使用できない

■ 特定機械等とは

労働安全衛生法では、下記の8種類の機械等を「特定機械等」と規定し、労働災害を防止するための規制を定めています。

① ボイラー（小型ボイラー等を除く）

② 第一種圧力容器（小型圧力容器等を除く）

③ つり上げ荷重3t以上（スタッカー式は1t以上）のクレーン

④ つり上げ荷重3t以上の移動式クレーン

⑤ つり上げ荷重2t以上のデリック

⑥ 積載荷重が1t以上のエレベーター

⑦ ガイドレール（昇降路）の高さが18m以上の建設用リフト（積載荷重が0.25t未満のものを除く）

⑧ ゴンドラ

■ 機械等の安全確保についての法律の規制がある

特定機械等は、業務において特に危険とされる作業に用いられる機械等であるため、これらが正常に動作しなかった場合には非常に重大な労働災害を引き起こすおそれがあります。

そのため、特定機械等を製造する際は、不良品による事故が発生しないように都道府県労働局長の許可を受けることが必要とされています。

さらに、一度は使用を廃止した特定機械等を再び使用することとなった場合も、安全を守るために都道府県労働局長の行う検査を受けることが義務付けられています。特定機械等を設置した場合や何らかの変更を加えた場合、使用を休止していた特

94

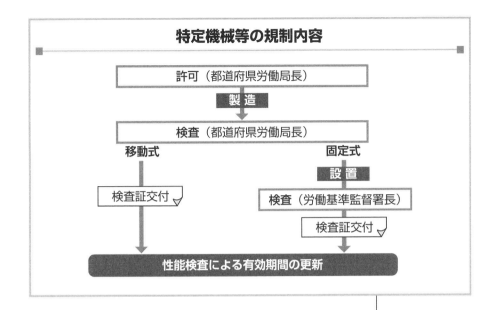

定機械等を再び使用し始める際には、労働基準監督署長の行う検査を受けなければ使用することができません。

■ 検査証の必要性

検査に合格した特定機械等には「検査証」が交付されます。この検査証がない場合は、特定機械等の使用・譲渡・貸与をすることはできません。

この検査証には有効期間があり、有効期間を更新するためには登録性能検査機関が行う性能検査を受ける必要があります。その上で、特定機械等の場合は事業主が自ら定期点検を行うことが求められています。

なお、特定機械等以外にも、定期に自主検査をすることが規定されている機械等があり、それらの中でも一定の機械等については、有資格者または登録検査業者に検査（特定自主検査）を実施させることが必要とされています。

登録検査業者
依頼に応じて特定自主検査を行うことが認められた業者のこと。検査業者となった場合は、厚生労働省もしくは都道府県労働局に備えられた検査業者名簿に登録される。

PART3
10

危険防止と
安全衛生教育

機械の使用にあたっての注意点①

前照灯やヘッドガードの設置などを行う必要がある

■ 車両系建設機械を使用した作業の安全を確保するための措置

車両系建設機械とは、以下の建設機械のうち、動力を用い、かつ、不特定の場所に自走できるものを指します。

① 整地・運搬・積込み用機械（ブル・ドーザー、モーター・グレーダー等）

② 掘削用機械（パワー・ショベル、ドラグ・ショベル等）

③ 基礎工事用機械（くい打機、くい抜機等）

④ 締固め用機械（ローラー等）

⑤ コンクリート打設用機械（コンクリートポンプ車等）

⑥ 解体用機械（ブレーカ等）

車両系建設機械を使用する場合の措置については、主に労働安全衛生規則で定められています。

車両系建設機械には、前照灯を備える必要があります。ただし、作業を安全に行うための照度が保持されている場所では、前照灯を備える必要はありません（労働安全衛生規則152条）。

岩石の落下等により労働者に危険が生ずるおそれのある場所で車両系建設機械（ブル・ドーザー、トラクター・ショベル、ずり積機、パワー・ショベル、ドラグ・ショベル、解体用機械に限る）を使用する際には、車両系建設機械に堅固なヘッドガードを備えなければなりません（労働安全衛生規則153条）。

車両系建設機械を使って作業を行う際には、その車両系建設機械の転落、地山の崩壊等による労働者の危険を防止するために、当該作業を行う場所の地形、地質の状態を調査し、その結

くい打ち機などの倒壊防止措置

①軟弱な地盤への据付時は、脚部・架台沈下防止のため敷板・敷角等を使用する

②施設・仮設物等への据付時は、耐力確認の上、不足時は補強する

③脚部・架台が滑動の危険性がある場合、くい・くさび等で固定させる

④一定のくい打機・くい抜機・ボーリングマシンは、不意の移動を防ぐためレールクランプ・歯止め等で固定させる

⑤控えのみで頂部を安定させる場合、控えの数を3以上とし、その末端は堅固な控えぐいや鉄骨等に固定させる

⑥控線のみで頂部を安定させる場合、控線の等間隔配置や数を増やす方法による

⑦バランスウエイトで安定させる場合、移動を防止するために架台に確実に取り付ける

車両用建設機械使用時の安全確保措置

車両系建設機械使用時の安全確保措置

前照灯の設置
作業を安全に行うための照度が保持されていない場所で車両系建設機械を使用する場合

堅固なヘッドガードの設置
岩石の落下等により労働者に危険が生ずるおそれのある場所で車両系建設機械を使用する場合

作業場所の地形・地質の状態の調査、結果記録
車両系建設機械を使って作業を行う場合において、①②の労働者の危険を防止するための対策
① 車両系建設機械の転落　② 地山の崩壊等

乗車席以外の箇所への労働者乗車禁止
車両系建設機械を使って作業を行う場合

果を記録しておく必要があります（労働安全衛生規則154条）。車両系建設機械を使って作業を行う際には、乗車席以外の箇所に労働者を乗せてはいけません（労働安全衛生規則162条）。

■ くい打ち機を使用した作業の安全を確保するための措置

　動力を用いるくい打機やくい抜機（不特定の場所を自走できるものを除く）、ボーリングマシンの機体、附属装置および附属品については、労働者の安全を守るため、使用の目的に適応した必要な強度を持っており、著しい損傷、摩耗、変形、腐食のないものでなければ、使用することはできません（労働安全衛生規則172条）。

　動力を使うくい打機・くい抜機、ボーリングマシンについては、倒壊を防止するための一定の措置（倒壊防止措置）を講じる必要があります（労働安全衛生規則173条）。

PART3　危険防止と安全衛生教育　　97

PART3 11

危険防止と
安全衛生教育

機械の使用にあたっての注意点②

安全確保のために使用禁止となる場合もある

■ 玉掛け作業の安全を確保するための措置

玉掛けとは、ワイヤロープなどの玉掛用具を用いて、クレーンなどのフック（荷物を引っかける器具）に荷物を掛けたり外したりする作業のことです。クレーン等安全規則では、クレーン、移動式クレーン、デリックの玉掛用具であるワイヤロープの安全係数は6以上と定めています。一方、クレーン、移動式クレーン、デリックの玉掛用具であるフック、シャックルの安全係数は5以上と定めています。

また、クレーン、移動式クレーン、デリックの玉掛用具であるワイヤロープ、つりチェーンなどを用いて玉掛けの作業を行うときは、その日の作業開始前に、当該用具の異常の有無について点検を行わなければなりません。そして、点検によって異常を発見した場合は、直ちに補修する必要があります。

■ 移動式クレーンを使用する作業の安全確保措置

移動式クレーンについても、クレーン等安全規則において安全確保措置の規定を設けています。まず、移動式クレーンを使用して作業を行う場合は、当該移動式クレーンに検査証を備え付けておかなければなりません。この移動式クレーンは、厚生労働大臣が定める基準（移動式クレーンの構造に関係する部分に限る）に適合するものであることが必要です。

次に、移動式クレーンを使用する際には、当該移動式クレーンの構造部分を構成する鋼材の変形、折損等を防止するために、当該移動式クレーンの設計の基準とされた負荷条件に留意しな

安全係数

安全に使用できる限度や基準などを示す数値のこと。たとえば、ワイヤロープの安全係数は、ワイヤロープの切断荷重の値を当該ワイヤロープにかかる荷重の最大の値で割った値となる。また、フック、シャックルの安全係数は、切断荷重の値をそれぞれ当該フック、シャックルにかかる荷重の最大の値で割った値となる。

玉掛け作業における安全確保のための禁止事項

対象物	使用禁止内容	使用禁止となる場合
ワイヤロープ	クレーン、移動式クレーン、デリックの玉掛用具として使用禁止	①ワイヤロープ1よりの間において素線（フィラ線を除く）の数の10%以上の素線が切断
		②直径の減少が公称径の7%を超える
		③キンク状態（ロープやホースなどによじれなどが生じ、元に戻りにくい状態）
		④著しい形くずれや腐食がある
つりチェーン		①伸びが当該つりチェーンが製造されたときの長さの5%を超える
		②リンクの断面の直径の減少が、当該つりチェーンが製造されたときの当該リンクの断面の直径の10%を超える
		③き裂がある
フック、シャックル、リング等の金具		①変形している
		②き裂がある

ければなりません。

　移動式クレーンの巻過防止装置については、「フック、グラブバケット等のつり具の上面または当該つり具の巻上げ用シーブの上面」と「ジブの先端のシーブその他当該上面が接触するおそれのある物（傾斜したジブを除く）の下面」との間隔が0.25m以上（直働式の巻過防止装置にあっては0.05m以上）となるように調整しておかなければなりません。

　そして、移動式クレーンを使って作業を行う際には、移動式クレーンの転倒等による労働者の危険を防止するために、作業に必要な場所の広さ、地形および地質の状態、運搬しようとする荷の重量、使用する移動式クレーンの種類・能力等を考慮して、以下の事項を決める必要があります。

・移動式クレーンによる作業の方法
・移動式クレーンの転倒を防止するための方法
・移動式クレーンによる作業に係る労働者の配置・指揮の系統

グラブバケット

クレーンなどの先に取り付けて、貝のように開閉して、石炭・鉱石・土砂などをつかむ（すくい取る）装置のこと。

PART3　危険防止と安全衛生教育　99

PART3 12

危険防止と
安全衛生教育

機械の使用にあたっての注意点③

エレベーターや建設用リフトに関しては、クレーン等
安全規則により具体的措置が定められている

組立て・解体
作業時の措置

屋外設置のエレベーターの昇降路塔またはガイドレール支持塔の組立て・解体の作業を行うときは、以下の措置をとる必要がある（クレーン等安全規則153条）。
①作業指揮者を選任し、その者の指揮の下に作業を実施させる
②作業区域への関係労働者以外の者の立入を禁止し、その旨を見やすい箇所に表示する
③強風、大雨、大雪等の悪天候で作業実施時に危険が予想される場合、当該作業に労働者を従事させない

建設用リフト運転
業務への就労時に
必要な特別教育

以下の科目について特別教育を行わなければならない（クレーン等安全規則183条）。
①建設用リフトに関する知識
②建設用リフトの運転のために必要な電気に関する知識
③関係法令
④建設用リフトの運転および点検
⑤建設用リフトの運転のための合図

■ エレベーターを使用する作業の安全を確保する措置

　エレベーターの使用については、クレーン等安全規則において、事業者が講ずべき安全確保のための具体的な措置が定められています。

　エレベーターを使って作業を行う際は、作業場所にエレベーター検査証を備え付ける必要があります。エレベーターは、厚生労働大臣の定める基準（エレベーターの構造部分に限る）に適合しなければ使用することはできません。

　エレベーターのファイナルリミットスイッチ、非常止めその他の安全装置が有効に作用するような調整を行うことも必要とされています。その他には、エレベーターにその積載荷重を超える荷重をかけて使用することが禁止されています。

■ 建設用リフトを使用する作業の安全を確保するための措置

　建設用リフトの使用については、クレーン等安全規則において、事業者が講ずべき安全確保のための具体的な措置が定められています。

　建設用リフトを使って作業を行う際は、作業場所に建設用リフト検査証を備え付ける必要があります。建設用リフトは、厚生労働大臣の定める基準（建設用リフトの構造部分に限る）に適合しなければ使用できません。

　その他には、巻上げ用ワイヤロープに標識を付すること、警報装置を設けることなど、巻上げ用ワイヤロープの巻過ぎによる労働者の危険を防止するための措置も必要です。

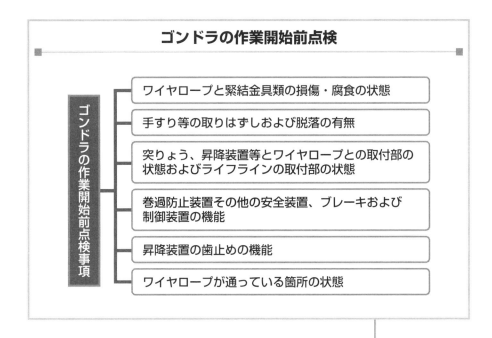

■ ゴンドラを使用する作業の安全を確保するための措置

ゴンドラを使用する作業の安全を確保するための具体的な措置は、ゴンドラ安全規則において定められています。

ゴンドラにその積載荷重を超える荷重をかけての使用は禁止されています。ゴンドラの作業床の上で、脚立、はしごなどを使用して労働者に作業させることも禁止されています。

ゴンドラを使用して作業を行うときは、ゴンドラの操作について一定の合図を定め、合図を行う者を指名した上で合図を行わせる必要があります。また、ゴンドラの作業床で作業を行うときは、当該作業を行う労働者に要求性能墜落制止用器具その他の命綱(要求性能墜落制止用器具等)を使用させなければなりません。

さらに、強風、大雨、大雪等の悪天候のため、ゴンドラを使用する作業の実施について危険が生じる可能性がある場合には、作業を行うことができません。

ゴンドラの操作業務への就労時に必要な特別教育

以下の科目について特別教育を行なわければならない(ゴンドラ安全規則12条)。
①ゴンドラに関する知識
②ゴンドラの操作のために必要な電気に関する知識
③関係法令
④ゴンドラの操作および点検
⑤ゴンドラの操作のための合図

PART3

13

危険防止と
安全衛生教育

作業環境を確保するための必要な措置①

事業者は安全を確保するための措置を講じる必要がある

■ 地山の掘削工事の安全を確保するための措置

　地山の掘削工事に関しては、労働安全衛生規則355条〜367条において、安全確保措置の規定を設けています。

　地山の掘削の作業を行う際に、地山の崩壊、埋設物の損壊等によって労働者に危険を及ぼす可能性がある場合には、あらかじめ作業箇所とその周辺の地山について以下の①〜④の事項を調査し、掘削の時期と順序を定めて作業を行う必要があります。

① 　形状、地質および地層の状態

② 　き裂、含水、湧水および凍結の有無および状態

③ 　埋設物等の有無および状態

④ 　高温のガスおよび蒸気の有無および状態

　掘削面の高さが2m以上となる地山の掘削作業を行う場合には、「地山の掘削及び土止め支保工作業主任者技能講習」を修了した者の中から、地山の掘削作業主任者を選任する必要があります。選任された地山の掘削作業主任者は、主に以下の①〜③の業務を担当します。

① 　作業の方法を決定し、作業を直接指揮すること

② 　器具および工具を点検し、不良品を取り除くこと

③ 　要求性能墜落制止用器具等および保護帽の使用状況を監視すること

　明り掘削の作業を行う場合で、掘削機械・積込機械・運搬機械の使用によるガス導管、地中電線路等の損壊によって労働者に危険が及ぶ可能性があるときは、これらの機械を使用してはいけません。明り掘削の作業を行う場合は、運搬機械・掘削機

手掘りによる地山の掘削作業

事業者は、手掘りにより地山の掘削作業を行う場合には、掘削面のこう配について、規定された基準を遵守しなければならない。たとえば、掘削面の高さが5m未満の岩盤または堅い粘土からなる地山では、掘削面のこう配は90度以下でなければならない。

要求性能墜落制止用器具等

要求性能墜落制止用器具(墜落による危険のおそれに応じた性能を有する墜落制止用器具)その他の命綱のこと。

明り掘削

坑外で行われる掘削作業のこと。

102

掘削工事の安全確保措置

作業箇所・周辺地山の調査
① 形状、地質、地層の状態
② き裂、含水、湧水、凍結の有無・状態
③ 埋設物等の有無・状態
④ 高温のガス、蒸気の有無・状態

↓

掘削の時期・順序の設定

掘削作業の開始

掘削面2m以上の地山の掘削
↓
地山の掘削作業主任者の選任

① 作業方法の決定、作業の直接指揮
② 器具と工具の点検、不良品の除去
③ 要求性能墜落制止用器具等・保護帽の使用状況の監視

械・積込機械(車両系建設機械と車両系荷役運搬機械等を除く)の運行の経路と、これらの機械の土石の積卸し場所への出入りの方法を定めて、関係労働者に周知させる必要があります。

■ 足場の組立ての安全を確保するための措置

足場の組立てに関しては、労働安全衛生規則564条～568条において、安全確保措置の規定を設けています。

つり足場、張出し足場または高さが2m以上の構造の足場について、その組立て・解体・変更の作業を行う際には、以下の①～⑤の措置を講じる必要があります。

① 組立て・解体・変更の時期、範囲および順序を当該作業に従事する労働者に周知させること
② 組立て・解体・変更の作業を行う区域内には、関係労働者以外の労働者の立入りを禁止すること
③ 強風、大雨、大雪等の悪天候のため、作業の実施について危険がある場合には、作業を中止すること
④ 足場材の緊結、取りはずし、受渡し等の作業にあっては、幅40cm以上の作業床を設け、労働者に要求性能墜落制止用

誘導者による誘導
明り掘削の作業を行う場合、運搬機械等が労働者の作業箇所に後進して接近するとき、または運搬機械等が転落するおそれがあるときには、誘導者を配置して、誘導者にこれらの機械を誘導させなければならない。

器具を使用させるなど、墜落による労働者の危険を防止するための措置を講ずること

⑤ 材料、器具、工具等を上げ、または下ろすときは、つり綱、つり袋等を労働者に使用させること

これに加えて、所定の足場の組立て・解体・変更の作業を行う場合には、事業者は「足場の組立て等作業主任者技能講習」を修了した者の中から、足場の組立て等作業主任者を選任し、以下の@～@の事項を行わせる必要があります。ただし、解体作業の際には、以下の@の事項を行わせる必要はありません。

ⓐ 材料の欠点の有無を点検し、不良品を取り除くこと

ⓑ 器具・工具・要求性能墜落制止用器具・保護帽の機能を点検し、不良品を取り除くこと

ⓒ 作業の方法と労働者の配置を決定し、作業の進行状況を監視すること

ⓓ 要求性能墜落制止用器具・保護帽の使用状況を監視すること

■ 高所作業車を使用する作業の安全を確保するための措置

高所作業車
作業床を上下に移動させることにより、高所で作業を行うことを目的とした機械のこと。

高所作業車に関しては、労働安全衛生規則194条の8～194条の28において、安全確保措置の規定を設けています。

事業者は、高所作業車（運行に使用されるものを除く）については、前照灯と尾灯を備えなければなりません。ただし、走行の作業を安全に行うため必要な照度が確保されている場所では、その必要はありません。

高所作業車を用いて作業（道路上の走行の作業を除く）を行うときは、当該作業を行う場所の状況や当該高所作業車の種類・能力等に適応する作業計画を定めた上で、当該作業計画により作業を行う必要があります。

そして、高所作業車の運転者が走行のための運転位置から離れる場合（作業床に労働者が乗って作業を行う場合を除く）には、当該運転者に以下の①～②の措置を講じさせる必要があります。

104

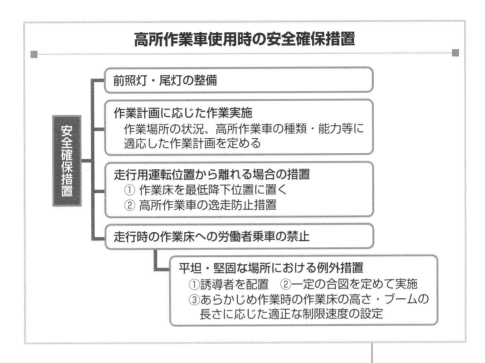

① 作業床を最低降下位置に置くこと
② 原動機を止め、かつ、停止の状態を保持するためのブレーキを確実にかけるなどの高所作業車の逸走を防止する措置を講ずること

実際に高所作業車を走行させる際には、高所作業車の作業床に労働者を乗せてはいけません。ただし、平坦で堅固な場所において高所作業車を走行させる場合の例外措置が設けられています。具体的には、以下の ⓐ～ⓒ の措置を講じた際は、高所作業車の作業床に労働者を乗せることができます。
ⓐ 誘導者を配置し、その者に高所作業車を誘導させること
ⓑ 一定の合図を定め、誘導者に合図を行わせること
ⓒ あらかじめ作業時における高所作業車の作業床の高さとブームの長さ等に応じた高所作業車の適正な制限速度を定め、それにより運転者に運転させること

高所作業車を走行させる際の規制
高所作業車が作業床において走行の操作をする構造の場合には、高所作業車の作業床に労働者を乗せることができる。

ブーム
主にトラックに搭載されたクレーンのような棒状の構造物のこと。アームと呼ばれることもある。高所作業車の場合は、ブームの先端に作業員が乗るカゴ（作業床）が取り付けられている。

PART3
14

危険防止と
安全衛生教育

作業環境を確保するための必要な措置②

あらゆる労働災害を想定した措置をとる必要がある

墜落制止用器具への名称変更

平成31年2月1日より「安全帯」の名称が「墜落制止用器具」に改められた。労働安全衛生規則などにおいては、墜落による危険のおそれに応じた性能を有する墜落制止用器具を要求するという意味で「要求性能墜落制止用器具」の名称が用いられることになった。これに伴い、U字つりの腰ベルト型安全帯が墜落制止用器具として認められなくなり、墜落制止用器具はフルハーネス型の使用が原則となった。

作業構台の組立て等の作業時の措置

作業構台の組立て等（組立て・解体・変更）を行う際は、次の①～④の措置を講じる必要がある（労働安全衛生規則575条の7）。
①組立て等の時期・範囲・順序を労働者に周知する
②組立て等の作業を行う区域内には、関係労働者以外の労働者の立入りを禁止する
③強風・大雨・大雪等の悪天候で作業の実施について危険が予想されるときは、作業を中止する
④材料・器具・工具等を上げ下げするときは、つり綱・つり袋等を労働者に使用させる

■ 2m以上の高所からの墜落による危険を防止するための措置

　事業者は、高さが2mの場所（作業床の端・開口部等を除く）で作業を行う場合、墜落により労働者に危険が生じる可能性がある際は、足場を組み立てるなどの方法により作業床を設けなければなりません。作業床の設置が難しい場合は防網を張り、労働者に要求性能墜落制止用器具を使用させる等、墜落による危険を防止する措置を講じる必要があります（労働安全衛生規則518条）。高さが2m以上の箇所で作業を行う場合、労働者が要求性能墜落制止用器具等を使用する際は、要求性能墜落制止用器具等を安全に取り付けるための設備等を設ける必要があります。また、労働者が要求性能墜落制止用器具等を使用する際は、要求性能墜落制止用器具等やその取付け設備等の異常の有無を随時点検しなければなりません（労働安全衛生規則521条）。そして、強風、大雨、大雪など悪天候のため、当該作業の実施について危険が予想される場合には、当該作業に労働者を従事させてはいけません（労働安全衛生規則522条）。

■ 作業構台の作業の安全を確保するための措置

　事業者は、仮設の支柱や作業床等により構成され、材料・仮設機材の集積や建設機械等の設置・移動を目的とする高さが2m以上の設備で、建設工事に使用するもの（作業構台）の材料には、著しい損傷・変形・腐食のあるものを使用してはいけません（労働安全衛生規則575条の2）。

　作業構台を組み立てる際には、組立図を作成し、その組立図

106

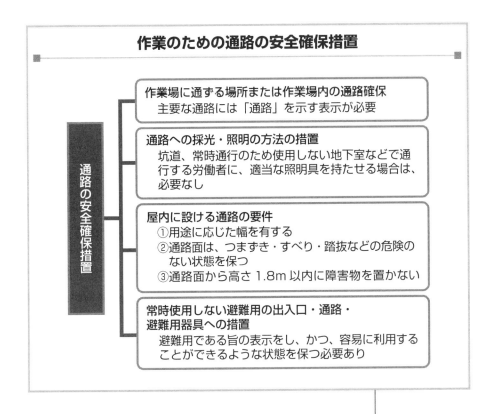

に従って組み立てなければなりません。この組立図は、支柱・作業床・はり・大引き等の部材の配置や寸法が示されている必要があります（労働安全衛生規則575条の5）。

■ 作業のための通路の安全を確保するための措置

　事業者は、作業場に通ずる場所と作業場内の通路は、労働者が安全に業務を遂行するため、安全に使用できる措置（上図参照）を設ける必要があります（労働安全衛生規則540条以下）。

　たとえば、主要な通路に「通路」であることを示す表示をすることが求められています。その他、通路の安全性を保つための採光・照明の方法、屋内に設ける通路の要件、常時使用しない避難用の出入口・通路・避難用器具の要件などを定めています。

PART3 15

危険防止と
安全衛生教育

作業環境を確保するための
必要な措置③

事故防止措置や立入制限、悪天候時の中止措置などが
ある

**解体作業における
作業計画**

以下の①～③の定めが
必要である（労働安全
衛生規則517条の14）。
①作業の方法と順序
②使用する機械等の種
類と能力
③控えの設置、立入禁
止区域の設定その他
の外壁・柱・はり等
の倒壊や落下による
労働者の危険を防止
するための方法

**解体作業に
おける安全措置**

解体・破壊の作業にお
いて講ずべき安全措置
として、以下の①～③
がある（労働安全衛生
規則517条の15）。
①作業区域内の関係労
働者以外の労働者の
立入りを禁止する
②強風・大雨・大雪等
の悪天候で作業の実
施に危険が予想され
るときは、作業を中
止する
③器具・工具等を上げ
下げするときは、つ
り綱・つり袋等を労
働者に使用させる

作業主任者の選任

架設・変更の作業を行
う場合は、コンクリー
ト橋架設等作業主任者
技能講習を修了した者
の中から、コンクリー
ト橋架設等作業主任者
の選任が必要である
（労働安全衛生規則
517条の22）。

■ コンクリート造りの工作物の解体作業の安全を確保する措置

　事業者は、コンクリート造の工作物（高さ5m以上のものに
限る）の解体または破壊の作業を行う場合は、工作物の倒壊・
物体の飛来・落下等による労働者の危険を防止するため、工作
物の形状・き裂の有無・周囲の状況等を調査した上で作業計画
を定め、作業計画に基づいて作業を行う必要があります（労働
安全衛生規則517条の14）。コンクリート造の工作物の解体等作
業主任者の選任も必要です（労働安全衛生規則517条の17）。

■ 橋梁の架設の作業の安全を確保するための措置

　事業者は、橋梁の上部構造であって、コンクリート造のもの
（高さが5m以上であるものまたは上部構造のうち橋梁の支間が
30m以上である部分に限る）の架設・変更の作業を行う場合は、
作業計画を定め、作業計画に従って作業を行う必要があります
（労働安全衛生規則517条の20）。その上で、以下の安全確保措
置を講じることが必要です（労働安全衛生規則517条の21）。

① 　作業を行う区域内には、関係労働者以外の労働者の立入り
を禁止すること

② 　強風・大雨・大雪等の悪天候のため、作業の実施について
危険が予想されるときは、作業を中止すること

③ 　材料・器具・工具類等を上げ下げするときは、つり綱・つ
り袋等を労働者に使用させること

④ 　部材・架設用設備の落下・倒壊により労働者に危険が及ぶ
可能性があるときは、控えの設置、部材・架設用設備の座屈・

橋梁の架設の作業における安全確保のための作業計画

①作業の方法と順序の定め

②部材の落下・倒壊を防止するための方法の定め

③作業労働者の墜落による危険防止設備の設置方法

④使用する機械等の種類と能力

変形の防止のための補強材の取付け等の措置を講ずること

■ 型わく支保工の作業の安全を確保するための措置

型わく支保工に関しては、労働安全衛生規則237条〜247条において、安全確保措置などの規定を設けています。

事業者は、型わく支保工の材料については、著しい損傷・変形・腐食があるものを使用してはいけません。型わく支保工に使用する支柱・はり・はりの支持物の主要な部分の鋼材については、所定の日本産業規格・日本工業規格に適合するものを使用する必要があります。さらに、型わく支保工については、型わくの形状、コンクリートの打設の方法等に応じた堅固な構造のものでなければ、使用してはいけません。

型わく支保工の組立てをする場合は、組立図を作成し、組立図に従って組み立てる必要があります。組立図は、支柱・はり・つなぎ・筋かい等の部材の配置・接合の方法・寸法が示されているものでなければなりません。また、支柱の沈下や支柱の脚部の滑動などを防止するための措置を講じる義務を負います。

型わく支保工

支柱・はり・つなぎなどの部材により構成され、建造物におけるコンクリートの打設に用いる型枠を支持する仮設の設備のこと。

組立て等における安全措置

型わく支保工の組立て等（組立て・解体）をする場合は、解体作業における安全措置とほぼ同様の措置を行うべきである（労働安全衛生規則245条）。

作業主任者の選任

型わく支保工の組立て等をする場合は、型枠支保工の組立て等作業主任者技能講習を修了した者の中から、型枠支保工の組立て等作業主任者の選任が必要である（労働安全衛生規則246条）。

PART3 危険防止と安全衛生教育　109

PART3 16

危険防止と
安全衛生教育

ずい道における危険防止措置

落盤・爆発・火災などについて防止措置をとる

■ 落盤や地山崩壊を防止するためには

ずい道等の建設の作業は、ずい道等に特有の危険をはらんでいるため、その対策を中心とする安全確保の措置が必須です。ずい道等の建設工事には、落盤や出入口付近の地山の崩壊といった特有の危険があります。そこで、事業者は、落盤等の危険の防止措置として、ずい道支保工を設ける、ロックボルトを施す、浮石を落すなどの措置を講じなければなりません（労働安全衛生規則384条）。

また、ずい道等の出入り口付近の地山の崩壊等による危険の防止措置として、土止め支保工を設ける、防護網を張る、浮石を落すなどの措置を講じなければなりません（労働安全衛生規則385条）。

さらに、浮石の落下、落盤、肌落ちにより労働者に危険を及ぼすおそれがある場所には、関係労働者以外の労働者を立ち入らせないようにする（労働安全衛生規則386条）ことや、運搬機械等の運行経路の周知、誘導者の配置、保護帽の着用、照度の保持についても定めています（労働安全衛生規則388条）。

■ 爆発や火災などを予防するためには

ずい道等の内部における工事には閉塞性があり、換気が悪いという特殊性があるため、万が一の事故の際、被害を拡大させる場合があります。その代表例は、爆発や火災による事故です。ずい道等の内部は、爆発の衝撃、火炎、煙といった有害なものからの逃げ場がほとんどありません。

ずい道等

「ずい道」および「たて坑以外の抗」のこと（岩石の採取のためのものを除く）。ずい道はトンネルの別称である。かつては「隧道」と表記されていたが、「隧」（ずい）の字が常用漢字ではなかったため、漢字の制限化の流れや外来語の発展を受けて「トンネル」と呼ばれるようになった。

土止め支保工

土砂崩れなどを未然に防ぐための仮設構造物のこと。

作業主任者の選任

ずい道等の掘削等の作業を行う場合は、ずい道等の掘削等作業主任者技能講習を修了した者の中から、ずい道等の掘削等作業主任者の選任が必要である（労働安全衛生規則383条の2）。

落盤・地山崩壊の防止措置

落盤の危険	⇨	落盤の防止措置 　ずい道支保工の設置、ロックボルトを施す、浮石を落す
地山の 崩壊の危険	⇨	地山の崩壊の防止措置 　土止め支保工の設置、防護網を張る、浮石を落す
落石の危険	⇨	関係者以外の立入禁止

その他の講ずべき措置
　機械の運行経路周知・誘導者の配置・保護帽の着用・照度の保持措置など

　そこで、事業者は、労働安全衛生規則379条〜383条の5などに基づき、適切な安全確保措置をとる必要があります。

　まず、ずい道等の建設の作業を行う場合において、可燃性ガスが発生するおそれがあるときは、定期的に可燃性ガスの濃度測定および記録を行わなければなりません。

　次に、可燃性ガスが存在して爆発・火災が生じる可能性があるときは、自動警報装置の設置が必要です。自動警報装置については、検知部周辺で作業を行っている労働者に対し、可燃性ガス濃度の異常な上昇を速やかに知らせることのできる構造としなければなりません。そして、作業開始前に必ず自動警報装置を点検し、異常があれば直ちに補修する必要があります。

　その他、火災や爆発などの事態に備え、自動警報装置が作動した場合にとるべき措置の策定および周知、火気を使用する場合における防火担当者の指名、消火設備の設置、設置した消火設備の使用方法・設置場所の周知などの対策も必要です。

　また、ずい道等の内部における視界が著しく制限される状態にあるときは、換気を行い、水をまくなどの作業を安全に行うため必要な視界を保持するためのを講じる必要もあります。

PART3　危険防止と安全衛生教育

PART3
17

危険防止と
安全衛生教育

危険物の取扱い

労働者を守るため、危険物質の取扱いについては規制
がある

■ 法律上どんな規制があるのか

　製造や建築の場においては、さまざまな化学物資が用いられ
ることが多くあります。その中には、健康に重大な被害を与え
る危険物も含まれています。これらの危険物に対して適切な措
置を取らない場合、労働者が作業を続けることができなくなる
可能性があり、労働者の生命に関わる事態も生じかねません。

　労働安全衛生法では、こういった危険物に対して製造や使用
などを禁止する規定や、危険物が含まれていることの表示を義
務付ける規定を設けています。

　さらに、労働安全衛生施行規則では、危険物質の製造や取扱
いには作業指揮者を定め、その作業指揮者の指揮の下に作業を
行うことが規定されています。

　作業指揮者は、危険物の製造や取扱いを行う設備等や場所、
危険物を取り扱っている状況などを随時点検しなければなりま
せん。点検の結果、異常が認められたときには直ちに必要な措
置を講じ、講じた措置について記録しておくことも作業指揮者
に求められています（労働安全衛生規則257条）。

■ 危険物の製造や取扱いについての措置

　危険物の製造や取扱いについては、主に以下のような規制が
あります。

① 製造・輸入・譲渡・提供・使用のすべての禁止（55条）

　労働者の健康に重大な被害を与える危険があるとして、最も
厳しく規定されているのは、黄りんマッチ、ベンジジンおよび

**リスクアセスメント
対象物にばく露され
る濃度の低減措置**

労働者がリスクアセス
メント対象物にばく露
される程度を、以下の
方法等で最小限度にし
なければならない。
①代替物等を使用する
②発散源を密閉する設
　備、局所排気装置ま
　たは全体換気装置を
　設置し、稼働する
③作業の方法を改善す
　る
④有効な呼吸用保護具
　を使用する

作業指揮者の職務

ずい道等の内部で可燃
性ガスや酸素を用いて
金属の溶接・溶断・加
熱の作業を行う場合に
おける作業指揮者の職
務として、消防設備な
どの設置場所や使用方
法の他の労働者への周
知、作業状況の監視と
異常時の措置、作業終
了後の火元確認がある
（労働安全衛生規則
389条の3）。

危険物に対する規制

爆発性の物	みだりに、火気など点火源となるおそれのあるものに接近・加熱・摩擦・衝撃付与をしない
発火性の物	それぞれの種類に応じ、みだりに火気など点火源となるおそれのあるものに接近させない。酸化をうながす物や水に接触させない。加熱せず、衝撃を与えない
酸化性の物	みだりに、その分解がうながされるおそれのある物に接触・加熱・摩擦・衝撃付与をしない
引火性の物	みだりに、火気など点火源となるおそれのあるものに接近させたり、注いだりしない。蒸発させたり、加熱したりしない

その塩、石綿などで、製造・輸入・譲渡・提供・使用のすべてが禁止されています（労働安全衛生法55条）。この規定に違反すると、3年以下の懲役（令和7年6月以降は拘禁刑）または300万円以下の罰金という重い刑罰を受けることがあります。

ただし、次のケースに該当する場合は、例外として製造・輸入・使用などがそれぞれ認められています。

・都道府県労働局長の許可をあらかじめ得た上で「試験研究のため」に製造・輸入・使用する場合

・厚生労働大臣が定める基準に従って製造・使用する場合

② 許可を得ることで製造が可能（56条）

製造自体は認められているものの、厚生労働大臣の許可を得ることが必要とされている危険物質もあります（労働安全衛生法56条）。具体的には、ジクロルベンジジンやジクロルベンジジンを含有する製剤などで、他にどのような危険物質が該当するかは政令（労働安全衛生法施行令17条）によって規定されています。これらの危険物質の製造許可を得るためには、設備や作

都道府県労働局長の許可

本文記載の「都道府県労働局長の許可」に関しては、石綿以外については特定化学物質障害予防規則46条、石綿については石綿障害予防規則47条に詳しく規定されている。

厚生労働大臣が定める基準

製造・使用の禁止の例外である「厚生労働大臣が定める基準」は、石綿以外については特定化学物質障害予防規則47条、石綿については石綿障害予防規則48条に詳しく規定されている。

PART3 危険防止と安全衛生教育 113

厚生労働大臣が定める基準

製造許可に関する「厚生労働大臣が定める基準」は、石綿分析用試料等以外については特定化学物質障害予防規則48条・49条・50条・50条の2、石綿分析用試料等については石綿障害予防規則48条の2・48条の3・48条の4に詳しく規定されている（石綿分析用試料等は製造許可の規制対象となっている）。

表示の義務の免除対象

主として一般消費者の生活の用に供される製品は、表示の義務から除外される。たとえば、①医薬品医療機器等法（旧薬事法）における医薬品・医薬部外品・化粧品、②農薬取締法における農薬、③取扱い途中で固体以外に変化せず、細かい粉や粒状とならない製品、④密封状態の製品などがある。

有害性の調査の対象物質

有害性の調査の対象となる新規化学物質は、労働安全衛生法施行令18条の3に規定された化学物質と労働安全衛生法57条の4第3項により名称が公表された化学物質を除いた化学物質のことである。なお、厚生労働大臣は、新規化学物質には当たらないが、がんその他の重度の健康障害を労働者に生ずるおそれのある化学物質の製造・輸入・使用をしている事業者に対し、有害性の調査とその結果の届出を指示できる（労働安全衛生法57条の5）。

業の手順などが厚生労働大臣の定める基準を満たしていることが必要です。

③ 表示の義務（57条）

前述の製造許可が必要な物質、爆発・発火・引火のおそれがある物質、健康を害するおそれがある物質（ベンゼンなど）を他人に譲渡または提供する場合は、物質の危険性を知らせるため、容器または包装に表示をすることが必要です。

表示すべき内容は、物質の名称、人体に及ぼす作用、貯蔵・取扱上の注意、注意喚起語などです。

④ 新規化学物質を製造・輸入する際の届出（57条の4）

既存のものでない新しい化学物質（新規化学物質）を製造または輸入する場合には、あらかじめその新規化学物質が労働者の健康に与える影響を調査すること（有害性の調査）が義務付けられています。労働者への影響を知ることで、事故が起こったときの適切な対策が可能になり、労働者の安全や健康を守ることにつながるからです。

また、厚生労働大臣に新規化学物質の名称や有害性の調査の結果などの届出を行う必要もあります。

⑤ 危険物質を取り扱う際の禁止事項

製造業や建設業の現場では、業務の特性上、重大な事故を引き起こす危険性の高いものが多く取り扱われます。このような対象物を取り扱う際には、事業者が労働者を守るための安全に対する措置を取ることが義務付けられています（労働安全衛生規則256条）。

たとえば、ニトログリコール、トリニトロベンゼン、過酢酸、アジ化ナトリウムなど、爆発するおそれがある物は、火気などを接近させたり、加熱したり、摩擦したり、衝撃を与えたりすることが禁止されています（爆発性のある物の取扱い）。

また、発火するおそれがある物については、火気などを接近させたり、酸化を促進する物や水に触れさせたり、加熱したり、

作業指揮者の職務内容

危険物の製造や取扱いを行う設備・附属設備の点検
異常が認められた場合→直ちに必要な措置を講じる

危険物の製造や取扱いを行う設備・附属設備がある場所の温度・湿度・遮光・換気状態の点検
異常が認められた場合→直ちに必要な措置を講じる

危険物の取扱い状況の点検
異常が認められた場合→直ちに必要な措置を講じる

※労働者に対する消火設備の設置場所・使用方法の周知徹底

※作業状況の監視
異常が認められた場合→直ちに必要な措置を講じる

※作業終了後の火元確認

→ 措置内容の記録

※ずい道等の内部で可燃性ガスや酸素を用いて金属の溶接・溶断・加熱の作業を行う場合

衝撃を与えたりすることが禁止されています。具体例としては、カーバイドと呼ばれる炭化カルシウムやハイドロサルファイトと呼ばれる亜二チオン酸ナトリウム、マグネシウム粉等が該当します（発火性の物の取扱い）。

塩素酸カリウム、過塩素酸ナトリウム、過酸化バリウム、硝酸アンモニウムといった酸化性の物については、その物質の分解が促されるようなものに接触させたり、加熱したり、衝撃を与えたりすることが禁止されています（酸化性の物の取扱い）。

そして、ガソリン、灯油、軽油といった引火性の物については、大規模火災を引き起こす可能性があるため、火気などに接近させたり注いだりする行為や、蒸発させる行為、加熱する行為などが禁止されています（引火性のある物の取扱い）。

PART3　危険防止と安全衛生教育　115

PART3
18

危険防止と
安全衛生教育

安全衛生教育①

事業者は十分な安全衛生教育を行う義務がある

■ なぜ安全衛生教育をするのか

作業現場（事業場）には、重大な事故につながる可能性をもつさまざまな危険が潜んでいます。たとえば、作業に必要な機器類が故障している場合や乱雑に散らかっている場合、換気の設備が不十分な場合など、「作業現場の環境に不備があること」がそのひとつです。一方、人体に有害な薬品を取り違えた場合や重機の操作を誤った場合など、「労働者のわずかな気の緩みやささいな手違い、知識のなさ」などが事故を引き起こす原因となるケースもあります。

このような原因から作業現場で起こる事故を防ぎ、安全な労働環境を確保するためには、機器類に十分なメンテナンスを施し、作業場の環境を整えるといったハード面の対応に加え、作業員に対して注意喚起を行う、作業に関する訓練をする、必要な知識を提供するといったソフト面の対応が不可欠だといえるでしょう。このような状況をふまえ、労働安全衛生法では、事業者が、労働者に対し一定の安全衛生教育を行わなければならないことを規定しています。

■ どんな場合に安全衛生教育が義務付けられているのか

労働安全衛生法が事業者に対し、安全衛生教育の実施を義務付けているタイミングには、さまざまな時期があり、主に次のような場合に行うことが義務付けられています。

① 労働者を雇い入れたとき（59条1項）

② 労働者の作業内容を変更したとき（59条2項）

作業内容の軟化傾向

作業に関する技術の進展が目覚ましい昨今は、労働者が従事する作業内容は徐々に軟化傾向にある。そのため、事故の原因として労働者の適切な知識の不足や、十分な経験の不足に起因することが少なくない。

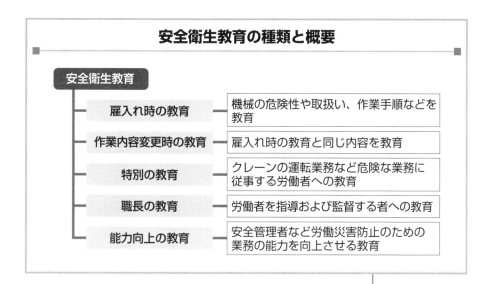

③ 危険または有害な業務に就かせるとき（59条3項）
④ 政令で定める業種において新たに職長等（職長その他の作業中の労働者を直接指導・監督する者であり、作業主任者を除く）の職務に就くとき（60条）

この他、前述の義務とはされていませんが、事業場での安全衛生の水準の向上を図るため、危険・有害業務に従事している労働者に対する安全衛生教育に努めることを求めています（60条の2第1項）。

■ 雇入れ時や作業内容変更時の教育

業務に関する知識のない労働者や、作業現場に不慣れな労働者がいると、事故発生の確率が高くなることから、事業者は、労働者の雇入れ時や作業内容変更時に、以下の安全衛生教育をする必要があります（労働安全衛生規則35条1項）。
① 機械等・原材料等の危険性・有害性および取扱い方法
② 安全装置・有害物抑制装置・保護具の性能および取扱い方法
③ 作業手順

社外での安全衛生教育も可能

労働者に対する安全衛生教育は、必ずしも事業者内部で行わなければならないものではない。社外の団体（各種の労働災害防止団体など）が主催する研修や講習などを受講することも有用である。
なお、安全衛生教育の実施に要する時間は労働時間に含まれるので、安全衛生教育を社外の研修や講習という形で行う場合の参加費や旅費は、労働者ではなく事業者の負担となることに注意を要する。

④ 作業開始時の点検

⑤ 当該業務で発生のおそれがある疾病の原因・予防

⑥ 整理、整頓および清潔の保持

⑦ 事故時等における応急措置および退避

⑧ その他当該業務に関する安全・衛生のための必要事項

　かつては、林業、鉱業、建設業、製造業、電気業、自動車整備業などの安全管理者の選任を要する業種以外の業種（労働安全衛生法施行令2条3号に掲げる非工業的業種）では、①～④の教育を省略可能でしたが、令和6年4月1日からは省略できなくなりました（①～⑧の全項目の教育が必要です）。

■ 危険または有害な業務に労働者を就かせるときの教育

　プレス機械、クレーン、エックス線装置など、取扱いに特別な知識や技術が必要で、ひとつ間違えば重大な事故につながりかねない危険または有害な業務に就かせる場合、事業者は労働者に対し特別教育を行わなければなりません。特別教育が必要な危険または有害な業務は、労働安全衛生規則36条において指定されています。東日本大震災により生じた放射性物質の除染作業（土壌等の除染等の業務または廃棄物収集等業務）が含まれるなど、その時々に応じた改正が行われています。

　特別教育の内容は、個々の業務ごとに定められた規則などで規定されています。たとえば、エックス線装置またはガンマ線照射装置を用いて行う透過写真の撮影の業務に労働者を就かせる場合、電離放射線障害防止規則52条の5に規定された以下の科目を特別教育として行わなければなりません。

> ①透過写真の撮影の作業の方法、②エックス線装置またはガンマ線照射装置の構造および取扱いの方法、③電離放射線の生体に与える影響、④関係法令

雇入れ時などの教育を怠った場合

雇入れ時の教育や作業内容変更時の教育を怠った場合には、50万円以下の罰金が科せられる。

特別教育を必要とする業務

近年では、足場の組立て等（組立て・解体・変更）の作業に係る業務（平成27年）、ロープ高所作業に係る業務（平成28年）、墜落制止用器具のうちフルハーネス型のものを用いて行う作業に係る業務（平成31年）が追加されている。

特別教育を怠った場合

特別教育を怠った場合は、6か月以下の懲役（令和7年6月以降は拘禁刑）または50万円以下の罰金が科せられる。

特別教育の科目の省略

特別教育の科目について十分な知識や技能を有している労働者については、当該科目の特別教育を省略することができる（労働安全衛生規則37条）。

職長教育

職長等

【一定の業種（労働安全衛生法施行令19条）】
①建設業、②製造業（たばこ製造業・繊維工業などを除く）、③電気業、④ガス業、⑤自動車整備業、⑥機械修理業

職長教育
①作業方法の決定および労働者の配置
②労働者への指導または監督の方法
③危険性または有害性等の調査およびその結果に基づき講ずるべき措置
④異常時等における措置
⑤その他現場監督者として行うべき労働災害防止活動

■ 職長等を対象にした安全衛生教育

事業者は、事業場が建設業、製造業、電気業などの「一定の業種」（上図参照）に該当するときは、その事業場に新たに職務に就くこととなった職長等（職長その他の作業中の労働者を直接指導監督する者であり、作業主任者を除く）に対し安全衛生教育（職長教育）を行わなければなりません。職長・係長・班長の地位にある者が「職長等」に該当するのが一般的です。

職長教育の内容および教育時間数は、労働安全衛生規則40条において、作業方法の決定および労働者の配置は2時間以上、労働者に対する指導または監督の方法は2.5時間以上、危険性または有害性等の調査およびその結果に基づき講ずるべき措置は4時間以上などと詳細に規定されています。

なお、職長教育の科目について十分な知識や技能を有している労働者については、当該科目の教育を省略することができます。

職長教育から除外される業種

①たばこ製造業、②繊維工業（紡績業や染色整理業を除く）、③衣服その他の繊維製品製造業、④紙加工品製造業（セロファン製造業を除く）は、職長教育の対象となる「製造業」から除外されている（労働安全衛生法施行令19条2号）。
なお、かつては除外されていた「食料品製造業（うま味調味料製造業や動植物油脂製造業は以前より対象）」「新聞業」「出版業」「製本業」「印刷物加工業」は、令和5年4月1日から職長教育の対象業種に追加された。

PART3

19

危険防止と
安全衛生教育

安全衛生教育②

社会状況の変化に対応した教育の継続が必要である

■ 能力向上教育とは

作業現場に設置されている機械や薬品類等は日々進化しています。法令やガイドラインも頻繁に改正されるため、少し前は許された行為でも、社会状況の変化で許されない行為になる場合があります。つまり、入職当時に教育を受けていても、月日の経過でその知識は劣化したものとなる場合があります。

そこで、労働安全衛生法19条の2および「労働災害の防止のための業務に従事する者に対する能力向上教育に関する指針」では、「安全管理者、衛生管理者、安全衛生推進者、衛生推進者」および「その他労働災害の防止のための業務に従事する者」に対し、事業者が能力向上を図るための教育や講習等（能力向上教育）を行い、またはこれらを受ける機会を与えるよう努めるとしています。能力向上教育は、原則として、就業時間内に1日程度で実施されます。能力向上教育の種類には、以下のものがあります。

① 初任時教育（初めて業務に従事する際に実施）

② 定期教育（業務の従事後、一定期間ごとに実施）

③ 随時教育（事業場において機械設備等に大幅な変更があった時に実施）

■ 安全衛生教育をより徹底させる

能力向上教育では、安全管理者や衛生管理者など、主に管理者を対象とした教育を行うよう求めていましたが、さらに安全性を高めるためには、実際に現場で作業する労働者についても

労働災害の防止のための業務に従事する者

「その他労働災害の防止のための業務に従事する者」には、作業主任者、元方安全衛生管理者、店社安全衛生管理者、その他の安全衛生業務従事者が含まれる。

能力向上教育

【対象者】
①安全管理者、②衛生管理者、③安全衛生推進者、④衛生推進者、⑤その他労働災害の防止のための業務に従事する者

能力向上を図るための教育や必要な講習

能力向上教育
- 初任時教育（初めて業務に従事する際に実施）
- 定期教育（業務の従事後、一定期間ごとに実施）
- 随時教育（事業場において機械設備等に大幅な変更があった時に実施）

同様に能力の向上を図る必要があります。

そこで、労働安全衛生法60条の2では、事業者が、現に危険または有害な業務に就いている者に対して、その従事する業務に関する安全衛生教育を行うように努めるものとしています。

厚生労働省からの指針によると、教育の内容は「労働災害の動向、技術革新の進展等に対応した事項」に沿うものとされており、具体的には危険有害業務ごとにカリキュラムが示されています。

■ 安全衛生教育は労働時間にあたるのか

旧労働省労働基準局長からの通達には、「安全衛生教育は、労働者がその業務に従事する場合の労働災害の防止をはかるため、事業者の責任において実施されなければならないものであり、安全衛生教育については所定労働時間内に行うのを原則とする」ことと、「安全衛生教育の実施に要する時間は労働時間と解されるので、当該教育が法定時間外に行われた場合には、当然割増賃金が支払われなければならないものである」ことが示されています。つまり、安全衛生教育にかかる時間や費用を負担するのは原則として事業者であるということです。

> **能力向上教育の指針**
> 能力向上教育に関する厚生労働省からの指針は「危険又は有害な業務に現に就いている者に対する安全衛生教育に関する指針」である。

> **通達の年月日**
> 旧労働省労働基準局長からの通達の年月日は「昭和47年9月18日基発第602号」である。

PART3 危険防止と安全衛生教育 121

PART3 20

**危険防止と
安全衛生教育**

建設現場における特別教育①

さまざまな運転業務について特別教育や免許が必要である

職長・安全衛生 責任者教育 カリキュラム

「作業方法の決定および労働者の配置」「労働者に対する指導・監督の方法」「安全衛生責任者の職務等」などの科目が設定されている。なお、建設工事に従事する労働者に対して十分な安全衛生教育を行うように、建設業労働災害防止協会より「建設工事に従事する労働者に対する安全衛生教育に関する指針」が発表されている。

クレーン運転業務 についての特別教育

①学科教育
・クレーンに関する知識を3時間
・原動機と電気に関する知識を3時間
・クレーンの運転のために必要な力学に関する知識を2時間
・関係法令を1時間
②実技教育
・クレーンの運転を3時間
・クレーンの運転のための合図を1時間

■ 建設業における安全衛生責任者への安全衛生教育とは

建設工事の現場は、巨大な重機を使用した作業、高所での作業、火気の取扱いなどの危険な作業が多く、重大な事故が起こりやすい環境にあります。さらに、複数の事業者が同じ現場で作業にあたることも多く、安全面を十分に確保するためには現場監督など管理者の職務が非常に重要です。

このため、厚生労働省労働基準局長より「建設業における安全衛生責任者に対する安全衛生教育の推進について」という通達が出されています。この通達によると、対象者となるのは建設業において、安全衛生責任者として選任されて間もない者、新たに選任された者、将来選任される予定の者などです。

具体的な教育内容については、別に「職長・安全衛生責任者教育カリキュラム」が定められています。

■ クレーン運転業務・移動式クレーン運転業務についての特別教育

事業者は、つり上げ荷重が5t未満のクレーンまたはつり上げ荷重が5t以上の跨線テルハ（鉄道駅において台車を吊り上げて線路を越えて運搬するクレーンの一種のこと）の業務に労働者を就かせるときは、その労働者に対し、学科教育と実技教育で構成される特別教育（クレーンの運転の業務に係る特別の教育）を行う必要があります（クレーン等安全規則21条）。

これに対して、つり上げ荷重が5t以上のクレーン（跨線テルハを除く）の運転業務は、原則として「クレーン・デリック運転士免許」を取得した労働者に就かせることが必要です（ク

建設業における安全衛生教育の必要性

重大な事故の危険性
巨大な重機の使用、高所での作業、火気の取扱いが多い
安全面の確保の必要性
複数の事業者が同じ現場で作業にあたるケースが多い

建設業における安全衛生責任者に対する安全衛生教育の推進について

【教育の対象者】
建設業での安全衛生責任者として、①選任されて間もない者、②新たに選任された者、③将来選任される予定の者
【教育の内容】
「職長・安全衛生責任者教育カリキュラム」による

レーン等安全規則22条）。つまり、前述した特別教育によっては当該運転業務に就かせることができません。

また、つり上げ荷重が１t未満の移動式クレーンの運転の業務に労働者を就かせるときは、その労働者に対し、学科教育と実技教育で構成される特別教育（移動式クレーンの運転の業務に係る特別の教育）を行う必要があります（クレーン等安全規則67条）。

これに対して、つり上げ荷重が１t以上の移動式クレーン（道路上を走行させる運転を除く）の運転業務は、原則として「移動式クレーン運転士免許」を取得した労働者に就かせることが必要です（クレーン等安全規則68条）。つまり、前述の特別教育によっては当該運転業務に就かせることができません。

なお、事業者は、特別教育の科目の全部または一部について十分な知識・技能を有している労働者については、当該科目に関する特別教育の省略ができる他（労働安全衛生規則37条）、特別教育の受講者・科目等の記録を作成し、３年間保存しなけ

移動式クレーン運転業務についての特別教育

①学科教育
・移動式クレーンに関する知識を３時間
・原動機と電気に関する知識を３時間
・移動式クレーンの運転のために必要な力学に関する知識を２時間
・関係法令を１時間
②実技教育
・移動式クレーンの運転を３時間
・移動式クレーンの運転のための合図を１時間

ればなりません（労働安全衛生規則38条）。これらの点は、後述する特別教育についても同様です。

■ デリックの運転業務についての特別教育

事業者は、つり上げ荷重が5t未満のデリックの運転の業務に労働者を就かせるときは、その労働者に対して、安全のための特別教育（デリックの運転の業務に係る特別の教育）を行う必要があります（クレーン等安全規則107条）。具体的には、以下の教育を行います。

〔学科教育〕

・デリックに関する知識を3時間

・原動機と電気に関する知識を3時間

・デリックの運転のために必要な力学に関する知識を2時間

・関係法令を1時間

〔実技教育〕

・デリックの運転を3時間

・デリックの運転のための合図を1時間

■ 建設用リフトの運転業務についての特別教育

建設用リフトの運転の業務に労働者を就かせるときは、当該労働者に対して、安全のための特別教育（建設用リフトの運転の業務に係る特別の教育）を行う必要があります（クレーン等安全規則183条）。具体的には、以下の教育を行います。

〔学科教育〕

・建設用リフトに関する知識を2時間

・建設用リフトの運転のために必要な電気に関する知識を2時間

・関係法令を1時間

〔実技教育〕

・建設用リフトの運転および点検を3時間

・建設用リフトの運転のための合図を1時間

免許が必要な場合

つり上げ荷重が5t以上のデリックの運転業務は、原則として「クレーン・デリック運転士免許」が必要である。つまり、この運転業務は「デリックの運転の業務に係る特別の教育」では行うことができない。

安全のための特別教育が必要な業務

業務内容	対象者
クレーン運転業務	・つり上げ荷重が５ｔ未満のクレーン（跨線テルハを除く）の運転の業務 ・つり上げ荷重が５ｔ以上の跨線テルハの運転の業務
移動式 クレーン運転業務	つり上げ荷重が１ｔ未満の移動式クレーンの運転の業務
デリックの運転業務	つり上げ荷重が５ｔ未満のデリックの運転の業務
建設用リフトの 運転業務	建設用リフトの運転の業務
玉掛けの業務	つり上げ荷重が１ｔ未満のクレーン、移動式クレーン、デリックの玉掛けの業務

■ 玉掛けの業務についての特別教育

　事業者は、つり上げ荷重が１ｔ未満のクレーン等（クレーン、移動式クレーン、デリック）の玉掛けの業務に労働者を就かせるときは、その労働者に対して、安全のための特別教育（玉掛けの業務に係る特別の教育）を行う必要があります（クレーン等安全規則222条）。具体的には、以下の教育を行います。

〔学科教育〕

・クレーン等に関する知識を１時間

・クレーン等の玉掛けに必要な力学に関する知識を１時間

・クレーン等の玉掛けの方法を２時間

・関係法令を１時間

〔実技教育〕

・クレーン等の玉掛けを３時間

・クレーン等の運転のための合図を１時間

　これに対して、つり上げ荷重が１ｔ以上のクレーン等の玉掛けの業務については、所定の資格が必要となります（クレーン等安全規則221条）。

玉掛けの業務

玉掛けとは、つり上げ用のつり具を使用して荷役を掛け外し、運搬作業を行うこと。つり具の準備から片付けまでの作業は、すべて玉掛けの業務に含まれる。

所定の資格

本文記載の業務について必要な「所定の資格」は、以下の①～③のいずれかである。
①玉掛け技能講習を修了した者
②職業能力開発促進法に基づく普通職業訓練のうち、玉掛け科の訓練（通信の方法によって行うものを除く）を修了した者
③その他厚生労働大臣が定める者

PART3　危険防止と安全衛生教育

PART3
21

危険防止と
安全衛生教育

建設現場における特別教育②

取扱対象や作業場所により詳細に規定されている

■ 小型ボイラーを取り扱う業務の特別教育

　ボイラーは、その規模の違いにより「ボイラー」と「小型ボイラー」に区別されています。これらの区別は労働安全衛生法施行令に規定が置かれています。

　まず、労働安全衛生法施行令1条3号が規定する「ボイラー」とは、蒸気ボイラーおよび温水ボイラーのうち、同条号において列挙されている各種ボイラーを除外したものを指します。

　これに対し、労働安全衛生法施行令1条4号が規定する「小型ボイラー」とは、たとえば、「ゲージ圧力0.1メガパスカル以下で使用する蒸気ボイラーで、伝熱面積が1㎡以下のもの」など、同条号において列挙されている各種ボイラーを指します。

　事業者は、小型ボイラーの取扱業務に労働者を従事させる場合には、その労働者に対して特別教育を行う必要があります（ボイラー及び圧力容器安全規則92条）。特別教育の内容は「小型ボイラー取扱業務特別教育規程」に規定されており、具体的には以下の教育を行います。

[学科教育]
・ボイラーの構造に関する知識を2時間
・ボイラーの附属品に関する知識を2時間
・燃料と燃焼に関する知識を2時間
・関係法令を1時間

[実技教育]
・小型ボイラーの運転と保守を3時間
・小型ボイラーの点検を1時間

ボイラーを取り扱う業務

労働安全衛生法施行令1条3号所定のボイラーを取り扱う業務は「就業制限のある業務」に当てはまり、ボイラー技師免許などが必要である（135ページ図）。

ボイラーから除外されるもの

たとえば、「ゲージ圧力0.1メガパスカル以下で使用する蒸気ボイラーで、伝熱面積が0.5㎡以下のもの」などが、労働安全衛生法施行令1条3号所定のボイラーから除外される。

科目免除と記録作成

事業者は、本文記載の特別教育の科目の全部または一部について十分な知識・技能を有する労働者については、当該科目に関する特別教育の省略ができる（労働安全衛生規則37条）。また、本文記載の特別教育の受講者・科目等の記録を作成し、3年間保存しなければならない（労働安全衛生規則38条）。

小型ボイラーとは

小型ボイラーに該当するもの	ゲージ圧力0.1MPa（メガパスカル）以下で使用する蒸気ボイラーで、伝熱面積1㎡以下のもの
	ゲージ圧力0.1MPa以下で使用する蒸気ボイラーで、銅内径が300mm以下・長さ600mm以下のもの
	伝熱面積が3.5㎡以下の蒸気ボイラーで、開放内径25mm以上の蒸気管を取り付けたもの
	伝熱面積が3.5㎡以下の蒸気ボイラーで、ゲージ圧力0.05MPa以下・内径25mm以上のU形立管を取り付けたもの
	ゲージ圧力0.1MPa以下の温水ボイラーで、伝熱面積8㎡以下のもの
	ゲージ圧力0.2MPa以下の温水ボイラーで、伝熱面積2㎡以下のもの
	ゲージ圧力1MPa以下で使用する貫流ボイラーで、伝熱面積10㎡以下のもの

■ 高気圧業務の特別教育

　高気圧業務には、高圧室内業務と潜水業務があります。労働者を高気圧業務に従事させる場合は、その労働者に対して特別教育（高圧室内業務に係る特別教育）を行う必要があります（高気圧作業安全衛生規則11条）。特別教育の内容は「高気圧業務特別教育規程」に規定されています。

■ 放射線業務の特別教育

　事業者は、加工施設等（加工施設、再処理施設、使用施設等）の管理区域内において、核燃料物質等（核燃料物質、使用済燃料またはこれらによって汚染された物）の取扱業務に労働者を就かせる場合には、その労働者に対して特別教育（加工施設等において核燃料物質等を取り扱う業務に係る特別の教育）を行う必要があります（電離放射線障害防止規則52条の6）。特別教育の内容は「核燃料物質等取扱業務特別教育規程」に規定されており、以下の教育を行います。

潜水業務は免許制

事業者は、潜水士免許を受けた者でなければ、潜水業務に就かせてはならない（高気圧作業安全衛生規則12条）。

高気圧業務の特別教育

「高圧室内業務に係る特別教育」では、以下の教育を行う。
①圧気工法の知識を1時間
②圧気工法に係る設備を1時間
③急激な圧力低下・火災等の防止を3時間
④高気圧障害の知識を1時間
⑤関係法令を1時間

・核燃料物質等に関する知識を1時間

・加工施設等における作業の方法に関する知識を合計4時間30分

・加工施設等の設備の構造と取扱いの方法に関する知識を合計
　4時間30分

・電離放射線の生体に与える影響を30分

・関係法令を1時間

・加工施設等における作業の方法と同施設に係る設備の取扱い
　を合計6時間

　さらに、原子炉施設の管理区域内において、核燃料物質等を取り扱う業務に労働者を就かせる場合は、その労働者に対して以下の特別教育（原子炉施設において核燃料物質等を取り扱う業務に係る特別の教育）を行う必要があります（電離放射線障害防止規則52条の7）。

・核燃料物質等に関する知識を30分

・原子炉施設における作業の方法に関する知識を1時間30分

・原子炉施設に係る設備の構造と取扱いの方法に関する知識を
　1時間30分

・電離放射線の生体に与える影響を30分

・関係法令を1時間

・原子炉施設における作業の方法と同施設に係る設備の取扱い
　を2時間

■ 酸素欠乏危険作業の特別教育

　酸素欠乏の空気を吸入することにより酸素欠乏症が発症することを防ぐため、作業方法の確立、作業環境の整備その他必要な措置を講ずるように努める必要があります。酸素欠乏症が生じる危険性のある作業（酸素欠乏危険作業）には「第一種酸素欠乏危険作業」と「第二種酸素欠乏危険作業」があります。

　酸素欠乏危険作業に労働者を従事させる場合は、その労働者に対して特別教育（酸素欠乏危険作業の業務に係る特別教育）

特別教育の内容

「原子炉施設において核燃料物質等を取り扱う業務に係る特別の教育」の内容も「核燃料物質等取扱業務特別教育規程」で規定されている。

酸素欠乏

空気中の酸素濃度が18％未満である状態のこと。

酸素欠乏危険作業

第二種酸素欠乏危険作業とは、酸素欠乏症に加えて硫化水素中毒になるおそれもある場所における作業である。
一方、第一種酸素欠乏危険作業とは、第二種酸素欠乏危険作業を除いた酸素欠乏危険作業である。

特別教育が必要とされる業務

業務内容	対象者	教育内容
高圧室内業務	圧気工法により大気圧を超える気圧下における作業室またはシャフト内部での作業に関する業務	高気圧業務特別教育規程
放射線業務	・加工施設等において核燃料物質等を取り扱う業務 ・原子炉施設において核燃料物質等を取り扱う業務	核燃料物質等取扱業務特別教育規程
酸素欠乏危険作業	第一種酸素欠乏危険作業・第二種酸素欠乏危険作業にあたる酸素欠乏危険作業にあたる業務	酸素欠乏危険作業特別教育規程

を行う必要があります（酸素欠乏症等防止規則12条）。特別教育の内容は「酸素欠乏危険作業特別教育規程」で規定されています。

・酸素欠乏の発生の原因について、第一種酸素欠乏危険作業の場合は30分、第二種酸素欠乏危険作業の場合は1時間
・酸素欠乏症の症状について、第一種酸素欠乏危険作業の場合は30分、第二種酸素欠乏危険作業の場合は1時間
・空気呼吸器等の使用の方法について、第一種酸素欠乏危険作業の場合・第二種酸素欠乏危険作業の場合ともに1時間
・事故の場合の退避と救急蘇生の方法について、第一種酸素欠乏危険作業の場合・第二種酸素欠乏危険作業の場合ともに1時間
・その他酸素欠乏症の防止に関し必要な事項について、第一種酸素欠乏危険作業の場合は1時間、第二種酸素欠乏危険作業の場合は1時間30分

PART3 危険防止と安全衛生教育　129

PART3
22

危険防止と
安全衛生教育

建設現場における特別教育③

災害防止対策に加え、実際の災害発生時の対策も求められる

■ 粉じん作業の特別教育

事業者は、常時特定粉じん作業に労働者を就かせるときは、その労働者に対して特別教育を行う必要があります（粉じん障害防止規則22条）。特別教育の内容は「粉じん作業特別教育規程」に規定されている、以下の内容です。

・粉じんの発散防止と作業場の換気の方法（粉じんの発散防止対策の種類と概要、換気の種類と概要）を1時間
・作業場の管理（粉じんの発散防止対策に関する設備と換気のための設備の保守点検の方法、作業環境の点検の方法、清掃の方法）を1時間
・呼吸用保護具の使用の方法（呼吸用保護具の種類、性能、使用方法、管理）を30分
・粉じんに関する疾病と健康管理（粉じんの有害性、粉じんによる疾病の病理と症状、健康管理の方法）を1時間
・関係法令（労働安全衛生法、労働安全衛生法施行令、労働安全衛生規則、粉じん障害防止規則、じん肺法、じん肺法施行規則中の関係条項）を1時間

■ 石綿の取扱い業務の特別教育

事業者は、石綿使用建築物等解体等作業に労働者を就かせるときは、その労働者に対して特別教育を行う必要があります（石綿障害予防規則27条）。特別教育の内容は「石綿使用建築物等解体等業務特別教育規程」に規定されており、具体的な教育内容については、以下のようになります。

特定粉じん作業

工事中のトンネル坑内など、粉じんが多い環境になりやすいため、特に危険性が高いと考えられる場所で行われる作業のこと（粉じん障害防止規則2条1項3号）。なお、粉じんとは、大気中もしくはガス内に含まれる細かい粒子状の飛散物質のことである。

石綿使用建築物等解体等作業

石綿等が使用されている建築物等（建築物・工作物・船舶）の解体等の作業や、石綿等の封じ込め・囲い込みの作業のこと（石綿障害予防規則4条1項）。

粉じん作業における特別教育の内容

粉じんの発散防止と作業場の換気の方法（1時間）
粉じんの発散防止対策の種類と概要、換気の種類と概要

作業場の管理（1時間）
粉じんの発散防止対策に関する設備と換気のための設備の
保守点検の方法、作業環境の点検の方法、清掃の方法

呼吸用保護具の使用の方法（30分）
呼吸用保護具の種類・性能・使用方法・管理

粉じんに関する疾病と健康管理（1時間）
粉じんの有害性、粉じんによる疾病の病理と症状、健康管理の方法

関係法令（1時間）
労働安全衛生法、労働安全衛生法施行令、労働安全衛生規則、
粉じん障害防止規則、じん肺法、じん肺法施行規則中の関係条項

・石綿の有害性（石綿の性状、石綿による疾病の病理と症状、喫煙の影響）を30分

・石綿等の使用状況（石綿を含有する製品の種類と用途、事前調査の方法）を1時間

・石綿等の粉じんの発散を抑制するための措置（建築物等の解体等の作業の方法、湿潤化の方法、作業場所の隔離の方法、その他石綿等の粉じんの発散を抑制するための措置について必要な事項）を1時間

・保護具の使用方法（保護具の種類、性能、使用方法、管理）を1時間

・その他石綿等のばく露の防止に関し必要な事項（労働安全衛生法・労働安全衛生法施行令・労働安全衛生規則・石綿障害

予防規則中の関係条項、石綿等による健康障害を防止するため当該業務について必要な事項）を1時間

■ 工事用エレベーターの作業者への安全教育

工事用エレベーターの組立・解体等作業を指揮するものとして選任された労働者（作業指揮者）などに対して、「工事用エレベーター組立・解体等作業指揮者安全教育実施要領」で示された事項を教育する必要があります。

・工事用エレベーターの組立て・解体等作業指揮者の職務（工事用エレベーターの組立て・解体等作業における災害発生状況と問題点、作業指揮者の選任とその職務）を30分

・工事用エレベーターの組立て・解体等作業に関する基礎知識（工事用エレベーターの機種や構造等、組立て・解体等作業に使用する機材等、組立て・解体等作業の事前準備等、組立て・解体等作業時の共通的安全対策）を1時間

・工事用エレベーターの組立て・解体等安全作業手順（作業手順作成の条件、組立て・解体等安全作業事前チェックシート、組立て・解体等安全作業手順）を合計5時間

・関係法令（労働安全衛生法・労働安全衛生法施行令・労働安全衛生規則・クレーン等安全規則の関係条項）を30分

■ 振動工具取扱い作業者への安全衛生教育

チェーンソー以外の振動工具（ハンドブレーカ、インパクトレンチなど）を取り扱う労働者に対しては、「チェーンソー以外の振動工具取扱者に対する振動障害防止のための安全衛生教育実施要綱」に定められた以下の事項を教育します。

・振動工具に関する知識（振動工具の種類と構造、振動工具の選定方法、振動工具の改善）について1時間

・振動障害およびその予防に関する知識（振動障害の原因や症状、振動障害の予防措置）について2時間30分

振動工具

大きな振動を伴う工具のことで、ピストン状のもの、回転するもの、往復するものなど、工具の形や動作はさまざまである。長時間にわたり使用を続けると、手や腕の血行が悪くなり、痛みやしびれを伴うなどの振動障害が発生するおそれがある。

安全衛生のための特別教育に準じた教育が必要な業務

業務内容	対象者	要領・要綱の名称
工事用エレベーターの作業	工事用エレベーターの組立てや解体などの作業指揮者の業務に従事する者	工事用エレベーター組立・解体等作業指揮者安全教育実施要領
振動工具取扱業務	チェーンソー以外の振動工具を取り扱う業務に従事する者	チェーンソー以外の振動工具取扱者に対する振動障害防止のための安全衛生教育実施要綱
携帯用丸のこ盤を使用した作業	携帯用丸のこ盤を使用した作業に従事する者	建設業等において「携帯用丸のこ盤」を使用する作業に従事する者に対する安全教育実施要領

・関係法令等（労働安全衛生法・労働安全衛生法施行令等中の
　関係条項や関係通達中の関係事項等）について30分

　携帯用丸のこを使用する労働者に対しては、『建設業等にお
いて「携帯用丸のこ盤」を使用する作業に従事する者に対する
安全教育実施要領』に定められた以下の事項を教育します。

・携帯用丸のこ盤に関する知識（携帯用丸のこ盤の構造と機能
　等、作業の種類に応じた機器と歯の選定）を30分

・携帯用丸のこ盤を使用する作業に関する知識（作業計画の作
　成等、作業の手順、作業時の基本動作）を1時間30分

・安全な作業方法に関する知識（災害事例と再発防止対策につ
　いて、使用時の問題点と改善点）について30分

・携帯用丸のこ盤の点検と整備に関する知識（携帯用丸のこ盤
　と歯の点検・整備の方法、点検結果の記録）を30分

・関係法令（労働安全衛生関係法令中の関係条項等）を30分

・携帯用丸のこ盤の正しい取扱い方法（携帯用丸のこ盤の正し
　い取扱い方法、安全装置の作動状況の確認）を30分

> **チェーンソーに関する特別教育**
>
> 事業者は、チェーンソーを使用した伐木等（立木の伐木、かかり木の処理、造材など）の業務に労働者を就かせるときは、「伐木等の業務に係る特別教育」をする必要がある。

PART3　危険防止と安全衛生教育　133

PART3
23

危険防止と
安全衛生教育

就業制限のある業務

重大な事故となる危険が高い業務に就くためには、免許等が必要である

■ 就業制限のある業務とは

　労働者が従事する業務の中には、クレーンやフォークリフトの運転業務、ボイラーを取り扱う業務など、重大な事故を引き起こす危険性の高いものがあります。労働安全衛生法61条・労働安全衛生法施行令20条では、これらの業務に就く労働者を制限する定めを設けています（就業制限）。どのような労働者が就業可能なのかは、以下のように分類されます。

① 都道府県労働局長の免許を受けた者

② 登録教習機関（都道府県労働局長の登録を受けた者）が行う技能講習を修了した者

③ 厚生労働省令で定める一定の資格を持っている者

■ 免許や技能講習が必要な業務

　①の免許が必要な業務の代表例として、クレーン運転業務があります。クレーンは動力で重い荷物をつり上げ、水平に移動させる機械です。一定のつり上げ荷重以上のクレーンによって引き起こされる事故は重大なものとなる危険性が高いため、免許を取得していない者はその業務に就くことができません。

　免許取得の必要がない業務であっても、②の技能講習の修了が必要とされている業務があります。たとえば、つり上げ荷重5t以上の床上操作式クレーンの運転業務は「床上操作式クレーン運転技能講習」、1t以上5t未満の荷物をつり上げる移動式クレーンの運転業務は「小型移動式クレーン運転技能講習」を修了することで、それらの業務に就くことができます。

クレーンの運転免許

大きく分けて「クレーン・デリック運転士免許」「移動式クレーン運転士免許」の2つである。なお、クレーン・デリック運転士免許については「限定なし」「クレーン限定」「床上運転式限定」に細かく分けられている。

クレーンの運転以外の免許が必要な業務

ボイラーの取扱いや整備、ボイラーを使用した溶接など（小型ボイラーを除く）があり、免許取得の試験は都道府県労働局長によって行われる（労働安全衛生法75条）。

特別教育でよい場合

つり上げ荷重5t未満の床上操作式クレーンの運転業務は「クレーンの運転の業務に係る特別の教育」、1t未満の荷物をつり上げる移動式クレーンの運転業務は「移動式クレーンの運転の業務に係る特別の教育」を修了すれば業務に就くことができる（122ページ）。

134

就業制限のある業務

就業制限のある業務の例

- 発破の場合におけるせん孔、装てん、結線、点火および不発の装薬、残薬の点検、処理の業務
- 制限荷重が5t以上の揚貨装置の運転の業務
- ボイラー（小型ボイラーを除く）の取扱いの業務
- つり上げ荷重が5t以上のクレーン（跨線テルハを除く）の運転の業務
- つり上げ荷重が1t以上の移動式クレーンの運転の業務 ※
- つり上げ荷重が5t以上のデリックの運転の業務
- 可燃性ガスや酸素を用いて行う金属の溶接、溶断、加熱の業務
- 最大積載量が1t以上の不整地運搬車の運転の業務 ※
- 作業床の高さが10m以上の高所作業車の運転の業務 ※

※ 道路上を走行させる業務は除きます。

免許や技能講習

- **クレーン運転業務**
  - ・クレーン・デリック運転士免許
  - ・移動式クレーン運転士免許
  - ・床上操作式クレーン運転技能講習修了　　など

- **ボイラー取扱業務**
  - ・ボイラー技士免許（特級・1級・2級）
  - ・ボイラー取扱技能講習修了　　など

- **車両系建設機械の運転業務**
  - ・車両系建設機械（整地・運搬・積込み用および掘削用）運転技能講習修了
  - ・車両系建設機械（基礎工事用）運転技能講習修了　　など

■ 都道府県知事の認定を受けた場合

　職業能力開発促進法24条1項に基づく都道府県知事の認定を受けた職業訓練を受ける労働者について必要がある場合においては、その必要の限度で、就業制限に係る業務に就くことが認められる場合があります（労働安全衛生法61条4項）。

都道府県知事の認定を受けた場合

前ページの①～③のいずれにも該当しない者に対する、例外的な措置として認められている。

PART3　危険防止と安全衛生教育　135

Column

最近の労働安全衛生法に関する改正

　令和6年4月までに施行された労働安全衛生法に関する改正では、労働安全衛生法施行令や労働安全衛生規則などの改正により、新たな化学物質規制の制度が導入されました。化学物質を扱うことによる労働災害は年間450件程度にのぼり、依然として多い状況が続いています。今回の規制項目は主に、①化学物質管理体系の見直し、②実施体制の確立、③情報伝達の強化の3つに分類され、化学物質を扱うことに関する新たな規制が制度化されています。

　①化学物質管理体系の見直しでは、ラベル表示・通知をしなければならない化学物質の追加や、皮膚等に健康障害を起こすおそれのある化学物質への直接接触の防止（障害等防止用保護具を使用させる）が義務化されました。また、化学物質による労災が発生した事業場に対して、労働基準監督署長が改善指示を行えるようになりました。

　②実施体制の確立では、化学物質管理者・保護具着用責任者の選任が義務化されました。化学物質管理者の選任が必要な事業場は、リスクアセスメント対象物を製造・取扱い、または譲渡提供をする事業場で、業種・規模の要件はありません。保護具着用責任者も、リスクアセスメントに基づく措置として、労働者に保護具を使用させる事業場が選任義務の対象となりました。

　③情報伝達の強化では、SDS（安全データシート）等による通知事項の追加と含有量表示の適正化が行われ、たとえば、SDSの通知事項の中に「（譲渡提供時に）想定される用途及び当該用途における使用上の注意」が新たに追加されました。

　その他、令和7年4月から、危険箇所等で作業を行う個人事業者等（一人親方など）も労働者同様に保護するための必要な措置の改正が行われます。

PART 4

メンタルヘルスと
安全管理

PART4 1

メンタルヘルスと
安全管理

メンタルヘルスと安全配慮義務

厚生労働省による指針が設けられている

■ 事業者にはメンタルヘルスへの安全配慮義務がある

労働環境の変化などに伴い、メンタルヘルス（心の健康）に不調をきたす労働者の増加が問題視されています。

長時間労働や職場の人間関係などが原因で、労働者がメンタルヘルス不調に陥り、身体的症状が現れることもあります。だるさや無気力などの症状、さらには自殺の危険など、会社の業務だけでなく、日常生活にも支障をきたす労働者がいる場合には、労働者自身に加えて、周囲の人にも何らかの影響を及ぼします。

事業者（使用者）は、労働災害や過労死などを招かないように職場環境や労働条件などを整備し、労働者が精神疾患を発症しないようにメンタルヘルス対策を講じ、労働者の健康に配慮する義務（安全配慮義務）があると考えられています。

厚生労働省は「労働者の心の健康の保持増進のための指針」を策定し、労働者の健康を守るための措置として、メンタルヘルス対策の実施手順について定めています。

■ 休職や復職をするための要件とは

労働者が精神疾患を発症した場合には、医師から十分な休養をとるように勧められる場合があります。休養の長さには個人差がありますが、症状などによっては、労働者を「休職」扱いとすることがあります。

休職について法律上の定めは特に設けられていないため、休職に関する制度設計は各会社に委ねられています。たとえば、

「心の健康づくり計画」を策定する

「労働者の心の健康の保持増進のための指針」では、メンタルヘルスケアを継続的・計画的に行う際に、各事業場における労働安全衛生に関する計画の中に、事業場ごとの実態を考慮して策定した「心の健康づくり計画」を位置付けることが望ましいとしている。

労働者の心の健康の保持増進のための指針

労働者の心の健康の保持増進のための指針

衛生委員会などにおける調査審議
事業者が労働者の意見を聴きつつ事業場の実態に即した取組みができるように心がける
（具体的な実施方法や規程の策定などについて十分に調査審議する）

心の健康づくり計画を策定
上記の調査審議を経て洗い出した現状や問題点をふまえ、これを解決するための基本的な計画（心の健康づくり計画）を策定する

4つのメンタルヘルスケアの推進
メンタルヘルスケアに効果的とされる4つのケアを実施する
①セルフ（自己）ケア
②ライン（管理職）によるケア
③事業場内産業保健スタッフ等（産業医、保健師など）によるケア
④事業場外資源（事業場外の専門家など）によるケア

「どんな理由で休職を認めるのか」「休職期間中の賃金をどの程度支払うのか」「社会保険の支払いは会社がするのか」「いつまで休職を認めるのか」といった条件について、多くの会社では就業規則において休職に関する規定を置いています。

就業規則に規定を置かない場合、個々の状況に応じて労働契約などで定めることもできます。しかし、個々に定めることで、労働者に有利になることも不利になることもあるため、就業規則に規定を置いて対応することが望ましいといえるでしょう。

休職から復帰する「復職」についても、各会社で要件を決めていくことになります。精神疾患を理由とする休職の場合、労働者本人の意思や会社側の要望だけでなく、仕事ができるまでに症状が回復したという医学的な判断が必要です。復職までのステップについては、厚生労働省が策定した「心の健康問題により休業した労働者の職場復帰支援の手引き」を参考にすることができます。

メンタルヘルスケアの具体的進め方

4つのケアの具体的推進にあたり、次のような取組みを積極的に推進することが効果的とされている。
①それぞれの職務に応じてメンタルヘルスケアの推進に関する教育研修・情報提供を行う
②職場環境や勤務形態の把握と改善を行う
③メンタルヘルス不調の者を早期に発見し、適切に対応するためのネットワークを整備する
④回復後の職場復帰などに対する支援体制を整備する

PART4　メンタルヘルスと安全管理　**139**

PART4
2

メンタルヘルスと
安全管理

メンタルヘルス対策

心の健康への配慮が重要視されている

■ メンタルヘルス対策の必要性

労働者の「身体面の健康管理」と同様に、労働者の「心（精神）の健康を保つ」ためのケアも、今や会社にとって必須の事項となっています。

まずは、メンタルヘルス不調をきたす労働者を実際に出さぬよう、未然に防ぐ対策をとっておくことが何よりも大切なことです。メンタルヘルスの重要性が取りざたされる中、近年では産業カウンセラーなど、職場の心の問題に取り組む専門家や専門機関が増えています。労働者の状況により、社外の機関にアドバイスを求めることも効果的です。

また、メンタルヘルス・マネジメント検定試験（大阪商工会議所が実施）など、メンタルヘルス不調を未然に防ぎ、労働者が安心して働けるような知識や対処方法を得ることができる資格もあります。会社内でこのような資格の取得を促し、講習会を開催することも有効な手段のひとつです。

実際に自社の労働者がメンタルヘルス不調となった場合は、休職させて十分に休養を取らせることが第一の手段です。同時に、専門医師によるカウンセリングや適切な投薬などの治療に専念してもらいます。そして、回復後に業務復帰する際も注意が必要です。特にメンタルヘルス不調の場合は、再発の可能性が十分に考えられます。そのため、リハビリ期間を設けて段階的に職場復帰できるよう配慮することも必要です。

また、精神障害等の労災認定や、専門機関と提携して労働者をケアする体制を整えるなど、会社内の安全衛生管理に関する

**メンタルヘルス
不調**

「精神及び行動の障害に分類される精神障害や自殺のみならず、ストレスや強い悩み、不安など、労働者の心身の健康、社会生活及び生活の質に影響を与える可能性のある精神的及び行動上の問題を幅広く含むもの」である。これは「労働者の心の健康の保持増進のための指針」による定義である。

140

メンタルヘルスをめぐるさまざまな法律・指針

- 労働基準法
- 労働安全衛生法
- 労働者災害補償保険法（労災保険）
- 労働者の心の健康の保持増進のための指針
- 心の健康問題により休業した労働者の 職場復帰支援の手引き

など

企業は法令や指針の規定を遵守して雇用環境を整備しなければならない

労働者

規程を整備しておくことも重要です。

労働基準法や労働安全衛生法などの法律や指針などにも目を通し、会社としての責任を果たすことは当然のこととし、その上で、いざというときに法的責任を追及されないように体制を整備しておくこともまた重要になります。

■ メンタルヘルス対策をする上で参考となる指針等

労働者のメンタルヘルスを守るために、国はさまざまなガイドラインを設定しています。たとえば、厚生労働省が策定した「労働者の心の健康の保持増進のための指針」や「心の健康問題により休業した労働者の職場復帰支援の手引き」などがあります。そのうち「心の健康問題により休業した労働者の職場復帰支援の手引き」は、心の健康問題（うつ病等のメンタルヘルス不調など）で休業していた労働者が円滑な職場復帰を図れるように、事業者が行うべき措置について定めています。

具体的には、労働者の休業開始時と休業中に行うべきケアの内容や、職場復帰をするための支援プランの作成方法、そして職場復帰後のフォローアップなど、労働者の状況に応じて段階的に事業者が行うべき措置について示しています。

> **労働者の心の健康の保持増進のための指針**
>
> 労働者の受けるストレスが増大し、職場における労働者の心の健康を守ることの必要性が高まっていることを受けて策定された指針。事業者が積極的にメンタルヘルスケアへの取組みの措置を講じることが重要とされている。

■ メンタルヘルス対策をする上で大切なこと

　会社が労働者のためにメンタルヘルス対策の計画を実際に実行する場合、次のような点を念頭に置く必要があります。

① メンタルヘルスの特性

　労働者が心の健康を害する要因には、さまざまなものがあります。同じ職場環境下であっても、本人の性格やプライベートの状況などによって、メンタルヘルス不調の発症の有無については個人差があります。

　また、発症した場合の症状にも個人差があり、治癒までの過程も千差万別です。突然症状が現れたように見えるものの、実は長い時間をかけて負荷がかかり続けていたケースも見受けられ、この場合は特に原因が把握しにくい特性があります。

　問題があっても周囲がなかなか気づくことができず、本人もある程度自覚はあるにもかかわらず、積極的に治療しないことも多いため、定期的なチェックが望ましいといえます。

② 労働者のプライバシー保護

　メンタルヘルス対策は、労働者の心という最もプライベートな部分に踏み込む行為です。その情報が確実に保護されるという保証がなければ、労働者は相談や情報の提供を躊躇してしまいます。

　労働者から得た情報を漏らさない、必要なこと以外には使用しない、使用にあたっては本人や医師などの同意を得るなど、プライバシー保護に関して細心の注意を払うことが重要です。

③ 人事労務管理部署との協力

　企業におけるメンタルヘルスの問題は、労働者の労働時間や業務内容、配属・異動といった人事労務の部分が密接に関係する場合が多くあります。

　相談窓口を設けることや、個人情報の保護に配慮するなどの対策を講じたとしても、人事労務部門との連携が不十分であれば、メンタルヘルス対策の効果が半減します。メンタルヘルス

プライバシー保護

プライバシーとは、他人から干渉されない個人の私的領域のこと。具体的には、家庭内の事情や個人的な趣味・嗜好など、本人が他人に知られたくない情報のことである。

過重労働による健康障害防止のための総合対策

過重労働による健康障害を防止するため事業者が講ずべき措置

時間外・休日労働時間等の削減
・三六協定の遵守
・裁量労働制対象労働者および管理監督者への注意喚起
・各労働者の労働時間の把握

年次有給休暇の取得促進
・年次有給休暇を取得しやすいような環境整備
・計画的付与制度・時間単位付与制度の導入

労働時間等の設定の改善
・労働時間等設定改善法や労働時間等設定改善指針に
　留意した改善策の導入

労働者の健康管理に係る措置の徹底
・産業医・衛生管理者・衛生推進者等の選任・管理
・長時間労働者に対する面接指導の実施

対策には、社内の部署同士が協力して取り組んでいけるような体制を整える必要があります。

■ 過重労働による健康障害の防止のための措置

　心の健康を害する大きな原因のひとつに「過重労働による蓄積疲労」があります。時間外や休日に勤務し、休養を取らずにいると、心身の疲労を回復する時間が取りづらくなります。それが積み重なることで、労働者が脳・心臓疾患を発症する危険性が増すだけでなく、精神的なバランスも崩してしまいます。

　このような事態を受けて、厚生労働省では「過重労働による健康障害防止のための総合対策」を策定し、事業者が講じるべき措置を示しています。

PART4　メンタルヘルスと安全管理　143

PART4
3

メンタルヘルスと
安全管理

1次予防・2次予防・3次予防

段階に応じた対策が必要である

■ 予防から再発防止まで

　メンタルヘルス対策には、メンタルヘルス不調そのものを未然に予防する対策、メンタルヘルス不調を早期発見・適切な措置をする対策、職場復帰支援・回復後の再発を防止する対策という3つの段階があります。この3つの段階は、それぞれ1次予防、2次予防、3次予防と呼ばれています。

■ 1次予防とは

　労働者のメンタルヘルス不調を未然に防止する対策を1次予防といいます。1次予防は、社内でメンタルヘルス不調者を作らないことを目的とした対策のことで、具体的な方法としては、次のようなものが挙げられます。

① **セルフチェックの定期実施**

　自己診断のチェックシートやストレスチェックなどのセルフチェックを定期的に行い、労働者自身が自分のストレス度を客観的に把握し、ストレス解消を心がけることができるようにします。

② **アンケート調査や聴き取り調査の定期実施**

　アンケート調査や管理者・専門家等による聴き取り調査を定期的に実施し、課題の把握に努めます。

③ **気軽に相談できる環境づくり**

　労働者は「相談したら仕事の評価に影響するのではないか」「怒られるのではないか」と考えると、問題が生じてもなかなか相談できません。高度経済成長期からの名残で「残業をしな

3つの段階

厚生労働省が策定した「労働者の心の健康の保持増進のための指針」に示されている。

1次予防の重要性

2次予防・3次予防は、実際に労働者のメンタルヘルス不調が現れた後の対応が中心である。これに対して、1次予防は、メンタルヘルス不調の発生を未然に防止することに目的がある。そのため、1次予防の体制が充実している企業は、メンタルヘルス不調がきっかけになって、発生する可能性がある多くのリスクを回避できるため、危機管理体制が徹底した企業であることの実証にもなる。

144

予防から再発防止までの予防対策

1次予防
労働者のメンタルヘルス不調を未然に防止する対策をとること

2次予防
メンタルヘルス不調を早期に発見し、早期に適切な措置を講じるための対策をとること

3次予防
メンタルヘルス不調から回復して復職する労働者に対して、円滑な復職と再発防止対策をとること

がらひたすら働く社員＝仕事熱心な良い社員」という風潮が残っている会社もあるため、こうした会社で働く労働者は、自身の不調を訴えることに罪悪感を抱く場合もあります。

会社側が行うべき対策としては、労働者が悩みを抱えずに、自身の不調などについて気兼ねなく相談できる環境を作っておくことが非常に重要です。

■ 2次予防とは

メンタルヘルス不調を早期に発見し、適切な措置を講じるための対策を2次予防といいます。メンタルヘルス不調は長期にわたって少しずつ蓄積することが多く、期間が長くなればなるほど解決が困難となります。そのため、できるだけ早い気づきと対応が望ましいといえるでしょう。2次予防の具体的な方法としては、次のようなものが挙げられます。

① **メンタルヘルス専門の相談窓口の設置**

メンタルヘルス不調は、それを発症しているのかどうかの判断が難しいという特性があります。労働者自身が「大丈夫」と思い込んでセルフチェックを行った場合や、一見して異常が見受けられない労働者に対する管理者のチェックが不十分であった場合など、発見するまでに時間がかかるケースもあります。

PART4 メンタルヘルスと安全管理 **145**

会社側の対応策としては、労働者が「もしかしたら」と疑問を感じたときに、すぐ相談できるメンタルヘルス専門の窓口を設置するなど、症状の悪化前に対応することが求められます。

② 情報収集体制の構築

　身体の不調の場合、医師は、問診・血液検査・CT・MRIなどの方法で情報を集め、診断を下すことになります。

　しかし、メンタルヘルス不調の場合、医師は、労働者本人やその管理者に加え、場合によっては、本人の同僚や家族などから情報を集める必要が生じます。その際、個人情報を保護することや、本人の会社における評価や立場を悪くしないことなどを明確にすることで、安心して情報提供ができるようにすることが必要です。

③ メンタルヘルス対策の必要性の周知徹底

　労働者がメンタルヘルス不調を発症し、治療などの措置が必要な状態になった場合、本人の業務に何らかの支障が生じます。その際は、職場の上司や同僚などへの報告が必要です。

　個人情報の保護が重要だからといって、上司が本人のメンタルヘルス不調を隠したまま同僚などに業務の負担をさせると、逆に本人の立場を悪くすることになりかねません。一方、不用意に報告すると、本人を孤立させたり、混乱を招いたりすることにもなります。職場におけるメンタルヘルス対策の必要性や具体的な対応などを周知徹底し、お互いに無理のない職場環境を作ることが重要です。

■ ３次予防とは

　３次予防とは、メンタルヘルス不調から回復して復職する労働者に対して、円滑な復職と再発防止対策をとることです。基本的には、メンタルヘルス不調者に対する措置となりますが、不調者本人だけではなく、同僚や上司など、職場全体で再発や後続者を生まないような取組みを行う必要があります。３次予

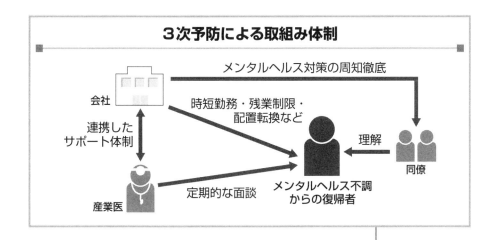

防の具体的な方法としては、次のような内容が挙げられます。

① 時短勤務・残業制限・交代勤務の制限

メンタルヘルス不調者は、睡眠障害や朝の決まった時間に起きれないなど、不調による生活リズムの乱れが多く見られます。

そのため、回復したメンタルヘルス不調者への措置として、規則正しい生活をさせることが非常に重要です。起床・就寝時間を毎日同じ時刻にして、十分な睡眠時間を確保して休息が確保できるよう、無理のない労働時間を組む必要があります。

② 仕事配分の調整、配置転換・転勤などの措置

メンタルヘルス不調者に負荷を与えないよう、与える仕事の配分も調整し、徐々に元の状態へ戻すことを心がけます。環境の変化による極度な緊張は心身に負担がかかるため、部署の異動や転勤の措置は控えるようにします。

③ 産業医との連携体制の整備

再発を防止するための体制づくりに際し、産業医の協力を仰ぎます。たとえば、定期的に復職者と面談を行う方法や、復職者への仕事配分のアドバイスを産業医に求めることなどが挙げられます。面談時の復職者の状態などを会社側が聞き取った上で、連携して再発予防体制を取ることが重要です。

> **リハビリ出勤**
> 3次予防の段階に行われるメンタルヘルス不調者への支援方法のひとつ。徐々に出勤日数や時間を増やし、業務への負担が過度に行われないようにする措置のこと。「慣らし出勤」ともいう。

| PART4 | うつ病と労災 |

4

メンタルヘルスと
安全管理

メンタルヘルス対策も事業者の義務である

■ 精神障害は労災にあたるのか

　従業員がうつ病などの精神障害（疾患）を発症する業務上の要因にはさまざまなものがあります。このような要因で精神障害を発症し、休業や自殺に陥った場合、労災保険の補償を受けることができるかを問われる場合があります。たとえば、社員がうつ病を発症した時に、その障害が労働災害として補償されるのかが裁判で争われるケースがあります。

　労災の認定は、原則として労働者が請求書を労働基準監督署へ提出することで行われ、提出された請求書に基づき、労働基準監督署が調査を行った上で、実際に給付が行われるかどうかが判断されます。業務中の事故による負傷などのケースとは異なり、コミュニケーションが苦手であるなどの、労働者の性格がきっかけになって、発症することもあるなど、精神障害は目に見えないことから、精神障害と業務との間の因果関係を証明することは簡単ではありません。

　近年では、精神障害の労災認定基準が明確になったことや、精神障害への理解などの時代的背景も相まって、精神障害が労災認定されるケースが確実に増えていることが判例などからもわかります。また、上司や同僚からのパワーハラスメント、セクシュアルハラスメントなどの対人関係トラブルにより精神障害となり、労災申請に至るケースも増加しています。対人関係を原因とする労災申請・決定件数は、精神障害に関する労災申請・決定件数の中でも大きな割合を占めています。

心理的負荷の強度についての強・中・弱の区分

業務による強い心理的負荷が認められる場合 ➡ 『強』と認定

業務による強い心理的負荷が認められない場合で、「弱」よりは心理的負荷があるもの ➡ 『中』と認定

業務による強い心理的負荷が認められない場合で、一般的に弱い心理的負荷しか認められないもの ➡ 『弱』と認定

■ 心理的負荷による精神障害の認定基準とは

　厚生労働省は「心理的負荷による精神障害の認定基準」（認定基準）を労災認定の判断基準として作成しています。認定基準によると、労働者に発病する精神障害は、以下の3つが関係して起こることが前提とされています。

・業務による心理的負荷

・業務以外の心理的負荷

・個体側要因（労働者ごとの個人的要因）

　その上で、以下の①～③のすべての要件を満たすものを業務上の精神障害と認めて、労災認定を行うとしています。

① **対象疾病を発病していること**

　認定基準の対象となる「対象疾病」とは、原則として国際疾病分類第10回改訂版（ICD-10）第Ⅴ章「精神および行動の障害」に分類される精神障害です。

② **対象疾病の発病前おおむね6か月の間に、業務による強い心理的負荷が認められること**

　業務による心理的負荷の強度の判断にあたっては、発病前おおむね6か月の間に、対象疾病の発病に関与したと考えられる業務による出来事にどのようなものがあり、その出来事後の状況がどのようなものであったのかを具体的に把握します。

個体側要因

精神障害の既往歴、アルコール依存状況などが個体側要因となる。個体側要因については、その有無と内容を確認し、個体側要因がある場合は、それが対象疾病の発病の原因であるかどうかを慎重に判断することになる。

うつ病の原因となる業務上の要因

①長時間労働や休日出勤などにより、疲労が重なった、②重大なプロジェクトを任された、③海外などへの出張が多かった、④取引先とトラブルを起こした、⑤重いノルマを課せられた、⑥上司や部下、同僚との人間関係がうまくいかなかった、⑦セクハラやパワハラを受けたなどの理由がある。

PART4　メンタルヘルスと安全管理　**149**

その上で、それらによる心理的負荷の強度はどの程度であるかについて、認定基準の「業務による心理的負荷評価表」（業務評価表）を指標として「強」「中」「弱」の3段階に区分します（前ページ図）。具体的には、次のように判断して、総合評価が「強」となる場合は、②の認定要件を満たすと判断します。

・「特別な出来事」に該当する出来事がある場合

発病前のおおむね6か月の間に、業務評価表の「特別な出来事」に該当する業務による出来事が認められた場合は、心理的負荷の総合評価が「強」と判断されます。

・「特別な出来事」に該当する出来事がない場合

「特別な出来事」に該当する出来事がない場合は、業務評価表に示された「具体的出来事」のいずれに近いかの評価、事実関係が「具体的出来事」に示された具体例に合致する場合はその強度の評価、具体例に合致しない場合は個々の事案ごとの評価などにより、心理的負荷の総合評価について「強」「中」「弱」の判断をします。

・出来事が複数ある場合の全体評価

対象疾病の発病に関与する業務による出来事が複数ある場合、それぞれの出来事の関連性などを考慮して、心理的負荷の程度を全体的に評価します。

・時間外労働時間数の評価

たとえば、発病直前の1か月間におおむね160時間以上の時間外労働を行った場合などは、その極度の長時間労働に従事したことのみで心理的負荷の総合評価が「強」と判断されます。

③　**業務以外の心理的負荷および個体側要因により対象疾病を発病したとは認められないこと**

対象疾病の発病につき「業務以外の心理的負荷」が認められるかどうかは、認定基準で示された「業務以外の心理的負荷評価表」を利用して検討します。評価の対象となる出来事としては、主として以下のものが挙げられています。

特別な出来事

業務中に生死に関わる病気やケガをした、発病直前の1か月におおむね160時間を超えるような、またはこれと同程度（たとえば、3週間におおむね120時間以上）の極度の時間外労働を行った場合などをいう。

---

③の認定要件を満たす場合

認定基準では、③の認定要件を満たすのは、以下のⓐまたはⓑの場合であると示されている。
ⓐ業務以外の心理的負荷および個体側要因が確認できない場合
ⓑ業務以外の心理的負荷または個体側要因は認められるものの、業務以外の心理的負荷または個体側要因によって発病したことが医学的に明らかであると判断できない場合

精神障害の認定基準

- 業務による心理的負荷
- 業務以外の心理的負荷
- 個体側要因
  （労働者ごとの個人的要因）

①対象疾病の発病
②対象疾病の発病前おおむね6か月間に、業務による強い心理的負荷が認められる
③業務以外の心理的負荷および個体側要因により対象疾病を発病したとは認められない

- 自分の出来事（離婚または別居、重い病気、ケガ、流産など）
- 自分以外の家族・親族の出来事（配偶者・子ども・親・兄弟の死亡、配偶者・子どもの重い病気・ケガなど）
- 金銭関係（多額の財産の損失、突然の大きな支出など）
- 事件、事故、災害の体験（天災・火災などに遭う、犯罪に巻き込まれるなど）

以上のように、状況に応じた評価基準が詳細にわたり定められています。たとえば、精神障害の発病理由の中に、②に該当する「業務による強い心理的負荷」が認められても、同時に③に該当する「業務以外の心理的負荷」または「個体側要因」が認められる場合は、いずれの要因が最も強く精神障害の発病に影響したかが検討されます。その上で、最終的な評価がなされるという手順がとられます。

精神障害の悪化とその業務起因性

精神障害を発病して治療が必要な状態にある者は、業務評価表の「特別な出来事」があり、その後おおむね6か月以内に対象疾病が自然経過を超えて著しく悪化したと医学的に認められる場合には、悪化した部分について業務起因性が認められる。また、「特別な出来事」がなくとも、悪化前に業務による強い心理的負荷が認められる場合には、業務による強い心理的負荷によって精神障害が自然経過を超えて著しく悪化したと精神医学的に判断されるときは、悪化した部分について業務起因性が認められる。

PART4 メンタルヘルスと安全管理

PART4
5

メンタルヘルスと
安全管理

過労死・過労自殺と労災

労災申請は労働者と遺族の権利である

■ 過労死とは何か

　長時間労働、不規則勤務、過酷な職場環境、上司・同僚・顧客との人間関係の悪化などが肉体的・精神的に疲労（ストレス）を蓄積させ、死に至る病気を発症してしまうことがあります。これを過労死と呼んでいます。

　なお、過労（過重労働）によって病気を発症し、幸いに命は取りとめたものの、半身不随や言語障害など重度の障害を負った場合も含めて「過労死」と呼ぶこともあります。

　過労は労働者の健康に深刻な悪影響を及ぼし、過労死・過労自殺といった事態を招くおそれがあるため、使用者や管理職は労働者を管理する上で心身の健康への配慮を怠らないようにしなければなりません（安全配慮義務）。

■ 過労自殺も過労死である

　過労によるストレスは、労働者の肉体に疲労を蓄積させ、変調をきたす原因となるだけでなく、精神にも大きな負担をかけることになります。このような場合に発症する可能性があるのが「うつ病」です。

　うつ病は「心のかぜ」などとも言われ、誰もが発症する可能性のある病気です。投薬治療などによって改善する病気であり、必要以上に恐れることはありません。しかし、その症状のひとつとして、特に「自殺念慮」（自殺したいという願望を持ってしまうこと）がある点に注意を要します。過労が原因でうつ病を発症し、そのために自殺してしまうケースが多発しています。

電通事件

最高裁平成12年3月24日判決。過労自殺について、使用者である企業に対する損害賠償請求が認められるかが争われた事件。深夜にまで及ぶ長時間残業を恒常的に行う業務についていた労働者が、うつ病にかかり入社後約1年5か月で自殺したという事案で、裁判所は、「事業主には、労働者がうつ病にかかるような長時間労働につけてはならない義務があり、うつ病にかかった労働者については、仕事量を軽減するなどの具体的な措置を講ずべき安全配慮義務がある」と判断した。

過労死につながりやすい勤務実態の代表例

労働時間
平日の労働時間
（残業時間・サービス残業）
休日の労働時間（休日出勤）

経営方針
個人に課されたノルマ
セクションごとに課されたノルマ
人員の配置・変化
リストラの有無と状況
仕事量・質の変化
新規事業参入の有無と状況

本人

人間関係
パワハラ・セクハラ・差別等
ハラスメントの有無と状況
周囲のサポートの有無と状況
職場の人間関係(トラブルの有無)

出来事
配置転換（慣れない業務・職種）
昇進・昇級（仕事量・質の変化）
納期トラブル（残業・心理的負荷）

このような自殺は「過労自殺」「過労自死」などと呼ばれ、過労死の一種と認識されています。

■ 過労死にも労災保険が適用される

労働災害（労災）のうち「労働者の業務上の負傷、疾病、障害又は死亡」のことを業務災害といいます。過労死や過労自殺のように、一見すると業務災害とはいえないような事態でも、過重な業務への従事（過重負荷）が原因で起こったと認められれば、業務災害にあたります。過労死が労災であると認められると、事業者（会社）の補償能力とは関係なく、労働者の遺族は労災保険から補償を受けることができます。

過労死した労働者の遺族が手続きをする際には、労災であることを証明する必要があるため、会社側は手続きに協力する必要があります。

PART4 メンタルヘルスと安全管理 153

PART4

6

メンタルヘルスと
安全管理

過労死の認定基準

過重業務や異常な出来事による過重負荷の度合いが認定の基準となる

■ 過労死の認定基準と対象疾病とは

労働者が過重な業務への従事（過重負荷）により持病が急激に悪化し、脳・心臓疾患（脳血管疾患や虚血性心疾患等）を発症して死亡した場合は、過重負荷が死亡の有力な要因であると考えられるため、過労死として労災の対象となります。

ただし、業務上使用する有害物質を起因とする疾病や業務中の事故による負傷と異なり、過労死は業務と死亡の結果との因果関係の証明が難しく労災認定されるとは限りません。労働者の死亡の原因である脳・心臓疾患の発症が自然経過によるものか、過重負荷による急激な血管病変等の増悪によるものかを判断するのは、現代の医学水準をもってしても難しいからです。過労死の労災認定については、厚生労働省の通達である「血管病変等を著しく増悪させる業務による脳血管疾患及び虚血性心疾患等の認定基準」（認定基準）に従って判断します。

認定基準では、脳・心臓疾患は、血管病変等が長く生活をする中で徐々に増悪等するという自然経過をたどり発症することを前提としつつ、業務による明らかな過重負荷が自然経過を超えて血管病変等を著しく増悪させる場合があることを認めています。

その上で、過労死の対象疾病である脳・心臓疾患として、①脳血管疾患は「脳内出血（脳出血）、くも膜下出血、脳梗塞、高血圧性脳症」を掲げ、②虚血性心疾患等は「心筋梗塞、狭心症、心停止（心臓性突然死を含む）、重篤な心不全、大動脈解離」を掲げています。

過労死

長時間労働や激務などによって疲労が蓄積したために、脳血管障害や心臓疾患などの健康障害を起こして死亡すること。

認定基準の変更

本文記載の通達の年月日は「基発0914第1号令和3年9月14日」である。かつては「脳血管疾患及び虚血性心疾患等（負傷に起因するものを除く）の認定基準」に従って過労死の労災認定が判断されていたが、これは本文記載の通達によって廃止されている。

154

業務の過重性の評価項目

評価項目とその内容

(ｱ) **労働時間**
労働時間の長さ

(ｲ) **勤務時間の不規則性**
拘束時間の長い勤務、休日のない連続勤務、勤務間インターバルが
短い勤務、不規則な勤務・交替制勤務・深夜勤務

(ｳ) **事業場外における移動を伴う業務**
出張の多い業務、その他事業場外における移動を伴う業務

(ｴ) **心理的負荷を伴う業務**
認定基準の別表１・別表２を参照

(ｵ) **身体的負荷を伴う業務**
身体的負荷が大きい作業の種類、作業強度、作業量、作業時間、
歩行や立位を伴う状況など

(ｶ) **作業環境**
温度環境、騒音

■ どんな要件があるのか

認定基準では、業務において以下の①～③の状況に置かれる
ことで明らかな過重負荷を受け、それにより脳・心臓疾患を発
症したと認められる場合に、業務に起因する疾病として取り扱
うとしています。

① **異常な出来事**

発症直前から前日までの間において、次のような異常な出来
事に遭遇した場合をいいます。

・極度の緊張、興奮、恐怖、驚がくなどの強度の精神的負荷を
引き起こす事態

・急激で著しい身体的負荷を強いられる事態

・急激で著しい作業環境の変化

② **短時間の過重業務**

発症に近接した時期において、特に過重な業務に就労した場

> **異常な出来事**
> その出来事により急激
> な血圧変動や血管収縮
> などを引き起こすこと
> が医学的にみて妥当と
> 認められる出来事のこ
> と。発症直前から前日
> までの間の異常な出来
> 事は、その発生状態を
> 時間的・場所的に明確
> にできることが必要で
> ある。

PART4　メンタルヘルスと安全管理　**155**

合をいいます。具体的には、発症前おおむね1週間の間に、日常業務（通常の所定労働時間内の所定業務内容）に比較して特に身体的・精神的負荷を生じさせたと客観的に認められる業務に就労した場合です。

そして、特に過重な業務に就労したかどうかは、業務量・業務内容・作業環境などを考慮し、同種の業務に従事する労働者にとっても、特に過重な身体的・精神的負荷が生じる業務であるか否かという観点から、客観的・総合的に判断されます。

③　長期間の過重業務

発症前の長期間にわたって、著しい疲労の蓄積をもたらす特に過重な業務に就労した場合をいいます。具体的には、発症前おおむね6か月間に、著しい疲労の蓄積をもたらす特に過重な業務に就労することによって身体的・精神的負荷を生じさせたと客観的に認められる場合です。

著しい疲労の蓄積をもたらす要因として最も重要な要因と考えられるのが「労働時間」です。認定基準では、次のような形で労働時間と発症との関連性を指摘しています。

ⓐ　発症前1か月間ないし6か月間にわたって、1か月当たりおおむね45時間を超えて時間外労働時間（1週間当たり40時間を超えて労働した時間数）が長くなるほど、業務と発症との関連性が徐々に強まる。

ⓑ　発症前1か月間におおむね100時間または発症前2か月間ないし6か月間にわたって、1か月当たりおおむね80時間を超える時間外労働が認められる場合は、業務と発症との関連性が強いと評価できる。

なお、②・③において過重業務かどうかを判断する際は、労働時間などの負荷要因を十分検討することが必要で、労働時間と労働時間以外の負荷要因を総合的に考慮します。労働時間以外の負荷要因としては、勤務時間の不規則性、事業場外における移動を伴う業務、心理的負荷を伴う業務、身体の負荷を伴う

時間外労働の上限

時間外労働（法定労働時間を超える労働）をさせるには、あらかじめ三六協定（時間外・休日労働に関する協定）を締結し、時間外労働の上限を設定しなければならない。ただし、三六協定で上限を定める際は、1か月45時間、1年360時間という上限がある。

なお、これらの上限を超えることができる特別条項付きの三六協定を締結する場合でも、1年720時間以内、1か月100時間未満（休日労働を含む）、複数月平均80時間以内（休日労働を含む）が上限となるので、これらが設定できる時間外労働の上限となる。

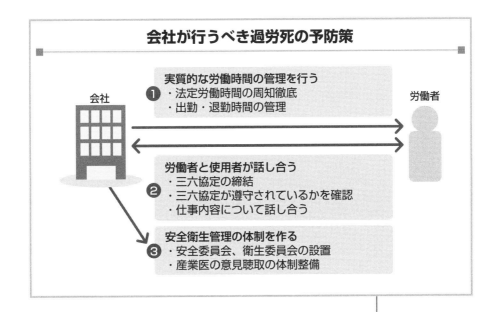

業務、作業環境があります。

　残業は会社の残業命令に基づいて行うのを前提としていますが、多くの企業では、労働者が自らの判断で長時間の残業に従事することも少なくありません。この場合、会社が労働者の残業に積極的に関与していないとしても、長時間残業の事実を知っていた、もしくは知り得た場合は法的責任を問われることになります。特に労働者が1か月当たり100時間を超える残業をしていたり、2か月以上連続で1か月当たり80時間を超える残業をしていた場合、会社は残業禁止命令を出し、産業医の診察を受けさせるなど、メンタルヘルス不調を防止するための措置を講じる必要があります。

　近年、過重労働を原因として労災認定を受ける事案が増えており、労働者の健康に配慮する義務への違反を理由に事業者（使用者）の法的責任を認める判決も出されています。ただし、労働者が自らの健康管理を怠ったとしてその落ち度を一定範囲で認める判決もあります。

PART4
7

メンタルヘルスと
安全管理

過労死と労災申請

申請する場合にはいくつかの段階を経る必要がある

■ 申請時に必要な書類は何か

労災の申請をする際には、申請書や証明書類などのさまざまな書類が必要になります。申請書にはいくつかの種類があるため、該当するものを選択する必要があります。

たとえば、遺族補償年金の請求時は「遺族補償年金支給請求書」（255ページ）を、葬祭料の支払請求時には「葬祭料請求書」（254ページ）を提出します。なお、申請書や証明書類に添付する書類には、申立書、意見書などがあります。

■ 会社に協力してもらう必要のある書類とは

原則として、申立書や死亡診断書などを作成する場合は会社の協力は不要ですが、遺族補償年金の請求書などの場合は「事業主証明」が必要となる欄があるため、会社側に労働者が死亡するに至った事実関係を証明するように要請する必要があります。

中には労災が適用された場合における労災保険の保険料の高額化や企業イメージの低下を恐れる会社（事業主）が、事業主証明を拒む場合があることも事実です。また、会社が労働災害の事実を本当に確認できない場合などは、事業主証明を拒否することもあります。

しかし、事業主証明を拒否された場合でも、その事実を記載した文書を添えて申請書の提出が可能です。提出先は被災労働者が勤めていた会社の所轄労働基準監督署長です。

このように事業主証明がなされてない場合は、会社に対する調査の一環として事情聴取が行われることになります。

遺族補償年金前払一時金請求書

遺族補償年金の受給者が急に資金を要するようになった場合など、1回に限り、年金の前払の請求を可能とする書類のこと。

葬祭料の支払

葬祭料の支払請求時には、死亡診断書、死体検案書、検視調書などの被災労働者が死亡した事実と年月日を証明する書類を添付する。

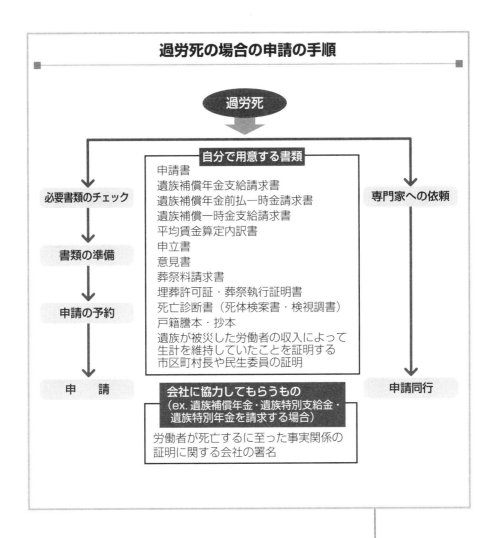

労災保険としての給付対象になるかどうかは、事業主証明によって決定されるわけではありません。所轄労働基準監督署長が調査を重ねて判断します。事業主証明を拒否する理由はさまざまだと思いますが、会社は労災申請を行う労働者または遺族に対しても、事業主証明を拒否する理由をはっきりと説明し、併せて労働基準監督署における事情聴取や、資料提出依頼などの調査の際には適切に応じることが大切です。

労災（補償）課
労働者に起こった災害が労災の対象であるかどうかの判断や、労災保険の給付内容が適正かどうかの判断などを扱う部署のこと。

PART4 8

メンタルヘルスと
安全管理

健康診断①

事業主には健康診断を行う義務がある

■ 健康診断の種類

　事業者（会社）は、労働者に対して健康診断を受けさせなければならないという労働安全衛生法上の義務があります。

　そして、健康診断の結果に基づき、医師の意見をふまえて、労働者の健康を維持するために必要がある場合には、就業場所の変更や深夜業の回数の減少など必要な措置を講じることになります。

　健康診断には、労働者に対して定期的に実施する一般健康診断と、有害な業務に従事する労働者に対して行う特殊健康診断があります。特殊健康診断には、有害業務に従事する者への健康診断、有害業務に従事していた者への健康診断、歯に悪影響を与える業務に従事する者に対する歯科医師による健康診断などがあります（87ページ）。一方、一般健康診断については、次のような種類があります。

① 雇入時の健康診断

　事業者は、常時使用する労働者（常用雇用者）を雇い入れるときは、定期健康診断の項目（163ページ図）のうち喀痰検査を除いた項目について、医師による健康診断を行わなければなりません。

　健康診断項目の省略はできませんが、労働者が3か月以内に医師による診断を受けており、その結果を証明する書面を提出すれば、その項目についての健康診断を省略することができます。

② 定期健康診断

　事業者は、常時使用する労働者（特定業務従事者を除く）に

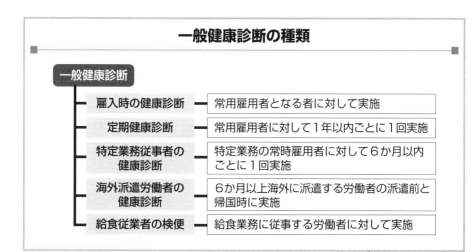

対して、1年以内ごとに1回、定期健康診断の項目（163ページ図）について、定期的に健康診断を行わなければなりません。

③ 特定業務従事者の健康診断

事業者は、深夜業などの特定業務に従事する労働者に対しては、その業務への配置替えの際および6か月以内ごとに1回、定期的に定期健康診断と同じ項目の健康診断を行わなければなりません。

ただし、胸部エックス線検査と喀痰検査については、1年以内ごとに1回、定期に行えば足ります。

④ 海外派遣労働者の健康診断

事業者は、労働者を6か月以上海外に派遣するときは、事前の健康診断を行わなければなりません。また、6か月以上海外勤務した労働者を帰国させ、国内の業務に就かせるときも、事前の健康診断が必要です。

⑤ 給食労働者の検便

事業者は、事業に附属する食堂・炊事場における給食の業務に従事する労働者に対しては、雇入れ・配置替えの際に、検便を行わなければなりません。

特定業務

労働安全衛生規則13条1項3号に列挙されている以下の業務をいう。
①多量の高熱物体を扱う業務、著しく暑熱な場所での業務
②多量の低温物体を扱う業務、著しく寒冷な場所での業務
③有害放射線にさらされる業務
④埃・粉末を著しく飛散する場所での業務
⑤異常気圧下での業務
⑥削岩機、鋲打機等の使用で身体に著しい振動を与える業務
⑦重量物の取扱い等重激な業務
⑧ボイラー製造等強烈な騒音を発する場所での業務
⑨坑内での業務
⑩深夜業を含む業務
⑪有害物を取り扱う業務
⑫有害物のガス・蒸気・粉塵を発する場所での業務
⑬病原体により汚染のおそれが著しい業務
⑭その他厚生労働大臣が定める業務

■ 定期健康診断の実施と注意点

　1年以内ごとに行う定期健康診断の項目は、常時使用する労働者（常用雇用者）を雇い入れるときの健康診断の項目に喀痰検査が加わったものです。雇入れ時の健康診断については、項目を省略することができません。ただし、定期健康診断の場合は、次の項目については、所定の基準に基づき、医師が必要でないと認めれば検査を省略できることになっています。

・身長（20歳以上の者）
・腹囲（40歳未満で35歳以外の者、BMI20未満の者など）
・胸部エックス線検査（40歳未満かつ20、25、30、35歳以外の者で規定の業務に就いていない者）
・喀痰検査（胸部エックス線検査で病変の発見されない者など）
・貧血検査、肝機能検査、血中脂質検査、血糖検査、心電図検査（40歳未満で35歳以外の者）

喀痰検査
労働者の痰の中に潜んでいる病気を調べる検査のこと。特に呼吸器系の疾病を判断する際に必要とされる。

■ 海外派遣者の健康診断

　労働者を6か月以上海外に派遣するときは、あらかじめ健康診断を行わなければなりません。また、6か月以上海外勤務した労働者を帰国させ、国内の業務に就かせるときも、事前の健康診断が必要です。実施すべき検査項目は、定期健康診断の各項目に加え、以下の項目のうち医師が必要と認めるものです。

・腹部画像検査（胃部エックス線検査、腹部超音波検査）
・血中の尿酸の量の検査
・B型肝炎ウイルス抗体検査
・ABO式およびRh式の血液型検査（派遣前に限る）
・糞便塗抹検査（帰国時に限る）

■ 健康診断の時間や費用はどうなる

　健康診断にかかる費用は、原則として事業者が負担します。これは、健康診断の実施が労働安全衛生法などによって定めら

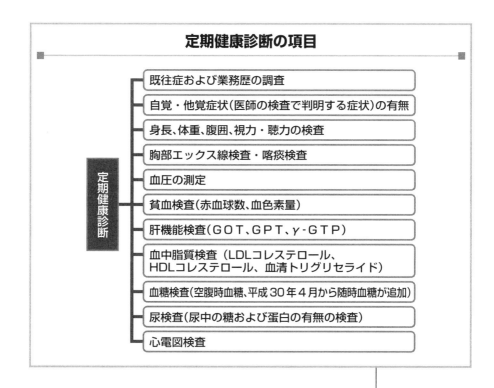

れた事業者の義務であるためです。

　一方、健康診断に必要な時間については、健康診断の種類によって取扱いが異なります。まず、雇入れ時の健康診断や定期健康診断の場合、業務に関連するものとはいえず、事業者に賃金の支払義務はないとされています。つまり、健康診断の時間は就業時間扱いとはならないということです。しかし、労働者の多くが事業場を抜けて健康診断を受けることになると、業務が円滑に進みません。このため、労使で協議の上、就業時間中に健康診断を実施し、事業者が受診に要した時間の賃金を支払うことが望ましいというのが厚生労働省の見解です。

　これに対し、特殊健康診断は、業務に関連して実施すべきものであるため、所定労働時間内に実施し、賃金を支払うべきとされています。

労働者に健康診断を受けさせなかった場合の罰則

事業主には50万円以下の罰金が科せられることがある。

PART4
9

メンタルヘルスと
安全管理

健康診断②

過重労働者に対する面接指導が義務付けられている

■ 健康診断の結果通知や保健指導

　会社（事業者）は、労働者の健康を維持するという観点から、異常の所見の有無にかかわらず、健康診断の結果を労働者へ通知しなければなりません。労働者が、健康診断の結果に応じて健康維持のために必要なことを把握するためです。

　例外として、HIVへの感染が発覚した事例について、「検診結果を通知することが、かえって従業員の人権を侵害するような場合には、会社はこれを従業員に通知してはならない」という判断をした裁判例があります（東京地裁平成7年3月30日判決）。医療の進歩などにより、このケースが現在においてそのまま当てはまるとは限りません。ただ、重病であることが発覚した場合の対処法については、厚生労働省や専門家に確認し、会社内でマニュアルを策定しておくことが大切です。

■ 医師による面接指導が行われる場合とは

　過重労働による健康障害を防止するため、すべての規模の事業場において、長時間労働者に対しての医師による面接指導の実施が義務付けられています。

　面接指導の対象となるのは、週40時間を超える労働（法定労働時間を超える労働）が1か月当たり80時間を超え、かつ、疲労の蓄積が認められる労働者です。

　上記の要件に該当する労働者から申し出があった場合、事業者は、原則として医師による面接指導を行わなければなりません。面接指導が実施された後、会社は労働者の健康を守るため

**長時間労働と
面接指導**

長時間労働は、脳血管疾患や虚血性心疾患等の発症と関連性が強いとされていることから、その予防のため、さらにはメンタルヘルスに対する配慮のため、医師による面接指導を行うことになった。

**面接に準ずる措置
が必要な場合**

事業者は、事業場において定められた基準に該当する労働者に対しても面接指導、あるいはそれに準じる措置を行うように努めなければならない。

健康診断の実施手順

① **健康診断の実施**
必要な健康診断を実施後、労働者ごとに「異常なし」「要観察」「要医療」等の診断区分に関する医師等の判定を受ける

② **二次健康診断の受診勧奨等**
医師の診断結果により二次健康診断対象者を把握し、受診の勧奨・二次健康診断結果の提出の働きかけを行う

③ **医師等の意見聴取**
事業者は必要に応じて労働者の作業環境や作業負荷の状況、過去の健診結果等の情報を提供した上で、医師等から健診結果への意見聴取を行う

④ **就業上における措置決定**
意見聴取後、労働者自身の意見を聞いて十分に話し合い、就業区分に応じた措置を決定する

に行うべき措置について、医師の意見を仰ぎます。そして、必要に応じて作業転換や労働時間の短縮措置などを実施しなければなりません。

■ 自発的健康診断とは

労働安全衛生法では、原則として午後10時から午前5時までの間における業務（深夜業）に従事する労働者が一定の要件を満たす場合、自ら受けた健康診断の結果を証明する書面を事業者に提出することができると規定しており、これを自発的健康診断といいます。

自発的健康診断結果の提出には期限が設けられており、健康診断の受診後の3か月以内です。

深夜業という特殊な労働環境にあって、自らの健康に不安を抱く労働者が自発的に健康診断を受け、事業者に結果を提出した場合、事業者は事後措置等を講じる義務を負います。

研究開発業務従事者や高度プロフェッショナル制度適用者に対する面接指導

研究開発業務従事者については、月100時間超の法定労働時間を超える労働を行った場合、もしくは月80時間超の法定労働時間を超える労働を行い、疲労の蓄積があり面接を申し出た者に対して、面接指導を行う義務がある。
高度プロフェッショナル制度適用者については、1週間当たりの健康管理時間（事業場内にいた時間＋事業場外で労働した時間）が40時間を超えた時間について、月100時間を超えた者に対して、面接指導を行う義務がある。

PART4　メンタルヘルスと安全管理

PART4
10

メンタルヘルスと
安全管理

ストレスチェック

労働者にストレスチェックを強要することはできず、
拒否する権利がある

■ ストレスチェックの義務化

近年、仕事や職場に対する強い不安・悩み・ストレスを感じ
ている労働者の割合が高くなりつつあることが問題視されてい
ます。これに伴い、仕事による心理的な負担によって精神障害
を発症するケースや、最悪な場合は自殺するケースなどがあり、
労災の認定が行われる事案も増えています。

こうした状況を受けて、労働安全衛生法の改正により、平成
27年12月から「職場におけるストレスチェック（労働者の業務
上の心理的負担の程度を把握するための検査）の義務化」（当
面は従業員50人未満の事業場では努力義務）が実現しました。

■ ストレスチェックとは

ストレスチェックとは、定期健康診断のメンタル版で、会社
側が労働者のストレス状況を把握することと、労働者側が自身
のストレス状況を見直すことができる効果があります。また、
ストレス要因の分析にとどまらず、ストレス軽減に向けた取組
みを行うことも目的のひとつです。

具体的には、労働者のストレス状況を把握するため、調査票
に対する回答を求めます。ストレスチェックの調査票には「仕
事のストレス要因」「心身のストレス反応」「周囲のサポート」
の3領域をすべて含めることになっています。どのような調査
票を用いるかは事業者の選択に委ねられていますが、厚生労働
省が標準的な調査票として「職業性ストレス簡易調査票」を推
奨しています。

届出や報告など
は不要？

常時50人以上の労働
者を雇用する事業場で
は、1年に1回以上定期
的にストレスチェック
を行い、「心理的な負担
の程度を把握するため
の検査結果等報告書」
を所轄の労働基準監督
署長へ提出する必要が
ある。報告書へは、検
査の実施者が面接指導
の実施医師、検査や面
接指導を受けた労働者
の数などを記載する。
なお、雇用労働者が
50人未満の事業場の
場合はストレスチェッ
クの実施が努力義務で
あるため、提出義務は
ない。

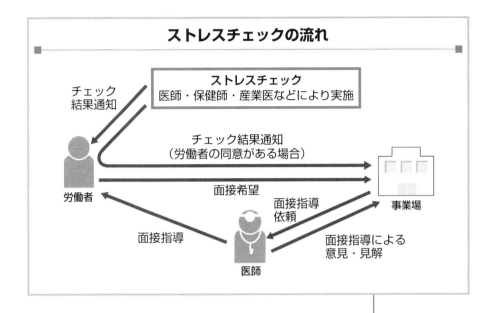

　職場におけるストレスの状況は、職場環境に加えて、個人的な事情や体調（体の健康）など、さまざまな要因によって常に変化するものです。そのため、ストレスチェックは年に1回以上の、定期的な実施が義務付けられています。

■ ストレスチェックの対象となるのは

　ストレスチェックの対象となるのは、労働者が常時50人以上いる事業場であり、会社（法人）単位でなく、事業場単位になっています。この要件に該当する事業場では、年に1回以上のストレスチェックの実施が義務付けられています（令和7年中に50人未満の事業場についても実施を義務付ける法改正をする方向で議論が進められています）。

　ストレスチェックの対象労働者は、常時雇用される労働者であり、一般健康診断の対象労働者と同じです。具体的には、無期雇用の正社員に加えて、1年以上使用される予定の有期雇用者で正社員の4分の3以上働いているパートタイム労働者やア

> **ストレスチェックの実施状況**
> ストレスチェックを義務付けられた事業所のうち、ストレスチェックの受検率は、実際に受検した労働者の割合が8割を超える事業場が89.6%となっている（令和5年10月現在）。

ルバイトも対象です。なお、派遣労働者の場合は、所属する派遣元で実施されるストレスェックの対象となります。

■ ストレスチェックは労働者の義務なのか

ストレスチェックを受けることは労働者の義務ではありません。つまり、労働者にストレスチェックを強要することはできず、拒否する権利が認められています。しかし、ストレスチェックはメンタルヘルスの不調者を防ぐための措置であるため、会社は拒否をする労働者に対して、ストレスチェックによる効果や重要性について説明した上で、受診を勧めることが必要です。

ただし、ストレスチェックの強要は許されないとともに、ストレスチェックを拒否した労働者に対して、解雇や減給などの不利益な取扱いをしてはいけません。

■ ストレスチェック実施時の主な流れとは

ストレスチェックについては、労働安全衛生法66条の10などにより、さまざまなルールが定められています。実施時の主な流れについては、以下のようになります。

① 会社は医師、保健師その他の厚生労働省令で定める者（以下「医師等」という）による心理的負担の程度を把握するための検査（ストレスチェック）を行わなければならない。

② 会社はストレスチェックを受けた労働者に対して、医師等からのストレスチェックの結果を通知する。なお、医師等は、労働者の同意なしでストレスチェックの結果を会社に提供してはならない。

③ ストレスチェックを受けて医師の面接指導を希望する労働者に対して、面接指導を行わなければならない。この場合、会社は当該申し出を理由に労働者に不利益な取扱いをしてはならない。

④ 会社は面接指導の結果を記録しておかなければならない。

実施しなくても罰則はないのか

ストレスチェックの実施についての罰則規定はないものの、労働基準監督署へ「検査結果等報告書」を提出しなかった場合は罰則規定の対象となる。
なお、常時50人未満の事業場の場合は報告書の提出義務や罰則は設けられていない。

ストレスチェックの対象労働者

事業所規模	雇用形態	実施義務
常時 50人以上	正社員	義務
	非正規雇用者 （労働時間が正社員の 3/4 以上）	義務
	上記以外の非正規雇用者、 1 年未満の短期雇用者	義務なし
	派遣労働者	派遣元事業者の規模が 50人以上なら義務
常時 50人未満	正社員	努力義務
	非正規雇用者 （労働時間が正社員の 3/4 以上）	努力義務
	上記以外の非正規雇用者、 1 年未満の短期雇用者	義務なし
	派遣労働者	派遣元事業者の規模が 50人未満なら努力義務

⑤ 会社は、面接指導の結果に基づき労働者の健康を保持するために必要な措置について、医師の意見を聴かなければならない。

⑥ 医師の意見を勘案（考慮）し、必要があると認める場合は、就業場所の変更・作業の転換・労働時間の短縮・深夜業の回数の減少などの措置を講ずる他、医師の意見を衛生委員会等へ報告し、その他の適切な措置を講じなければならない。

⑦ ストレスチェック、面接指導の従事者は、その実施に関して知った労働者の秘密を漏らしてはならない。

　事業場では、上記のように定められたルールに沿ってストレスチェックを実施することが求められています。これまでにメンタルヘルス不調や過重労働についての対策をとっていた会社の場合も、これまで以上に体系的な労働者のストレス状況への対応が求められることになります。

PART4　メンタルヘルスと安全管理

PART4
11

メンタルヘルスと
安全管理

職場環境づくりのための措置

喫煙対策や情報機器作業の作業管理も必要である

■ 快適な職場づくりのためには何が必要か

　疲労とストレスばかりを感じさせる職場は、労働者の健康を害するだけでなく、作業における生産性が低下します。そのため、快適な職場づくりは労使双方にとって重要なものです。

　労働安全衛生法71条の2では、快適な職場環境の形成を事業者に努力義務として課しています。快適な職場づくりには何が必要かを厚生労働省が示した「事業者が講ずべき快適な職場環境の形成のための措置に関する指針」（快適職場指針）では、快適な職場環境の形成についての目標に関する事項として、以下の4項目を掲げています。

① 作業環境の管理（空気環境、温熱条件、視環境、音環境、作業空間など）

② 作業方法の改善（機械設備の改善、助力措置の導入、緊張緩和のための機器の導入、作業しやすい配慮など）

③ 疲労回復支援施設（休憩室や相談室の確保、洗身施設の整備など）

④ 職場生活支援施設（食堂や給湯設備の確保など）

■ 職場での喫煙対策

　禁煙・分煙が推奨されていく傾向にある昨今、職場環境における喫煙対策、特に受動喫煙対策が重要とされています。前述した快適職場指針においても、喫煙場所の指定などの喫煙対策を講ずることが明記されています。

　平成27年（2015年）施行の労働安全衛生法改正により、事業

努力義務

法律に定められていることを行うように努力する義務のこと。必ず行わなければならないということではない。

以前の通達の廃止

平成27年施行の労働安全衛生法改正に伴い、同年に厚生労働省は「労働安全衛生法の一部を改正する法律に基づく職場の受動喫煙防止対策の実施について」という通達を発した。しかし、令和元年7月に「職場における受動喫煙防止のためのガイドライン」という通達を発したことに伴い、「労働安全衛生法の一部を改正する法律に基づく職場の受動喫煙防止対策の実施について」は廃止された。

170

快適な職場づくり

作業環境の管理
空気の清浄化、温度・湿度・臭気・騒音等の管理、作業時間の管理など

疲労回復支援施設
休憩室・相談室・運動施設・シャワー設備など

作業方法の改善
不良姿勢作業、緊張作業、高温作業、難解な機械操作などの改善

職場生活支援施設
更衣室・食堂・給湯設備・洗面施設など

者が労働者の受動喫煙を防止するため、事業者や事業場の実情に応じ適切な措置を講ずることが努力義務化されました。さらに、平成30年成立の健康増進法改正により、令和元年に学校・病院・行政機関の庁舎等（第1種施設）の敷地内禁煙が義務化され、令和2年に事業所・飲食店・工場・ホテルなどの多数の人が利用する施設（第2種施設）の原則屋内禁煙が義務化されました。これらの改正に伴い、令和元年7月に厚生労働省が「職場における受動喫煙防止のためのガイドライン」という通達を発するなど、受動喫煙防止対策がより一層強化されています。

職場における喫煙対策は、経営陣を中心に組織的に取り組む必要のあるものです。喫煙対策委員会などの組織化や、全社的な行動基準を策定するなど、実効性のある喫煙対策が求められているといえます。

■ 情報機器作業についての作業管理

VDTは「Visual Display Terminals」の略称です。主にパソコンのことを指します。IT化が進み、職場にVDTが導入され

> **VDT作業に関する通達の廃止**
> 平成14年（2002年）に厚生労働省が「VDT作業における労働衛生管理のためのガイドライン」を発していた。この時期は携帯用情報機器が現在ほど普及しておらず、ディスプレイやキーボードなどにより構成されるVDTを前提にしていた。
> しかし、携帯用情報機器の普及に伴い、「VDT」の用語を「情報機器」に置き換えて、「情報機器作業における労働衛生管理のためのガイドライン」を定めることにした。これにより「VDT作業における労働衛生管理のためのガイドライン」は廃止された。

情報機器作業

データ入力・検索・照合等、文章・画像等の作成・編集・修正等、プログラミング、監視などがある。

情報機器作業における労働衛生管理のためのガイドライン

情報機器作業に対する措置には、本文記載の作業環境管理の他、情報機器や作業環境の維持管理、健康診断や健康相談などの健康管理、労働衛生教育の実施などが盛り込まれている。

グレア

眼精疲労の原因になる光源から受けるまぶしさのこと。

るようになったことで、VDT作業を原因とする特有の心身疲労を訴える労働者が急増しました。また、現在ではVDTのみならずタブレットやスマートフォンなどの携帯用情報機器を含めた情報機器が急速に普及しています。

　そこで、令和元年に厚生労働省が「情報機器作業における労働衛生管理のためのガイドラインについて」（情報機器作業ガイドライン）という通達を発し、労働者の情報機器作業の環境を改善するために事業者がとるべき対策を示しています。情報機器作業ガイドラインでは、情報機器作業を「作業時間又は作業内容に相当程度拘束性があると考えられるもの」（拘束型）および「上記以外のもの」という作業区分に分類し、作業時間の制約等を設け、労働者の過度な疲労を防止しようとしています。

　たとえば、拘束型の情報機器作業については、一般に自由裁量度が少なく、疲労も大きいため、それ以外の作業を組み込むなどにより、1日の連続情報機器作業時間が短くなるように配慮する必要があります。また、一連続作業時間が1時間を超えないようにし、次の連続作業までの間に10分～15分の作業休止時間を設け、かつ、一連続作業時間内に1～2回の小休止を設けることなどが求められています。

　作業環境管理のうちの「照明及び採光」については、ディスプレイを用いる場合の書類上およびキーボード上における照度は300ルクス以上とし、室内はできる限り明暗の対照が著しくなく、かつ、まぶしさが生じないようにする必要があります。グレア防止対策としては、ディスプレイ画面に反射防止型を採用するなどの対策をとる必要があります。

■ 建設業における快適な職場環境の形成について

　建設業は危険を伴う作業・場面が多々ある仕事です。労働安全衛生法では、事業者に対して、以下の4点について計画的かつ継続的に講ずるよう努力義務を課しています。

建設業における快適な職場環境

建設業における快適な職場環境	①作業環境を快適な状態に維持管理するための措置
	②労働者の従事する作業方法を改善するための措置
	③作業に従事することによる労働者の疲労を回復するための施設・設備の設置または整備等
	④その他快適な職場環境を形成するための措置

① 作業環境を快適な状態に維持管理するための措置
② 労働者の従事する作業方法を改善するための措置
③ 作業に従事することによる労働者の疲労を回復するための施設または設備の設置または整備等
④ ①～③の他、快適な職場環境を形成するための措置

　ただし、一口に建設業といっても、その作業には実に多種多様な形態・態様が存在します。それぞれの作業場面に適した快適な作業環境形成のため、厚生労働省は「建設業における快適職場形成の推進について」という通達で対策例を示しています。

　たとえば、「冬期屋外作業、夏季屋外作業、トンネル及び地下作業、降雨・強風・日射等の悪天候時の作業、屋外での日射・高温・寒冷室等の作業」における対策の例として、「大きなテントの使用による全天候型作業場の確保、冷暖房設備の設置、作業の遠隔化、降雨・日射対策の遮蔽シートの設置、日射・強風対策のための壁の設置」などを挙げています。

　このような通達を参考にして、快適な職場形成に資する措置・対策をとることには、安全衛生の保全だけでなく、職場活性化、作業能率・生産性の向上といったさまざまなメリットがあります。

PART4　メンタルヘルスと安全管理　**173**

PART4
12

メンタルヘルスと
安全管理

労働災害防止のための措置

事業者の労災防止活動における自主的努力を促す

■ 安全衛生改善計画はなぜ必要なのか

　労働災害を未然に防ぐため、国はさまざまな法規制を制定しています。しかし、労災防止・労働環境の保全という目的達成のためには、事業者側の自主的な努力も欠かせません。

　そのため、都道府県労働局長は、労災防止活動を促進するための「安全衛生改善計画」の作成を、事業者に対して指示することができます。安全衛生改善計画とは、安全を管理するための体制づくりや職場施設などの環境づくり、教育制度づくりに関して具体的に立てる計画のことです。

　安全衛生改善計画は、労働環境の安全衛生面の現状をふまえた現実的なものでなければなりません。事業者は、作成時において労働者の意見を聴き入れる必要があり、計画が絵に描いた餅にならないように、労使一体となって作成したものでなければなりません。

　安全衛生計画の作成指示を受けた事業者は、速やかに計画を作成し、これを所轄労働基準監督署長経由で都道府県労働局長へと提出することで手続きが完了します。安全衛生改善計画は書面で作成され、計画内容について過半数組合（ない場合は過半数代表者）の意見を記載した書面の添付が必要です。

■ 職場の安全衛生診断をしてもらうこともある

　安全衛生改善計画の内容は、高度な専門的知識を伴うことがあります。作成を行う事業者（企業）内部に専門家がいない場合、計画作成に支障をきたし、制度目的を達成できなくなるこ

**過半数組合・
過半数代表者**

過半数組合とは、事業場の労働者の過半数で組織する労働組合のことである。一方、過半数代表者とは、事業場の労働者の過半数を代表する者のことである。

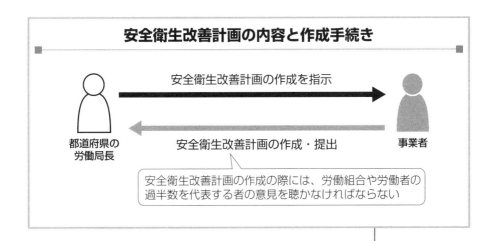

とがあります。そこで、安全衛生計画作成の指示を行う都道府県労働局長は、事業者に対して、計画に必要な高度専門知識を持った労働安全コンサルタントや労働衛生コンサルタントのコンサルティングを受けることを勧奨できます。

■ コンサルタント制度とは

技術の進歩・発展・高度化に伴い、労働現場には安全衛生の保全の面からも高度な専門的知識が必要とされるようになってきました。そこで、国家試験を設けることで安全衛生の専門家を養成し、労働現場に専門知識が供給されることを目的としたコンサルタント制度を設けています。コンサルタントには「労働安全コンサルタント」と「労働衛生コンサルタント」の2種類があります。労働安全衛生法では、文字通り「安全」と「衛生」の保全に資する専門知識を提供するコンサルタントの試験制度が定められています。

コンサルタントになるためには、国家試験に合格しなければなりません。また、受験資格として理科系統の基礎学力と安全衛生に関する実務経験の証明となる要件を満たしている必要があります。

> **職場の労働安全衛生診断**
> 事業者・コンサルタント（労働安全コンサルタント・労働衛生コンサルタント）が連携して以下の手順で進めるものをいう。
> ①事業場におけるさまざまな情報の洗い出し、②危険要因の抽出、③管理体制・教育体制の問題点を分析、④コンサルタントによる改善策の提案、⑤労働安全診断報告書及び改善提案書の作成

PART4
13

メンタルヘルスと
安全管理

届出や審査が必要な仕事

事前届出と審査の二段構え

■ 計画の事前届出が義務付けられる仕事とは

　労働安全衛生法88条は、安全面で問題のある労働環境における労働災害の発生を計画の段階から事前に食い止めるため、一定の危険有害を伴う計画について事前届出を義務付けています。届出先は原則として所轄労働基準監督署長ですが、例外もあります。

　下記の①～③を見ると「事業計画」とまでいかない「設置等の計画」についても届出を要する場合があります。危険有害を伴うものは「計画」の段階から行政側が監視することで、労働災害の防止や安全衛生の保全を図ろうとしています。

　届出を受けた労働基準監督署長または厚生労働大臣は、計画内容が労働安全衛生法上問題ないかどうかをチェックし、その結果に応じて必要な措置や対応をとります。場合によっては、事業者に対して計画の変更命令または工事・仕事の差止命令などを行うことがあります。

① 厚生労働大臣への届出が必要な場合

　以下のいずれかに該当する大規模な建設業の仕事の計画は、仕事開始日の30日前までに、厚生労働大臣に届け出なければなりません。

・高さが300m以上の塔の建設の仕事

・基礎地盤から堤頂までの高さ150m以上のダムの建設の仕事

・最大支間500m（つり橋にあっては1000m）以上の橋梁の建設の仕事

・長さが3000m以上のずい道等の建設の仕事

圧気工法

トンネルの内部や水中で作業を行う際に圧縮された空気を送り、地上に比べ高い空気圧が保たれた状態で行う掘削工法のこと。作業内部の圧力を高めることで、内部から外部へ押し出す力を生み出し、作業場の中に水や土が入らないという利点があるが、内部は閉ざされた空間となるため、作業者にとって必要な酸素を確保することが重要である。

176

厚生労働大臣への届出が必要な作業

作業内容	具体的作業	期限	届出先
特に大規模な建設業	①高さが300m以上の塔の建設	工事開始の30日前	厚生労働大臣
	②基礎地盤から堤頂までの高さ150m以上のダムの建設		
	③最大支間500m（つり橋1000m）以上の橋梁の建設		
	④長さが3000m以上のずい道等の建設		
	⑤長さが1000m以上3000m未満のずい道等の建設における通路使用のための深さ50m以上のたて坑掘削		
	⑥ゲージ圧力が0.3メガパスカル以上の圧気工法による作業		

・長さが1000m以上3000m未満のずい道等の建設の仕事で、深さが50m以上のたて坑（通路として使用されるものに限る）の掘削を伴うもの

・ゲージ圧力が0.3メガパスカル以上の圧気工法による作業を行う仕事

② 30日前の届出が必要な場合

　定の危険・有害機械等の設置等（設置、移転、主要構造部分の変更）の計画の届出先は所轄労働基準監督署長で、設置等の工事開始日の30日前に届け出る義務があります。

　この届出義務は業種や規模にかかわらず、一定の危険・有害機械等の設置等の計画をする際に発生します。なお、労働基準監督署長が認定した事業者は届出義務が免除されます。

③ 14日前の届出が必要な場合

　建設業（前述した大規模な建設業の届出の対象となるものを除く）および土石採取業における以下の仕事については、作業開始の14日前に所轄労働基準監督署長への届出が必要です。

事前届出が廃止された計画

電気使用設備の定格容量の合計が300kw以上の「製造業、電気業、ガス業、自動車整備業、機械修理業に係る建設物・機械等の設置・移転等の計画」などを所轄労働基準監督署長に届け出る義務は、平成26年（2014年）施行の労働安全衛生法改正で廃止されたため、現在は事前届出が不要である。

PART4　メンタルヘルスと安全管理　**177**

・高さ31mを超える建設物または工作物（橋梁を除く）の建設・改造・解体・破壊の仕事
・最大支間50m以上の橋梁の建設等の仕事
・最大支間30m以上50m未満の橋梁の上部構造の建設等の仕事（一定の場所で行われるものに限る）
・ずい道等の建設等の仕事（一定のものを除く）
・掘削の高さまたは深さが10m以上である地山の掘削の作業を行う仕事（一定のものを除く）
・圧気工法による作業を行う仕事
・石綿等が吹き付けられている耐火建築物または準耐火建築物における石綿等の除去の作業を行う仕事
・一定の廃棄物焼却炉、集じん機等の設備の解体等の仕事
・掘削の高さまたは深さが10m以上の土石の採取のための掘削の作業を行う仕事
・坑内掘りによる土石の採取のための掘削の作業を行う仕事

■ どんな場合に厚生労働大臣の審査が必要なのか

　作業や生産活動の現場での生産方法・工法は日々変化しています。前述した「事前届出」でチェックされる法令の基準をクリアしても、安全衛生の確保ができず、事前届出の目的が達成されなくなってしまうケースがあります。

　そこで、労働安全衛生法89条では、厚生労働大臣は、事前届出のあった計画のうち、高度の技術的検討を必要とするものについて審査を行うことができると規定しています。「高度な技術的検討を必要とする計画」とは、新規に開発された工法や生産方式を採用する計画などを指します。この規定により、事前届出の欠陥点をカバーできるようになっています。

　審査は学識経験者の意見を聴いた上で、安全性確保の目的を達成するべく行われ、届出人（事業者）に勧告・要請の形で是正を求める際は、届出人の意見も聴かなければなりません。事

労働基準監督署長への届出が必要な作業

作業内容	具体的作業	期限
危険・有害機械等の設置等	①特定機械等の設置等	仕事開始日の30日前
	②一定の動力プレスの設置等	
	③一定のアセチレン溶接装置・ガス集合溶接装置の設置等	
	④一定の化学設備・乾燥設備・粉じん作業設備の設置等	
建設業・土石採取業における作業	①高さ31m超の建設物・工作物の建設等（建設・改造・解体・破壊）	仕事開始日の14日前
	②最大支間50m以上の橋梁の建設等	
	③最大支間30m以上50m未満の橋梁の上部構造の建設等	
	④ずい道等の建設等（一定のものを除く）	
	⑤掘削の高さまたは深さが10m以上である地山の掘削作業	
	⑥圧気工法による作業	
	⑦耐火建築物・準耐火建築物に吹き付けられた石綿等の除去	
	⑧一定の廃棄物焼却炉、集じん機等の設備の解体等	
	⑨掘削の高さ・深さ10m以上の土石採取のための掘削作業	
	⑩坑内掘りによる土石採取のための掘削作業	

前届出によるチェックが法令の基準に照らして機械的に行われるのに対して、前述した審査は厚生労働大臣の裁量的側面が強いため、審査結果の適切性や柔軟性が保たれるように意見聴取などが定められています。

なお、厚生労働大臣の審査対象ではありませんが、都道府県労働局長が審査を行うことのできる工事計画があります。該当する工事計画の例として、「高さが100m以上の建築物の建設の仕事」「堤高が100m以上のダムの建設の仕事」「最大支間300m以上の橋梁の建設の仕事」のうち一定のものがあります。審査方法などは厚生労働大臣による審査と同様です。

橋梁

水面（川や海、湖など）上に道路や鉄道などを通すための構造物で、いわゆる「橋」のこと。本文記載の「最大支間300m以上の橋梁」とは、橋梁を支えるための柱と柱との距離が最大300m以上ということである。

PART4 14

メンタルヘルスと
安全管理

労災事故が発生した場合の
手続き

所轄労働基準監督署長への報告が必要

■ 労災が発生したら何をすればよいのか

　労災事故（事故による労働災害）が起こった場合は、まず被害を受けた労働者の傷病の状態を確認し、病院へ搬送するなどの対応をとります。事故の状況によっては警察や消防に通報し、労働者の家族への連絡も迅速に行います。その後は、労働者への救済措置や事故原因の究明、再発防止策の検討も必要です。

　労働者が労災事故などによって死亡または休業した場合は、所轄労働基準監督署長に「労働者死傷病報告」を提出する必要があります。どのような労働災害が発生しているのかを監督官庁側で把握して、事故の発生原因の分析を行い、その統計を取ることで、労働災害の再発防止の指導などに役立たせています。ただし、通勤途中の死傷の場合には「労働者死傷病報告」の提出は不要です。

　また、事業場等で発生したのが火災や爆発などの事故である場合には、「事故報告書」（233ページ）を所轄労働基準監督署長に提出しなければなりません。

■ 労災隠しとは

　故意に労働者死傷病報告を提出しない場合や、虚偽の内容を記載した労働者死傷病報告を提出することを、一般に「労災隠し」といいます。

　前述したように、労災事故が発生した場合、所轄労働基準監督署長に労働者死傷病報告を提出しなければなりませんが、報告すると労災保険料率が上がる可能性があります。労災保険料

**休業が4日未満
の場合**

休業が4日以上続いた場合とは提出する労働者死傷病報告の書式が異なる。
また、報告は前3か月分の業務災害を4月、7月、10月、翌年1月のいずれかの月にまとめて提出する（休業が0日の場合は提出する必要はない）。

180

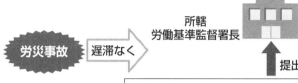

のメリット制が適用されるためです。また、労働災害が発生した場合、会社の責任能力が問われるため、対外的な評判にも悪影響を与えます。

このようなマイナス要因を受けて、事業者が「治療にかかった費用は会社で負担すれば済むはずだ」「事故が起こったのは本人の不注意だから、労災事故ではない」などと言い出すことがあり、実際に起きてしまった労災事故を届け出ないため、労災隠しが問題視されています。

■ どんなペナルティがあるのか

労災隠しをした者や、その者が所属する事業者は、労働安全衛生法違反として50万円以下の罰金に処せられます。つまり、労災隠しは犯罪であるため、労働基準監督署から労働安全衛生法違反として検察庁に送検され、さらには起訴される可能性があるため、注意が必要です。

労災保険のメリット制
労災の発生率に応じて保険料が増減する制度のこと。

PART4
15

メンタルヘルスと
安全管理

派遣労働者の安全衛生①

派遣先・派遣元双方が責任者を選任する

■ 労働者派遣とはどのような労働形態なのか

正社員として働く場合は、労働者と雇用主である会社の間で直接雇用契約を結びます。その上で、正社員である労働者が労働力を提供し、雇用主が労働力に対する対価である賃金を支払います。

一方、「労働者派遣」の場合は、正社員などの直接雇用と比べると少し複雑な雇用関係となります。労働者である派遣社員を雇用している派遣元企業と、派遣社員が実際に派遣されて働く現場となる派遣先企業の三者が関わる形となるためです。

労働者派遣は、労働者が雇用される企業と指揮命令を行う企業が異なることが特徴です。具体的には派遣社員（派遣労働者）は派遣元企業（派遣元事業主）と雇用契約を交わした上で、派遣先企業（派遣先）で労働力を提供します。派遣社員に対して業務に関連した指揮や命令を出すのは派遣先企業ですが、派遣社員に対する賃金は派遣元企業が支払います。

なお、実際に労働者派遣が行われることになった場合、派遣元企業と派遣先企業の間で、派遣元企業が派遣先企業に対して労働者を派遣することを約した「労働者派遣契約」を結びます。

■ 事業者にはどのようなことが求められるのか

事業者は、事業場（職場）の規模に応じた安全衛生管理体制を整備しなければなりません。派遣社員にとっての事業者は、その派遣社員を雇用する「派遣元企業」を指すのが基本です。しかし、実際に派遣社員が働いている事業場での安全面や衛生

**労働契約申込み
みなし制度**

派遣先が労働者派遣法の一部の規制に違反していると知りながら、または知らないことに落ち度が認められる状態で派遣労働者を受け入れていた場合に、その派遣先は、派遣労働者に対して自動的に直接雇用の申込みをしたことになる制度。つまり、労働者派遣法に違反する形で派遣労働者を業務に従事させた時点で、派遣先が派遣労働者に対して、その派遣労働者の派遣元における労働条件と同一の労働条件を内容とする労働契約の申込みをしたものとみなされることになる。

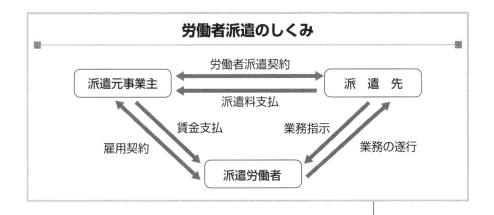

面について細かい配慮ができるのは、派遣社員を受け入れた上で就労させている「派遣先企業」だといえます。

　そこで、労働者派遣法では、派遣先企業を「事業者」とみなし、派遣社員を「労働者」とみなすことで、派遣元企業に加えて派遣先企業にも労働安全衛生管理上の責任を負わせています。

　そして、安全衛生管理責任について、派遣元企業だけでなく派遣先企業も責任を負担する事項や、派遣先企業のみが責任を負担する事項などの詳細についても、労働者派遣法において細かく明示しています。

　たとえば、事業者には、労働者の雇入れ時や、労働者の作業内容を変更させた場合などに、安全衛生教育を行うことが義務化されています。派遣社員についても同じで、雇入れ時や事業場の変更時には派遣元企業に、作業内容の変更時は派遣元企業・派遣先企業双方に、危険な業務に就かせる場合には派遣先企業に、それぞれ安全衛生教育を行うことが義務付けられています。このように、派遣社員の安全衛生を確保するには、派遣元企業・派遣先企業が連携していくことが最も重要だといえます。

　なお、労働者派遣において労働事故が発生した場合は、派遣元企業・派遣先企業のそれぞれが「労働者死傷病報告」を提出する義務があります。

PART4
16

メンタルヘルスと
安全管理

派遣労働者の安全衛生②

派遣元・派遣先の連携体制が重要である

■ 責任の内容や派遣元・派遣先での相違点は

　派遣社員の安全衛生については、派遣元企業・派遣先企業の双方が責任を負います。一般に安全衛生管理体制を構築する際は、常時使用する労働者数に応じて設置すべきスタッフの種類や人数が決定されます。労働者数のカウント方法について、労働者派遣の場合は、派遣元企業・派遣先企業の双方で、労働者数に派遣社員の数をカウントしなければなりません。

　ただし、派遣先企業と派遣元企業とでは、負担すべき安全衛生管理体制の責任の種類が若干異なります。

　たとえば、雇入れ時の安全衛生教育は派遣元企業が行います。一般的に、派遣労働者は、従事する業務に対する経験が他の派遣先の労働者に比べると短いため、労働災害が発生する確率がやや高い傾向にあります。そこで、安全衛生教育を行うときは派遣先企業の協力も必要です。具体的には、派遣元企業が雇入れ時の安全衛生教育を適切に行えるように、派遣社員が従事する業務についての情報を積極的に提供する必要があります。

　情報提供の例として、①教育カリキュラムの作成に必要な情報の提供、②派遣先で使用している安全衛生教育用テキストの提供、③派遣先で安全衛生教育を行う際の講師の紹介や派遣、④教育用施設や必要な機材の貸与などが挙げられます。また、派遣元企業から安全衛生教育の委託を受けた場合には、その申し出にできる限り応じるように努める必要があります。

　雇入れ時や定期の健康診断（年１回）なども派遣元企業が行います。一方、派遣先企業は、一定の有害業務に常時従事する

派遣社員の健康診断

〈派遣元および派遣先は派遣労働者(派遣社員)のために安全な職場と病気にならない環境を作るように常時配慮する義務がある〉

派遣元 ← 次の場合、常時使用する派遣労働者に対して、派遣元が①②の健康診断を行うことが義務付けられている
①一般健康診断(雇入れ時の健康診断、定期健康診断、特定業務従事者の健康診断)
②特殊健康診断(派遣終了後のじん肺健康診断など)

派遣先 ← 派遣先の業務が危険有害業務である場合は、派遣先が危険有害業務に関する特殊健康診断を行う(※)

(※) 派遣先での健康診断結果は、書面で派遣元に通知される

派遣労働者に対する特殊健康診断を行います。

さらに、機械等の定期自主検査、危険・健康障害防止措置、作業環境測定、化学物質の有害性の調査など、実際の業務に即した事項は、派遣社員を就労させる派遣先企業が行います。

■ 派遣元責任者・派遣先責任者とは

労働者派遣法では、派遣元事業主・派遣先事業主に対し、派遣元責任者・派遣先責任者を選任するよう義務付けています。

派遣元責任者とは、派遣社員への助言や指導、苦情処理などの業務にあたる者です。派遣元責任者講習を受講して3年以内であることや、雇用管理の経験者であることなどの要件を満たした者の中から選任されます。

派遣先責任者とは、法令の内容について派遣社員を指揮する関係者に周知させる業務や、苦情処理などの業務にあたる者です。労働関係法令に関する知識があることや、人事・労務管理

> **派遣先責任者の選任**
> 派遣先責任者は、自社で雇用する社員の中から選任する。派遣先責任者の数は、受け入れる派遣社員の数に比例して配置する必要がある。具体的には、派遣社員数が1～100人ごとに1人の割合で選任する(事業場全体の労働者数が派遣社員を含めて5人以下の場合は選任の必要がない)。

に関する知識や経験を有することなど、職務を遂行できる能力を持っている者の中から選任されます。

派遣元責任者・派遣先責任者には、ともに派遣社員から寄せられる苦情処理の業務があります。実際に派遣社員から苦情や相談を受けた場合は、派遣元責任者・派遣先責任者が連携して対応にあたる必要があります。

■ 派遣元責任者・派遣先責任者による連絡調整

派遣先責任者や派遣元責任者が実際に連絡や調整を行う事項には、前述の苦情処理の対応の他、定期健康診断や特殊健康診断などの実施時期や内容、診断の結果、異常所見があった場合の就業場所変更の対応などがあります。

この他、雇入れ時や作業内容変更時の安全衛生教育、特別教育などの実施時期や内容、実施責任者についても同様です。

■ 契約書にはどんな事項を明記する必要があるのか

派遣先企業が派遣社員の使用を希望した場合、派遣元企業と派遣先企業の間では「労働者派遣契約」が締結されます。

労働者派遣法では、契約の際に定めるべき内容として従事する業務の内容や就業場所、派遣期間などを規定している他、安全衛生に関する事項についても定めるように求めています。安全衛生に関する事項としては、主に以下のものがあります。

・危険または健康障害を防止するための措置に関する事項
・健康診断の実施等健康管理に関する事項
・換気、採光、照明等作業環境管理に関する事項
・安全衛生教育に関する事項
・免許の取得、技能講習の修了の有無等就業制限に関する事項
・安全衛生管理体制に関する事項
・その他安全衛生を確保するために必要な事項

比較対象労働者の情報提供

平成30年の働き方改革関連法の成立に伴う労働者派遣法改正で、労働者派遣契約を締結する前に、派遣先事業主が、比較対象労働者の賃金などの待遇に関する情報を、派遣元事業主に提供することが義務付けられた。この情報提供がない場合、派遣元事業主は労働者派遣契約を締結することが禁止される。
比較対象労働者とは、業務内容や業務に伴う責任の程度などが派遣社員と同一と見込まれる派遣先事業主の労働者である。

派遣先責任者の職務

1	次の事項を派遣労働者の業務の遂行を指揮命令する者等に周知させること ① 労働者派遣法等 ② 労働者派遣契約の定め ③ 派遣労働者の氏名等
2	労働者派遣契約の締結後に派遣期間を定めまたは変更したときに、派遣元事業主に対し、派遣可能期間の規定に抵触することとなる最初の日を通知すること、および派遣先管理台帳に関すること
3	派遣労働者から申し出を受けた苦情処理にあたること
4	派遣労働者の安全および衛生に関し、事業所の労働者の安全および衛生に関する業務を統括管理する者および派遣元事業主との連絡調整を行うこと
5	その他派遣元事業主との連絡調整に関すること

■ 労災事故が発生した場合の対処法

労働者派遣法では、派遣社員が被った業務災害の補償責任は派遣元企業にあるとしています。これは、派遣社員と雇用契約を結んでいるのは派遣元企業であるためです。派遣先企業の業務で労災事故にあって死亡した場合や負傷した場合には、派遣元企業の労災保険が適用されます。

ただし、労働安全衛生法に基づく労働者死傷病報告は、派遣先企業・派遣元企業の双方に提出義務があります。被災した派遣社員の補償責任は派遣元企業にあるものの、実際の被災状況を把握しているのは派遣先企業であるためです。

具体的な手順としては、労災事故が発生した際の状況を把握している派遣先企業が労働者死傷病報告を作成し、所轄労働基準監督署長に提出し、その写しを派遣元企業に送付します。派遣元企業は、その写しの内容をふまえて労働者死傷病報告を作成し、所轄労働基準監督署長に提出します。

> **労働者死傷病報告**
> 労働者が業務中にケガをして死亡または休業したときに、事業者（企業）が提出することを義務付けられている報告書のこと。

PART4　メンタルヘルスと安全管理　**187**

PART4
17

労働安全衛生法違反の罰則

メンタルヘルスと
安全管理

刑事責任が科せられる場合もある

両罰規定

労働安全衛生法違反については、違反行為者が処罰されるのが原則である。ただし、本文記載の③～⑥の違反行為者が事業者の代表者または従業者（労働者）である場合は、事業者も各々の犯罪の罰金刑に処せられる。これを両罰規定という。

たとえば、A会社の代表者が本文記載の③に該当する違反行為をした場合、代表者が3年以下の懲役または300万円以下の罰金に処せられるとともに、A会社も300万円以下の罰金に処せられる。

拘禁刑への一本化

令和7年6月より懲役と禁錮が拘禁刑に一本化されるので、本文記載の「懲役」とあるのは、令和7年6月以降は「拘禁刑」となる。

■ どんな罰則があるのか

労働安全衛生法第12章には罰則規定があり、違反の内容に応じて以下の刑事罰が科せられる可能性があります。特に③～⑥の刑事罰については、対象となる行為が多岐にわたることに注意が必要です（本書では一部を抜粋しています）。

① 7年以下の懲役

特定業務（製造時等検査、性能検査、個別検定、型式検定の業務）を行っている特定機関（登録製造時等検査機関、登録性能検査機関、登録個別検定機関、登録型式検定機関）の役員や職員が、職務に関して賄賂の収受、要求、約束をし、これにより不正の行為をし、または相当の行為をしなかったとき

② 5年以下の懲役

・特定業務に従事する特定機関の役員や職員が、職務に関して賄賂の収受、要求、約束をしたとき

・特定機関の役員または職員になろうとする者や、過去に役員または職員であった者が、一定の要件の下で、賄賂の収受、要求、約束をしたとき

③ 3年以下の懲役または300万円以下の罰金

黄りんマッチ、ベンジジン等労働者に重度の健康障害を生ずる物を製造、輸入、譲渡、提供、使用したとき

④ 1年以下の懲役または100万円以下の罰金

・ボイラー、クレーンなどの特定機械等を製造する際に許可を受けていないとき

・小型ボイラーなどの機械を製造、輸入する際に個別検定・型

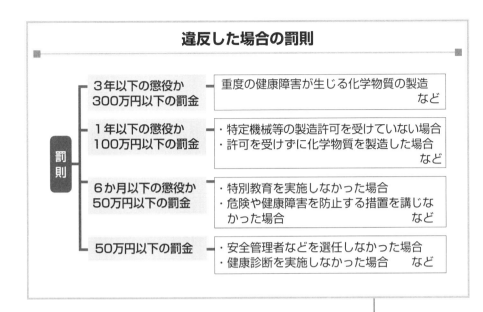

式検定を受けていないとき
・ジクロルベンジジン等、労働者に重度の健康障害を生ずるおそれのある物を製造許可を受けずに製造したとき

⑤ 6か月以下の懲役または50万円以下の罰金
・労働災害を防止するための管理を必要とする作業で、定められた技能講習を受けた作業主任者を選任しなかったとき
・危険防止や健康障害防止等に必要な措置を講じなかったとき
・労働者に危険や健康障害を生ずるおそれのあるものを譲渡、提供する際に、必要な事項を表示しなかったとき
・事業場の違反行為を労働基準監督署等に申告した労働者に対して解雇などの不利益取扱いをしたとき

⑥ 50万円以下の罰金
・安全管理者、衛生管理者、産業医などを選任しなかったとき
・労働基準監督署長等から求められた報告をせず、または出頭を命ぜられたのに出頭をしなかったとき

民事責任にも注意

罰則規定に該当しなくても、労働安全衛生法に違反する行為があれば社会的な信頼を失い、労働者などから民事責任として損害賠償請求を受ける可能性がある点に注意が必要である。

Column

出向と労災の適用

　出向とは、労働者が雇用先企業の命令を受けて他の企業へ出向くことで、2つのタイプがあります。

　ひとつは、労働者が雇用先企業に籍（身分）を残したまま、一定期間他の企業で勤務するもので「在籍出向」といいます。もうひとつは、雇用先企業から他の企業に完全に籍を移して勤務するもので「移籍出向」または「転籍」といいます。

　転籍の場合、在籍していた企業との雇用関係がなくなるため、転籍先の労災保険が適用されます。在籍出向の場合の労災保険については、たとえ出向元から賃金が支払われていた場合でも、出向先事業の保険関係によります。したがって、出向労働者が業務災害で被災した場合、出向先の労災保険が適用されることになります。

　出向や派遣、海外出張・海外派遣（193ページ欄外）と労災の適用についてまとめると下図のようになります。

■ どこで労災適用になるか

出向	出向元に籍を残す場合（在籍出向）と、出向先に籍を移す場合（転籍）がある	出向先の労災保険が適用
派遣	派遣元に籍を置きながら派遣先の指示・命令で働く	派遣元の労災保険が適用
海外出張	労働提供の場は海外だが、身分は国内の事業場に属し、その使用者の指揮に従って勤務する場合	国内の労災保険が適用
海外派遣	身分が海外の事業場に属し、海外の使用者の指揮に従って勤務する場合	国内の労災保険が適用 ※「海外派遣労働者の特別加入」が必要

PART 5

労災保険・
健康保険のしくみ

PART5

1

労災保険・健康保険のしくみ

労災保険の適用と特別加入

就労形態に関係なく適用される

■ 労災保険はすべての労働者に適用される

労災保険は、労働者を保護するための保険です。正社員やパート、日雇労働者などの雇用形態は関係なく、労働者であればすべての労働者に適用されます。ただし、会社の代表取締役などは労働者ではなく「使用者」であるため、労災保険は適用されません。これに対して、代表権をもたない工場長や部長などの兼務役員には適用されます。つまり、労働者かどうかは、①使用従属関係があるか、②会社から賃金の支払いを受けているか、の2つの要素によって決まります。

■ 個人事業主などは特別加入できる

本来、労災保険が適用されない会社の代表者や個人事業主などであっても、現実の就労実態から考えて一定の要件に該当する場合には、例外的に特別に労災保険に加入し補償を受けることができます。この制度を特別加入といいます。特別加入することができる者は、以下の①〜③の3種類に分けられています。

① **第1種特別加入者**

中小企業の事業主（代表者）とその家族従事者、その会社の役員が第1種特別加入者となります。ただ、中小企業（事業）の範囲を特定するために常時使用する労働者の数に制限があり、業種によって図（次ページ）のように異なります。

第1種特別加入者として特別加入するためには、ⓐその者の事業所が労災保険に加入しており、労働保険事務組合に労働保険事務を委託していること、ⓑ家族従事者も含めて加入するこ

特別加入の手続き

所轄労働基準監督署を経由して都道府県労働局長に特別加入申請書を提出する。
添付書類については、特別加入の種類ごとに異なる。第1種、第2種については、事務組合や一人親方ごとに異なるため、提出の際に確認することが必要。

第1種特別加入者として認められるための要件

業　　　種	労働者数
金融業・保険業・不動産業・小売業	50人以下
卸売業・サービス業	100人以下
その他の事業	300人以下

と、が必要です。

② **第2種特別加入者**

　第2種特別加入者はさらに、ⓐ一人親方等、ⓑ特定作業従事者の2種類に分かれています。

ⓐ **一人親方等**

　個人タクシーや左官などの事業で、労働者を使用しないで行うことを常態としている者のことです。

ⓑ **特定作業従事者**

　農業の従事者など、災害発生率の高い作業（特定作業）に従事している者が特定作業従事者となります。

　第2種特別加入者の特別加入のための要件は、ⓐとⓑ共通で、所属団体が特別加入の承認を受けていることが必要です。

③ **第3種特別加入者**

　海外に派遣される労働者（一時的な海外出張者を除く）については、日本国内の労災保険の効力が及ばないため、一定の条件を満たした場合に限り、労災保険に第3種特別加入者として加入する方法があります。海外派遣者が第3種特別加入者に該当するための要件は、派遣元の国内の事業について労災の保険関係が成立していることと、派遣元の国内の事業が有期事業でないことのいずれも満たすことです。

海外出張と海外派遣

海外出張と海外派遣は、社内での言葉の使い分けや海外滞在期間の長短ではなく、以下のように勤務の実態によって総合的に判断されることになる。
・海外出張
単に労働の提供の場が海外にあるにすぎず、国内の事業場に所属し、その事業場の使用者の指揮に従って勤務すること。
・海外派遣
海外の事業場に所属し、その事業場の使用者の指揮に従って勤務すること。

PART5　労災保険・健康保険のしくみ　193

PART5 2 業務災害

労災保険・健康保険のしくみ

業務遂行性と業務起因性によって判断する

■ 業務災害は仕事中に起きた事故

労災保険は、業務災害と通勤災害を対象としています。

業務災害とは、労働者の仕事（業務）中に起きた事故によるケガ、病気、障害、死亡のことです。業務上の災害といえるかどうかは、労働者が事業主の支配下にある場合（＝業務遂行性）、および、業務（仕事）が原因で災害が発生した場合（＝業務起因性）、という2つの基準で判断されます。たとえば、以下のようなときに起こった災害が業務災害として認められ、その判断は労働基準監督署が行います。

① 労働時間中の災害

仕事に従事している時や、作業の準備・後片付け中の災害は、原則として業務災害として認められます。

また、用便や給水などによって業務が一時的に中断している間についても事業主の支配下にあることから、業務に付随する行為を行っているものとして取り扱い、労働時間に含めることになっています。

② 昼休みや休憩中など業務に従事していないときの災害

事業所での休憩時間や昼休みなどの業務に従事していない時間については、社内（会社の敷地内）にいるのであれば、事業主の支配下にあるといえます。ただし、休憩時間などに業務とは関係なく行った行為は個人的な行為としてみなされ、その行為によって負傷などをした場合であっても業務災害にはなりません。

なお、その災害が事業場の施設の欠陥によるものであれば、業務に従事していない時間の災害であっても、事業用施設の管

業務災害と判断されるとどうなるのか

業務災害と判断された場合は、労災保険による補償を受けることができる。補償には保険給付によるものと社会復帰促進等事業に分類される。

保険給付の場合は主に以下のような給付が提供される。

・負傷・疾病した場合
　療養補償給付・休業補償給付・傷病補償年金
・障害を負った場合
　障害補償給付
・介護を受ける場合
　介護補償給付
・死亡した場合
　（遺族に）遺族補償給付・葬祭料
・脳血管、心臓疾患が発生するおそれがある場合
　二次健康診断等給付

194

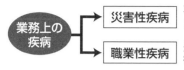

理下にあるものとして、業務災害となります。

③ **出張中で事業所の外で業務に従事している場合**

出張中は事業主の下から離れているものの、事業主の命令を受けて仕事をしているため、事業主の支配下にあります。したがって、出張中の災害については、ほとんどの場合は業務中に発生したものとして、業務災害となります。

ただし、業務時間中に発生した災害であっても、その災害と業務との間に関連性が認められない場合は、業務遂行性も業務起因性も認められず、業務災害にはなりません。たとえば、就業時間中に脳卒中などが発症し転倒して負傷したケースなどが考えられます。脳卒中が業務に起因していると認定されなければ、たとえ就業時間中の負傷であっても業務災害にはなりません。

精神障害の労災認定

精神障害の労災認定では、「業務による強い心理的負荷があったかどうか」が要件のひとつである。生死に関わる極度の苦痛、極度の長時間労働などが該当する。

■ **業務上の疾病には災害性疾病と職業性疾病がある**

業務上の疾病には、上図のように2種類があります。

災害性疾病とは、事故による負傷が原因で疾病になるもの、または、事故による有害作用で疾病になるもののことです。

一方、職業性疾病とは、長期間にわたり有害作用を受けることによって徐々に発病する疾病のことです。たとえば、じん肺症、頸肩腕症候群、潜水病、皮膚疾患、中皮腫などです。アスベスト（石綿）と中皮腫の関係はその典型例といえます。

PART5
3

労災保険・健康保険のしくみ

労災の補償内容

必要に応じた8つの給付がある

通勤災害

通勤災害とは、労働者が通勤する際に追った負傷・疾病・障害・死亡をいう。たとえば、①居住地と就業場所間の往復時、②就業場所から他の就業場所へ移動する場合、③単身赴任者の帰省先・就業場所への往復時、などが挙げられる。
ただし、やむを得ない理由を除き、通勤時の移動経路を逸脱した場合は通勤とは認められない。

■ 労災保険の給付は業務災害と通勤災害に分かれている

労働者災害補償保険の給付は、業務災害と通勤災害の2つに分かれています。

業務災害と通勤災害は、給付の内容は基本的に変わりません。しかし、給付を受けるための手続きで使用する各提出書類の種類が異なります。

業務災害の保険給付には、療養補償給付、休業補償給付、障害補償給付、遺族補償給付、葬祭料、傷病補償年金、介護補償給付、二次健康診断等給付の8つがあります。

一方、通勤災害の保険給付には療養給付、休業給付、障害給付、遺族給付、葬祭給付、傷病年金、介護給付があります。

これらの保険給付の名称を見ると、業務災害には「補償」という2文字が入っていますが、通勤災害には入っていません。これは、業務災害については、労働基準法によって事業主に補償義務があるのに対して、通勤災害の場合は、事業主に補償義務がないためです。

大切なことは、事業主には、労働基準法上の補償義務があるということです。たとえば、休業補償給付と休業給付は、療養のため休業をした日から3日間は支給されません（待期期間）。

業務災害の場合、待期期間について労働基準法によって事業主に補償義務があるため、労働基準法上の休業補償をしなければなりません。これに対して、通勤災害の場合、待期期間の3日間について補償の必要がありません。

なお、業務災害と通勤災害の保険給付の支給事由と支給内容

196

労災保険の給付内容

目的	労働基準法の災害補償では十分な補償が行われない場合に国（政府）が管掌する労災保険に加入してもらい使用者の共同負担によって労働者への補償がより確実に行われるようにする	
対象	業務災害と通勤災害	
業務災害（通勤災害）給付の種類	療養補償給付(療養給付)	病院に入院・通院した場合の費用
	休業補償給付(休業給付)	療養のために仕事をする事ができず給料をもらえない場合の補償
	障害補償給付(障害給付)	傷病の治癒後に障害が残った場合に障害の程度に応じて補償
	遺族補償給付(遺族給付)	労災で死亡した場合に遺族に対して支払われるもの
	葬祭料(葬祭給付)	葬儀を行う人に対して支払われるもの
	傷病補償年金(傷病年金)	治療が長引き1年6か月経っても治らなかった場合に年金の形式で支給
	介護補償給付(介護給付)	介護を要する被災労働者に対して支払われるもの
	二次健康診断等給付	二次健康診断や特定保健指導を受ける労働者に支払われるもの

はほとんど同じです。そこで、本書では、業務災害と通勤災害の保険給付をまとめて「○○（補償）給付」などと表記しています。

■ **労災保険は社会復帰促進等事業も行っている**

労災保険では、業務災害または通勤災害による被災労働者やその遺族に対する各種の保険給付を行います。

また、その他に被災労働者の社会復帰の促進、被災労働者やその遺族の援護、適正な労働条件の確保などのサービスも行っています。これが社会復帰促進等事業です。社会復帰促進等事業は大きく社会復帰促進事業、被災労働者等援護事業、安全衛生・労働条件等の確保事業に分かれています。

PART5　労災保険・健康保険のしくみ　　**197**

PART5

4

労災保険・健康保
険のしくみ

労災保険の特色と申請手続き

被保険者という概念がないのが他の保険制度との違い

■ 目的は被災労働者への公平・確実な災害補償

労災保険は、労働基準法で定められた労働災害に対する補償
のルールをもとにして作られた制度です。

労働基準法第8章では、労働災害に対するさまざまな補償は
すべて事業主（使用者）が行うと規定しています。労働者は事
業主のために仕事をしており、それが原因で労働災害に遭遇し
たため、万一の災害の場合は当然事業主がその災害に対する補
償をしなければなりません。

しかし、すべての労災事故における補償責任を事業主が負う
場合、事業主にはかなりの負担となり、中には労災事故に対す
る補償が十分に行えない場合があります。

このような理由から、被災労働者に対する災害補償を公平、
確実に行う方法（制度）が設けられました。労災保険では保険
制度を採用し、労働者を使用するすべての事業主が労災保険に
加入することで、確実に災害補償が行われるしくみがとられて
います。つまり、労災保険は、事業主が負っている労働基準法
上の災害補償を保険という方法によって代行しています。

このように、事業主の災害補償責任に対する保険であるとの
性格上、労災保険の保険料は全額事業主が負担する必要があり
ます。労災保険料率は原則3年ごとに見直しが行われており、
直近では令和6年4月に労災保険料率が改定されています。

■ 労災保険の特色

労災保険では、労働者の入社や退社があったとしても、その

**労働基準法で
定められた補償の
ルール**

労働基準法第8章の
「災害補償」で定めら
れた、業務上の負傷・
疾病にかかった労働者
に対する使用者の補償
責任の内容についての
規定。

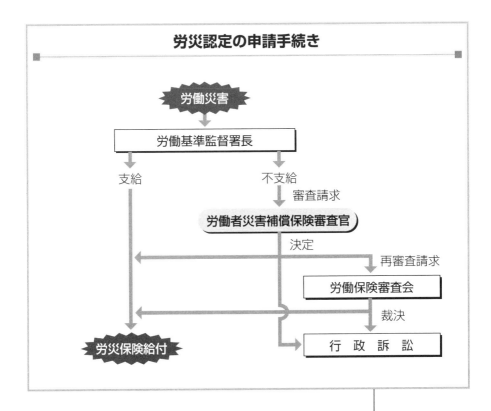

都度、行政官庁に対して労働者（被保険者）の資格の取得または喪失の手続きをする必要がありません。これは、労災保険が健康保険、厚生年金保険、雇用保険などの他の社会保険制度と大きく異なる点です。

　労災保険の適用は、すべて「事業」単位で行われることになっているため、他の社会保険制度のような「被保険者」という考え方がそもそも存在しません。つまり、労働者を使用する事業（会社などの企業や個人事業主）は、原則として必然的に労災保険の適用を受けることになるため、その事業に使用されるすべての労働者（パートタイマーやアルバイト、臨時雇用者なども含む）は、おのずと労災保険の適用を受けることになります。

■ 申請手続きのしくみ

　労災保険法に基づく保険給付等の申請ができるのは、本人またはその遺族です。しかし、労働者が自ら保険給付の申請その他の手続きを行うことが困難な場合は、事業主が手続きを代行することができます。保険給付の中には傷病（補償）年金のように職権で支給の決定を行うものもありますが、原則として被災者または遺族の請求が必要です。

　なお、労災の保険給付の請求には時効が設けられており、通常は2年以内、障害（補償）給付と遺族（補償）給付の場合は5年以内に、それぞれ被災労働者の所属事業場の所在地を管轄する労働基準監督署長に対して行う必要があります。

　その上で、労働基準監督署は、必要な調査を実施し、労災認定がなされた場合は対象者に向けての給付が行われます。この場合、被災労働者などからの請求を受けて支給または不支給の決定をするのは労働基準監督署長です。

　労働基準監督署長が下した決定に不服がある場合は、都道府県労働局内の労働者災害補償保険審査官に審査請求をすることができます。そして、審査官の審査結果にさらに不服がある場合は、厚生労働省内の労働保険審査会に再審査請求ができます。さらに、労働保険審査会の裁決にも不服がある場合は、その決定の取消を求めて、裁判所に行政訴訟を起こすという流れになります。

■ 労災保険料率が下がるメリット制

メリット制
事業主が公平に労災保険料を負担できるよう、労働災害の発生率に応じて一定範囲で労災保険料率を増減させる制度。行う事業が①継続事業、②一括有期事業、③単独有期事業の場合でそれぞれ算出方法が異なる。

　労災保険の保険料率は業種別に詳細にわたり定められています。たとえば、建設業などのように災害発生率が高い業種では、労災保険率は高く設定されています。一方、小売業などのように災害発生率が低い業種は、労災保険率は低く設定されています。

　しかし、同じ建設業の事業所の場合でも、労働災害の発生していない事業所もあれば、過去に何度も労働災害が発生してい

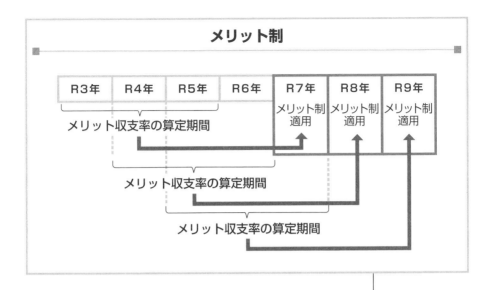

る事業所など、各事業所間での労働災害の発生率には差があります。これは、同じ業種であっても、それぞれの事業主の労働災害防止の努力の度合いに応じて労働災害の発生率が異なるためです。

そこで、労災保険の場合は、事業主の労働災害防止のための努力を労災保険率に反映させる「メリット制」という制度が設けられています。理屈としては、交通事故の常習者と無事故無違反者で支払う自動車保険の保険料が異なるケースと同じしくみです。

具体的には、一定限度まで労災の発生を抑えることができた事業主に対しては、労災保険の料率を下げる措置がとられます。一方、一定の割合以上労災が発生した事業主については労災保険料率を上げる措置がとられます。

なお、中小企業については料率の増減幅を拡大できる特例も用意されています。

事業主としては、労働災害の発生を抑えることで、労災保険料を抑えるしくみが設けられているということは頭に入れておく必要があるでしょう。

PART5

5

労災保険・健康保
険のしくみ

療養（補償）給付

ケガや病気をしたときの給付である

現物給付

サービスの提供など、
現金以外の形態の給付
のこと。療養の給付は
現物給付であるため、
療養費を支払う必要は
ない。

療養（補償）
給付の申請

医療機関が労災保険指
定病院等の場合には、
「療養の給付請求書」を
医療機関経由で労働基
準監督署長に提出する。

療養の費用の請求

医療機関が労災保険指
定病院等でない場合に
は、いったん医療費を
立て替えた上で「療養
の費用請求書」を労働
基準監督署長に提出
し、現金給付を受ける。
受けた治療の内容に
よって使用する療養の
費用請求書の用紙（様
式）が異なる。労災の
指定病院以外で治療を
受けた場合やギプスな
どの装具を装着した場
合は「療養補償給付た
る療養の費用請求書」
を提出する。

■ 療養（補償）給付には現物給付と現金給付がある

　労働者が仕事中や通勤途中にケガをしたときや、仕事が原因
で病気にかかって病院などで診療を受けたときは、療養（補
償）給付が支給されます。療養（補償）給付には、①療養の給
付、②療養の費用の支給、の2種類の方式で行うことが認めら
れています。

①　療養の給付

　労災病院や指定病院などの診察を無料で受けることができま
す。つまり、治療の「現物給付」になります。なお、本書では、
労災病院と指定病院などをまとめて、「指定医療機関」といい
ます。

②　療養の費用の支給

　業務災害や通勤災害で負傷などをした場合の治療は、指定医
療機関で受けるのが原則です。

　しかし、負傷の程度によっては一刻を争うような場合もあり、
指定医療機関になっていない近くの病院などにかけ込むことが
あります。指定医療機関以外の医療機関では、労災保険の療養
の給付による現物給付（治療行為）を受けることができないた
め、被災労働者が治療費を実費で立替払いをすることになります。

　この場合、被災労働者が立て替えて支払った治療費は、後日、
労災保険から「療養の費用」として現金で支給を受けることが
できます。つまり、療養の費用は、療養の給付に替わる「現金
給付」ということです。

202

労災から受けられる治療のための給付

療養（補償）給付

①療養の給付 … 現物給付
→ 「治療行為」という現物をもらう

②療養の費用の支給 … 現金給付
→ 後日かかった費用が支払われる

■ 指定医療機関は変更（転院）することができる

　業務災害や通勤災害によって負傷したために労災保険の指定医療機関で治療を受けた場合、1回の治療では足らず、その後も治療のために何回か通院する必要があるケースや、症状によっては入院しなければならないケースがあります。

　通院または入院することとなった指定医療機関が自宅から近ければ問題はないものの、出張先で負傷して治療を受けた場合などのように指定医療機関が自宅から離れているときは、近くの指定医療機関に転院することができます。また、現在治療を受けている指定医療機関では施設が不十分なため、効果的な治療ができない場合などにも指定医療機関を変えることができます。

　指定医療機関を変更する場合は、変更後の指定医療機関を経由して所轄の労働基準監督署長に所定の届出を提出する必要があります。この届出を「療養（補償）給付たる療養の給付を受ける指定病院等（変更）届」といいます。この届出を提出することで変更後の指定医療機関で引き続き労災保険による療養（補償）給付の現物給付（治療など）を受けることができます。

　なお、指定医療機関になっていない医療機関に転院する場合は、被災労働者の方で治療費の全額をいったん立て替えて、後日、療養の費用の支給を受けます。

PART5　労災保険・健康保険のしくみ　203

PART5
6

労災保険・健康保険のしくみ

休業（補償）給付

会社などを休んだ場合の収入の補償である

■ 休業（補償）給付は所得補償として支給される

労働者が仕事中や通勤途中の災害で働くことができず、収入が得られない場合には、労災保険から休業（補償）給付の支給を受けることができます。

休業（補償）給付は、療養中の労働者の生活保障（所得補償）を目的として支給されるもので、給付基礎日額の6割が支給されます。また、休業（補償）給付に加えて給付基礎日額の2割の特別支給金が支給されるため、合計としては給付基礎日額の8割の金額が被災労働者に支給されます。

休業（補償）給付　＝　給付基礎日額の60％　×　休業日数

休業特別支給金　　＝　給付基礎日額の20％　×　休業日数

■ 1日のうち一部分だけ働く場合

被災労働者の負傷の程度によっては、1日の所定労働時間のうち一部分だけ働き、その分について賃金の支給を受けることができる場合があります。そのような場合、休業（補償）給付の支給額が減額支給されます。

1日のうち一部分だけ働いて賃金の支払いを受けた場合の支給額は、1日当たり「（給付基礎日額－労働に対して支払われる賃金額）×60％」という式によって算出します。

たとえば、給付基礎日額が1日1万円の労働者が被災した場合の休業（補償）給付を計算します。この労働者が午前中のみ働いて5,000円の賃金を受けることができた場合、労災保険は1日当たり3,000円（＝（10,000円－5,000円）×60％）が支給されます。

複数の事業場に使用されている労働者の場合の支給額

休業（補償）等給付＝複数就業先にかかる給付基礎日額に相当する額を合算した額の60％×休業日数
休業特別支給金＝複数就業先にかかる給付基礎日額に相当する額を合算した額の20％×休業日数

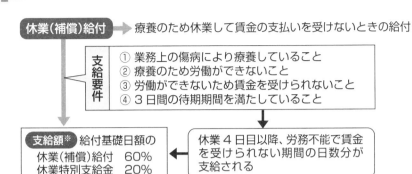

３日間の待期期間がある

　休業（補償）給付は、療養のため労働することができずに賃金を受けられない日の４日目から支給されます。療養のため労働することができなかった最初の３日間を待期期間（待機ではなく待期）といい、休業（補償）給付の支給がありません。待期期間は連続している必要はなく、通算して３日間あればよいことになっています。待期期間の３日間については、業務災害の場合、事業主に休業補償の義務があります。

　待期期間の３日間を数えるにあたり、労働者が所定労働時間内に被災し、かつ被災日当日に療養を受けた場合は、被災日当日を１日目としてカウントします。しかし、所定労働時間外の残業時間中などに被災した場合は、たとえ被災日当日に療養を受けたとしても被災日の翌日を１日目とします。

　なお、休業（補償）給付の受給中に退職した場合は、要件を充たす限り支給が続きます。ただ、療養の開始後１年６か月が経った時点でその傷病が治っていない場合には、傷病（補償）年金に切り替えられる場合があります。

また、事業所では業務災害によって労働者が死亡し、または休業したときは、「労働者死傷病報告書」という書類を所轄労働基準監督署に提出しなければなりません。

労働者死傷病報告書

労働者が労働災害や就業中の負傷などにより、休業、死亡した場合、所轄労働基準監督署に遅延なく提出する必要がある。ただし、休業が4日未満の場合は四半期に1度まとめて提出することができる。

稼得能力

収入を得る能力のこと。

■ 給付基礎日額は労働者の1日当たりの稼得能力

労災保険の休業（補償）給付を算出する場合に計算の基礎とした労働者の賃金の平均額を、給付基礎日額といいます。給付基礎日額は労働者の一生活日（休日なども含めた暦日のこと）当たりの稼得能力を金額で表したものです。

給付基礎日額は通常、次の①の原則の計算方法によって算出された平均賃金に相当する額をいいます。ただ、原則の計算方法で給付基礎日額を計算することが不適切な場合は、①以外の②〜⑤のいずれかの方法によって計算することになります。

① 原則の計算方法

事故が発生した日以前3か月間にその労働者に実際に支払われた賃金の総額を、その期間の暦日数で割った金額です。ただ、賃金締切日があるときは、事故が発生した直前の賃金締切日からさかのぼった3か月間の賃金総額になります。

② 最低保障平均賃金

労働者の賃金が日給、時間給、出来高給の場合は、平均賃金算定期間内に支払われた賃金総額を、その期間中に実際に労働した日数で割った額の60％の額と①の原則の計算方法で計算した額のいずれか高い方の額となります。

③ 原則の計算方法と最低保障平均賃金の混合した平均賃金

賃金の一部が月給制で、その他に時給制で支給されている賃金がある場合などに用いる計算方法です。月給制の賃金は①の原則の計算方法で計算し、時給制などの賃金は②の最低保障平均賃金で計算します。そして、両方の額を合算して①の原則の計算方法で計算した額と比較して高い方の額を給付基礎日額とします。

給付基礎日額の算出例

【原則式】…賃金締切日が 20 日の場合

事故日7/3

| 3/20 | 暦日数 31日 | 4/20 | 暦日数 30日 | 5/20 | 暦日数 31日 | 6/20 | | 7/20 |

| 3月分賃金 25万円 | 4月分賃金 28万円 | 5月分賃金 33万円 | 6月分賃金 31万円 | 7月分賃金 29万円 |

事故が発生した直前の賃金締切日からさかのぼって3か月間の賃金で計算する

① 給付基礎日額 $= \dfrac{4月賃金総額 + 5月賃金総額 + 6月賃金総額}{3か月の暦日数}$

$= \dfrac{28万円 + 33万円 + 31万円}{31日 + 30日 + 31日} = 10,000円$

※4,090円に満たない場合は4,090円とする

【最低保障額】…労働者が日給、時給、出来高払給の場合

② 給付基礎日額 $= \dfrac{4月賃金総額 + 5月賃金総額 + 6月賃金総額}{上記3か月で実際に労働した日数} \times 60\%$

①と②を比べて高い方を給付基礎日額とする

月給制の賃金と時給制の賃金が混在する場合

賃 金	基本給(時給)	1,000円/時	②で計算
	時間外手当	1,250円/時	
	皆勤手当	5,000円/月	①で計算
	通勤手当	4,100円/月	

この①、②の合計とすべて①で計算した場合の額とで、高い方とする

④ **算定期間中に私傷病による休業期間がある場合**

　私傷病によって休業した期間の「日数」とその休業期間中に支払われた「賃金額」を控除して算定した額と、①の原則の計算方法で計算した額を比較していずれか高い方の額を給付基礎日額とします。

⑤ **給付基礎日額の最低保障額**

　算定された給付基礎日額が4,090円（令和6年8月1日から令和7年7月31日までの間に支給事由が生じたもの）に満たない場合は、4,090円が給付基礎日額になります。

PART5
7

労災保険・健康保険のしくみ

傷病（補償）年金

ケガや病気が長引いたときの補償である

■ 労基署長の職権で支給決定される

　傷病（補償）年金は、労災保険の他の給付と異なり、労働者からの請求により支給がなされる給付ではありません。傷病（補償）年金は一定の要件に該当する場合に所轄労働基準監督署長の職権で支給決定する給付（年金）です。

　傷病（補償）年金は、仕事中（または通勤途中）の傷病（ケガまたは病気）によって、労働者が療養を開始後1年6か月経過した日、またはその日以後に、次のいずれにも該当する場合に支給されます。

① その傷病が治っていないこと

② 傷病の障害の程度が傷病等級の1級～3級に該当すること

　療養開始後1年6か月を経過しても障害の程度が傷病等級に該当しない場合は、傷病（補償）年金は支給されずに、休業（補償）給付（204ページ）が支給されることになります。

　傷病（補償）年金が支給されることになった場合、同時に特別支給金も支給されることになります。支給される特別支給金は、傷病特別支給金と傷病特別年金です。

　傷病特別支給金は該当する傷病等級に応じて定額（114万円、107万円、100万円のいずれかの額）の一時金が支給されるものです。傷病特別年金は該当する傷病等級に応じて年金を支給するものです。傷病（補償）年金の支給決定は実務上、療養開始後1年6か月を経過した日から1か月以内に被災労働者が「傷病の状態等に関する届」という書類を所轄労働基準監督署（長）に提出することによって行います。

休業（補償）給付との関係

傷病（補償）年金が支給される場合は、休業（補償）給付は支給されない。療養が続いている場合は、療養（補償）給付は併給される。

特別支給金

労災保険の受給権者に対し、社会復帰促進等事業から保険給付とは別に支給される支給金（上乗せ給付）のこと。

傷病（補償）年金のしくみ

傷病（補償）年金 → 業務上の傷病が1年6か月経過後も治っておらず、傷病による障害の程度が一定の障害等級に該当しているときに支給

労働者が請求するのではなく → 労働基準監督署長の決定により支給

年金給付が支給される

傷病等級	傷病（補償）年金	傷病特別支給金	傷病特別年金
第1級	給付基礎日額の313日分	114万円	算定基礎日額の313日分
第2級	給付基礎日額の277日分	107万円	算定基礎日額の277日分
第3級	給付基礎日額の245日分	100万円	算定基礎日額の245日分

傷病（補償）年金のための傷病等級表

傷病等級	給付の内容	障害の状態
第1級	当該障害の状態が継続している期間1年につき給付基礎日額の313日分	(1) 神経系統の機能又は精神に著しい障害を有し、常に介護を要するもの (2) 胸腹部臓器の機能に著しい障害を有し、常に介護を要するもの (3) 両眼が失明しているもの (4) そしゃく及び言語の機能を廃しているもの (5) 両上肢をひじ関節以上で失ったもの (6) 両上肢の用を全廃しているもの (7) 両下肢をひざ関節以上で失ったもの (8) 両下肢の用を全廃しているもの (9) 前各号に定めるものと同程度以上の障害の状態にあるもの
第2級	同 277日分	(1) 神経系統の機能又は精神に著しい障害を有し、随時介護を要するもの (2) 胸腹部臓器の機能に著しい障害を有し、随時介護を要するもの (3) 両眼の視力が 0.02 以下になっているもの (4) 両上肢を腕関節以上で失ったもの (5) 両下肢を足関節以上で失ったもの (6) 前各号に定めるものと同程度以上の障害の状態にあるもの
第3級	同 245日分	(1) 神経系統の機能又は精神に著しい障害を有し、常に労務に服することができないもの (2) 胸腹部臓器の機能に著しい障害を有し、常に労務に服することができないもの (3) 一眼が失明し、他眼の視力が 0.06 以下になっているもの (4) そしゃく又は言語の機能を廃しているもの (5) 両手の手指の全部を失ったもの (6) 第1号及び第2号に定めるものの他、常に労務に服することができないものその他前各号に定めるものと同程度以上の障害の状態にあるもの

PART5
8

労災保険・健康保険のしくみ

障害（補償）給付

障害が残ったときの補償がある

治癒

傷病の状態が安定（固定）して、これ以上治療の効果が期待できない状態のこと。

■ 障害（補償）給付は後遺症に対して支給される

　労働者が業務上（または通勤途中）負傷し、または病気にかかった場合、そのケガまたは病気が治った（治癒）としても障害が残ってしまうこともあります。そのような場合にその障害の程度に応じて支給される労災保険の給付が障害（補償）給付です。ここでいう「治ったとき」とは、完治や全快ということではなく、傷病の症状が安定して、これ以上治療を行っても症状が良くも悪くもならない状態になったことを意味します。

■ 障害（補償）給付は14種類に区分される

　障害の程度によって1〜14等級の障害等級にわかれます。第1級から第7級に該当した場合には障害（補償）年金が支給されます。第8級から第14級に該当した場合には障害（補償）一時金が支給されます。

　第1級〜第7級の場合は給付基礎日額の313日〜131日分の障害（補償）年金、第8級〜第14級の場合は給付基礎日額の503日〜56日分の障害（補償）一時金が支給されます。

　また、障害（補償）年金が支給される者には障害特別支給金と障害特別年金が支給され、障害（補償）一時金が支給される者には障害特別支給金と障害特別一時金がそれぞれ支給されます。

■ 前払一時金の制度もある

　治癒直後においては、一時的に資金を必要とすることも多く、被災労働者や家族の要求に応えるために、障害（補償）年金受

障害（補償）給付の支給額

障害等級	障害（補償）年金		障害特別支給金	障害特別年金	
第1級	年金	給付基礎日額の313日分	一時金 342万円	年金	算定基礎日額の313日分
第2級		給付基礎日額の277日分	320万円		算定基礎日額の277日分
第3級		給付基礎日額の245日分	300万円		算定基礎日額の245日分
第4級		給付基礎日額の213日分	264万円		算定基礎日額の213日分
第5級		給付基礎日額の184日分	225万円		算定基礎日額の184日分
第6級		給付基礎日額の156日分	192万円		算定基礎日額の156日分
第7級		給付基礎日額の131日分	159万円		算定基礎日額の131日分

障害等級	障害（補償）一時金		障害特別支給金	障害特別一時金	
第8級	一時金	給付基礎日額の503日分	一時金 65万円	一時金	算定基礎日額の503日分
第9級		給付基礎日額の391日分	50万円		算定基礎日額の391日分
第10級		給付基礎日額の302日分	39万円		算定基礎日額の302日分
第11級		給付基礎日額の223日分	29万円		算定基礎日額の223日分
第12級		給付基礎日額の156日分	20万円		算定基礎日額の156日分
第13級		給付基礎日額の101日分	14万円		算定基礎日額の101日分
第14級		給付基礎日額の 56日分	8万円		算定基礎日額の 56日分

障害（補償）給付 — 障害等級1〜7級に認定 / 障害等級8〜14級に認定

給権者の請求に基づいて、一定額までまとめて前払いする障害（補償）年金前払一時金の制度が設けられています。

また、障害（補償）年金を受けていた労働者が受給開始直後に死亡した場合、障害（補償）年金前払一時金の最高額まで受け取っていないという不公平なケースもあり得ます。そこでその遺族に対して、障害（補償）年金前払一時金の最高額と、すでに支給された年金額もしくは一時金の差額を、障害（補償）年金差額一時金として支給する制度もあります。

前払一時金・差額一時金の請求

障害（補償）年金の前払一時金を請求する場合には、障害（補償）年金前払一時金請求書を提出する。
また、差額一時金の支給を希望する場合には、障害（補償）年金差額一時金支給請求書を提出する。

PART5

9

労災保険・健康保険のしくみ

遺族（補償）給付

本人が亡くなったときの遺族への補償である

■ 遺族（補償）給付は遺族の生活保障を目的とする

労働者が仕事中（業務上）または通勤途中に死亡した場合に、残された遺族の生活保障を目的として支給されるのが労災保険の遺族（補償）給付です。

遺族（補償）年金の受給資格者がいる場合には、その者に遺族（補償）年金が支給されます。遺族（補償）年金の受給資格者がいない場合や、遺族（補償）年金の受給資格者はいるがその権利が消滅し、他に年金を受け取る遺族がいない場合には、一定の遺族に遺族（補償）一時金が支給されます。

■ 受給権者だけが給付を受けられる

遺族（補償）年金を受ける権利のある遺族を「受給資格者」といいます。

受給資格者になることができる遺族は、労働者の死亡当時にその労働者の収入によって生計を維持していた配偶者、子、父母、孫、祖父母、兄弟姉妹です。この場合の配偶者には、事実上婚姻関係（内縁関係）と同様の事情にある者を含みます。また、妻以外の遺族については、18歳未満であることや一定の障害状態にあることなどの要件があります。18歳未満というのは、18歳になってから最初の3月31日までの者を指します。

これらの受給資格者のうち、最も先順位の者（遺族）だけが受給権者となって、実際に遺族（補償）年金を受給することになります。

なお、労働者が労災事故で死亡した場合、受給権者（遺族）

配偶者

夫から見た妻、あるいは妻から見た夫のこと。

若年支給停止

一定の障害状態にない夫・父母・祖父母は、労働者の死亡当時55歳以上でなければ遺族（補償）年金を受給することができない。ただ、55歳以上であっても60歳未満の場合には60歳になるまで支給が停止される。これを若年支給停止という。

212

遺族（補償）給付

生計維持の人数	遺族（補償）年金		遺族特別支給金 ※2	遺族特別年金 ※2	
1人	年金	給付基礎日額の153日分	一時金 300万円	年金	算定基礎日額の153日分
		給付基礎日額の175日分 ※1			算定基礎日額の175日分
2人		給付基礎日額の201日分			算定基礎日額の201日分
3人		給付基礎日額の223日分			算定基礎日額の223日分
4人以上		給付基礎日額の245日分			算定基礎日額の245日分

※1 55歳以上の妻、または一定障害の妻の場合の支給日数です。
※2 遺族特別支給金、遺族特別年金というのは遺族（補償）年金に加えて行われる給付です。
遺族特別年金の支給額の単位となる算定基礎日額は、原則として1年間に支払われたボーナスの総額を基にして決定します。

は給付基礎日額の最高1,000日分まで（200日単位）の希望する額の一時金を前払いで請求することができます。これを遺族（補償）年金前払一時金といいます。

■ 受給権者が2人以上のときは等分して支給される

労災で亡くなった労働者の遺族に対しては、遺族（補償）年金が支給されますが、遺族（補償）年金は遺族の数に応じて支給額が変わります。受給権者が2人以上あるときは、遺族（補償）年金の支給額を等分した額がそれぞれの受給権者に支給されます。さらに、特別支給金として遺族特別支給金（一時金）と遺族特別年金が支給されます。

ただ、遺族は誰でもよいわけではありません。続柄や年齢などの制限があり、受給権の順位も決まっていて、最先順位の遺族だけに支給されます。なお、最先順位の遺族が死亡や婚姻などにより受給権者でなくなったときは、次順位の遺族が受給することになります。これを転給といいます。

特別支給金

労災保険の受給権者に対し、社会復帰促進等事業から保険給付とは別に支給される支給金（上乗せ給付）のこと。

PART5 労災保険・健康保険のしくみ 213

PART5
10

労災保険・健康保
険のしくみ

介護補償給付

介護を受けている場合に支給される給付

■ 介護（補償）給付を受けられる場合とは

業務災害や通勤災害で、一定の障害が残ってしまった場合、障害（補償）年金や傷病（補償）年金が支給されます。しかし、障害の程度によっては介護が必要になる場合があるため、障害（補償）年金などでは不十分となり、介護費用の負担が増大するおそれがあります。また、近年では核家族化などにより家族間での介護ではなく民間の介護事業所から介護サービスを受けることも増え、さらに費用負担が大きくなる可能性があります。

そこで、介護に要した費用を労災保険の中から給付できるしくみがあります。

具体的には、介護（補償）給付の対象者は、障害（補償）年金または傷病（補償）年金の1級と2級の受給権者で、常時または随時介護を受けている必要があります。ただし、2級の受給権者は、精神神経・胸腹部臓器に障害をもつ受給権者に限られます。介護を行う者は、民間の有料の介護サービスだけに限定されず、親族、友人などによって介護を受けている場合も含まれます。

また、受給権者が①障害者支援施設（生活介護を受けている場合）、②特別養護老人ホーム、③原子爆弾被爆者特別養護ホーム、④病院または診療所に入所している間は、十分な介護サービスが受けられているものと考えられるため、支給対象にはなりません。

■ 介護（補償）給付には上限と下限がある

給付は月を単位として支給されます。支給額は、受給対象者

介護（補償）給付の受給

介護（補償）給付は月単位で給付される。そのため、月の途中で介護を開始し、介護費用を支払った場合、その月については限度額の範囲内で介護費用が支給されるが、介護費用を支払わないで親族などから介護を受けた場合、当該月は支給の対象にならない。

請求の際の注意点

介護（補償）給付支給申請書を所轄の労働基準監督署長へ提出する。その際、介護の費用を支出している場合には、介護日数や介護費用を証明する書類を添付する。請求は原則として1か月単位であるが、3か月分まとめて請求することもできる。

介護補償給付

介護（補償）給付

常時介護必要
① 民間の介護サービスを利用する場合
　　…実費（上限 177,950 円）
② 親族などが介護を行う場合で支出した額が 81,290 円未満
　　…一律 81,290 円
③ 親族などが介護を行う場合で支出した額が 81,290 円以上
　　…支出した額（上限 177,950 円）

随時介護必要
① 民間の介護サービスを利用する場合
　　…実費（上限 88,980 円）
② 親族などが介護を行う場合で支出した額が 40,600 円未満
　　…一律 40,600 円
③ 親族などが介護を行う場合で支出した額が 40,600 円以上
　　…支出した額（上限 88,980 円）

が常時介護を受けているか随時介護を受けているかによって異なります。親族などによる介護の有無によっても異なります。

① **受給対象者が常時介護を必要とする場合**

　民間の介護サービスを利用した場合には177,950円を上限として実際の支出に応じた介護費用が支給されます。親族などが介護を行った場合には、現実に支出した費用が81,290円未満の場合には、費用が発生していなくても一律81,290円が支給されます。81,290円を上回って費用を支出した場合は、177,950円を上限として、その額が支給されます。

② **受給対象者が随時介護を必要とする場合**

　民間の介護サービスを利用した場合には88,980円を上限として実際の支出に応じた介護費用が支給されます。親族などが介護を行った場合には、現実に支出した費用が40,600円未満の場合には、費用が発生していなくても一律40,600円が支給されます。40,600円を上回って費用を支出した場合は、88,980円を上限として、その額が支給されます。

PART5
11

労災保険・健康保険のしくみ

二次健康診断等給付

一言で言うと過労死を予防するための給付

■ 二次健康診断等給付は労災予防のためにある

　近年、会社などの定期健康診断によって身体に何らかの異常が発見されるなど、健康に問題を抱える労働者が増えています。また、業務によるストレスや過重な労働により、脳血管疾患や心臓疾患などを発症し、死亡または障害状態になったとして労災認定される件数も増えてきています。

　そこで、労災保険では、あらかじめ医師による検査を受けたりすることができる給付を設けました。これが「二次健康診断等給付」です。

　二次健康診断等給付は、社会問題にもなった過労死の最大の原因とされる生活習慣病（従来の成人病）の発症を予防することを目的として、平成13年（2001年）に始まった制度です。

　会社などでの定期健康診断（一次健康診断）の結果、①肥満、②血圧、③血糖、④血中脂質の4つの項目すべてに異常の所見（医師のコメント）が認められた場合に、二次健康診断や特定保健指導を受けることができます。

■ 二次健康診断等給付の診断

　二次健康診断等給付では、指定医療機関になっている病院・診療所で健康診断や指導などを無料で受けることができます（現物給付）。

　健康診断とは、脳血管や心臓の状態を把握するために必要な医師による検査のことです。一方、二次健康診断等給付で行われる指導とは、前述の医師による検査の結果に基づいて行われ

過労死

労働者の働き過ぎが原因で死に至ること。長時間労働によって、脳出血や心筋梗塞を引き起こし身体が破綻することを過労死、精神が破綻し正常な判断ができず死に至ることを過労自殺（過労自死）と分けることもある。

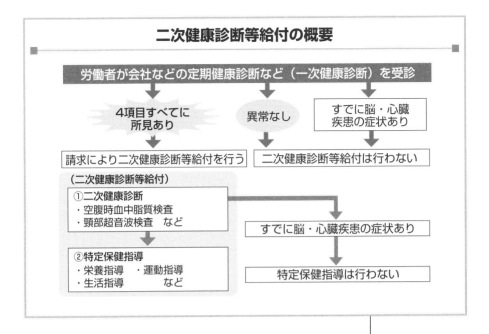

る指導です。これを特定保健指導といい、医師または保健師が面接によって行います。特定保険指導では、二次健康診断の結果に基づき、脳血管疾患及び心臓疾患の発生の予防を図るために医師または保健師による面接により、栄養指導、運動指導、生活指導が行われます。

なお、会社の定期健康診断などの前にすでに脳・心臓疾患の病状があった労働者については、二次健康診断等給付の対象とはなりません。

■ 二次健康診断等給付の請求手続き

二次健康診断等給付の請求は、労働者本人が労災指定病院に対して行いますが、給付請求書には事業主の証明が必要になります。二次健康診断等給付を受けようとする医療機関（病院など）を経由して所轄都道府県労働局に、二次健康診断等給付請求書を提出します。

特別加入者は対象外
労災保険の特別加入者（192ページ）には二次健康診断等給付は支給されない。

PART5
12

労災保険・健康保
険のしくみ

労災で死亡したときの給付

一定額の葬祭費用が支給される

■ 葬祭料は遺族や葬儀を行った者に支給される

　葬祭料（葬祭給付）は、労働者が業務上または通勤途中に死亡した場合に、死亡した労働者の遺族に対して支給されます。

　業務上の災害などで死亡した場合の給付を「葬祭料」、通勤途中の災害などで死亡した場合の給付を「葬祭給付」といいます。

　葬祭料（葬祭給付）の支給対象者は、実際に葬祭を行う者で、原則として死亡した労働者の遺族です。

　ただし、遺族が葬儀を行わないことが明らかな場合には、実際に葬儀を行った友人、知人、近隣の人などに支払われます。

　また、社葬を行った場合は、会社に対して葬祭料が支給されます。なお、葬祭を行う遺族がいないわけではなく、会社が「恩恵的、功労的趣旨」で社葬を行った場合には、葬祭料は会社ではなく遺族に支払われます。

　葬祭料（葬祭給付）は、次の①と②の２つを比較していずれか高い方の金額が支給されます。

① 　315,000円＋給付基礎日額の30日分

② 　給付基礎日額の60日分

■ 葬祭料はどのように請求するのか

　葬祭料（葬祭給付）を実際に請求する場合は、死亡した労働者が勤めていた事業所の所轄労働基準監督署に「葬祭料請求書」または「葬祭給付請求書」を提出します。死亡した労働者の住所地の所轄労働基準監督署ではないので注意が必要です。

　葬祭料（葬祭給付）を請求する場合の添付書類には、死亡診

給付基礎日額

労働基準法12条における平均賃金に相当する額をいう。「算定事由発生日以前３か月間に支払われた賃金の総額」を「算定事由発生日以前３か月間の総日数」で除して求める１日相当の賃金のこと。

218

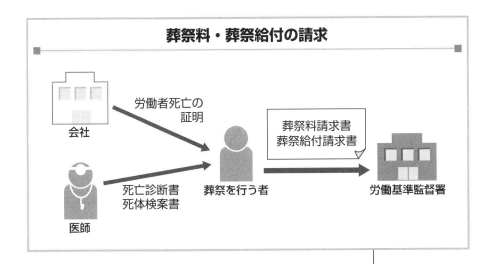

断書や死体検案書などがあり、労働者の死亡の事実と死亡年月日を確認するための書類となります。

なお、葬祭料（葬祭給付）は、あくまでも労働者の死亡に対して支給される給付であるため、葬祭を執り行った際にかかった費用の額を証明する書類の提出などは必要ありません。

■ 遺族（補償）年金との関係は

葬祭料（葬祭給付）の支給要件は、「労働者が業務上または通勤途中に死亡した場合」です。そのため、たとえ傷病（補償）年金を受給している労働者が死亡した場合でも、その死亡理由が「私的な疾病」などによる場合は、葬祭料（葬祭給付）は支給されません。

また、葬祭料（葬祭給付）の請求は、遺族（補償）給付と同じ時期に行う必要はありません。ただし、遺族（補償）給付の請求書をすでに提出している場合は、労働者の死亡に関する証明書類を提出していることになるため、改めて提出する必要はありません。なお、葬祭料（葬祭給付）の請求者が、必ずしも遺族（補償）年金の受給権利を持つ者である必要はありません。

PART5

13

健康保険

労災保険・健康保険のしくみ

業務外の事故で負傷した場合に治療などを受けることができる

■ 健康保険の給付内容の概要

　健康保険は、被保険者と被扶養者がケガ・病気をした場合や死亡した場合、さらには出産した場合に必要な保険給付を行うことを目的としています。

　健康保険を管掌するのは、全国健康保険協会または健康保険組合です。これを保険者といいます。これに対し、健康保険に加入する労働者を被保険者といいます。さらに、被保険者に扶養されている一定の親族などで、保険者に届け出た者を被扶養者といいます。健康保険の給付内容は、次ページ図のとおりです。業務上の災害や通勤災害については、労災保険が適用されますので、健康保険が適用されるのは、業務外の事故（災害）で負傷した場合に限られます。また、その負傷により会社を休んだ場合は、傷病手当金が支給され、休職により減額された給与の補てんが行われます。傷病手当金は、市区町村などを保険者とする国民健康保険にはない給付のひとつです。

■ 健康保険は協会・健保組合が管掌する

　保険者である全国健康保険協会と健康保険組合のそれぞれの事務処理の窓口について確認しておきましょう。

① 全国健康保険協会の場合

　全国健康保険協会が保険者となっている場合の健康保険を全国健康保険協会管掌健康保険（協会けんぽ）といいます。保険者である協会は、被保険者の保険料を適用事業所ごとに徴収したり、被保険者や被扶養者に対して必要な社会保険給付を行っ

被保険者

保険に加入している者のこと。

被扶養者

被保険者に養われている者のこと。
配偶者、直系尊属、子、孫、兄弟姉妹及び同一世帯に属する３親等以内の親族の他に、①被保険者の配偶者で、戸籍上の婚姻の届出をしていない事実上の婚姻関係と同様の人の父母および子、②前述①の配偶者が亡くなった後の父母および子、が健康保険の被扶養者となることができる。

220

健康保険の給付内容

種　類	内　容
療養の給付	病院や診療所などで受診する、診察・手術・入院などの現物給付
療養費	療養の給付が困難な場合などに支給される現金給付
家族療養費	家族などの被扶養者が病気やケガをした場合に被保険者に支給される診察や治療代などの給付
入院時食事療養費	入院時に提供される食事に要した費用の給付
入院時生活療養費	入院する65歳以上の者の生活療養に要した費用の給付
保険外併用療養費	先進医療や特別の療養を受けた場合に支給される給付
（家族）訪問看護療養費	在宅で継続して療養を受ける状態にある者に対する給付
高額療養費	自己負担額が一定の基準額を超えた場合の給付
高額介護合算療養費	健康保険の一部負担額と介護保険の利用者負担額の合計額が一定の基準額を超えた場合の給付
（家族）移送費	病気やケガで移動が困難な患者を移動させた場合の費用給付
傷病手当金	業務外の病気やケガで働くことができなくなった場合の生活費
（家族）埋葬料	被保険者や被扶養者が業務外の事由で死亡した場合に支払われる給付
（家族）出産育児一時金	被保険者およびその被扶養者が出産をしたときに支給される一時金
出産手当金	産休の際、会社から給料が出ないときに支給される給付

たりします。

窓口は、全国健康保険協会の都道府県支部になります。しかし、現在では各都道府県の年金事務所の窓口でも申請書類等を預かってもらえます。

② 健康保険組合の場合

健康保険組合が管掌する場合の健康保険を組合管掌健康保険といいます。組合管掌健康保険の場合、実務上の事務手続きの窓口は健康保険組合の事務所になります。組合管掌健康保険に加入している事業所は、年金事務所に届出などを提出することができません。健康保険組合の保険給付には、健康保険法で必ず支給しなければならないと定められている法定給付と、法定給付に加えて健康保険組合が独自に給付する付加給付があります。

協会けんぽの保険料率

協会管掌の健康保険の保険料率は、地域の医療費を反映した上で、都道府県ごとに保険料率（3〜13%）が設定される。さらに、40歳以上65歳未満の人には、健康保険料率に加えて介護保険料率がかかる。

健保と国保

健康保険と、主に自営業者や無職者が加入する国民健康保険は別の制度なので注意が必要。国民健康保険の保険者は市区町村である。

PART5　労災保険・健康保険のしくみ　221

PART5
14

労災保険・健康保
険のしくみ

傷病手当金

3日間の待期期間が必要である

■ 業務外の病気やケガで就業できない場合に支給される

　業務中や通勤途中で病気やケガをした場合は、労災保険から補償を受けることになりますが、業務外の病気やケガで働くことができなくなり、その間の賃金を得ることができない場合は、健康保険から傷病手当金が支給されます。

　傷病手当金の給付を受けるためには、療養のために働けなくなり、その結果、連続して3日以上休んでいたことが要件となります。ただし、業務外の病気やケガといっても美容整形手術で入院したなどで傷病手当金の支給要件を満たしたとしても、療養の対象とならないため傷病手当金は支給されません。

　「療養のため」とは、療養の給付を受けたという意味ではなく、自分で病気やケガの療養を行った場合も含みます。「働くことができない」状態とは、病気やケガをする前にやっていた仕事ができないことを指します。なお、軽い仕事だけならできるが以前のような仕事はできないという場合にも、働くことができない状態にあたります。

■ 支給までには3日の待期期間がある

　傷病手当金の支給を受けるには、連続して3日間仕事を休んだことが要件となりますが、この3日間はいつから数える（起算する）のかを確認する必要があります。

　3日間の初日（起算日）は、原則として病気やケガで働けなくなった日です。たとえば、就業時間中に業務とは関係のない事由で病気やケガをして働けなくなったときは、その日が起算

請求手続

傷病手当金支給申請書を提出する。提出先は、事業所を管轄する全国健康保険協会の都道府県支部または会社の健康保険組合となる。

任意継続被保険者の傷病手当金

任意継続被保険者は傷病手当金の給付対象とならない。

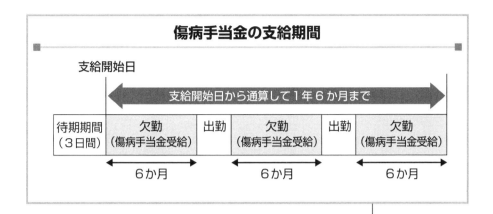

日となります。また、就業時間後に業務とは関係のない事由で病気やケガをして働けなくなったときは、その翌日が起算日となります。

休業して4日目が傷病手当金の支給対象となる初日となり、それより前の3日間については傷病手当金の支給がないため「待期の3日間」と呼びます。待期の3日間には、会社などの公休日や有給休暇も含みます。この3日間は必ず連続している必要があります。

■ 傷病手当金は1年6か月まで支給される

傷病手当金の支給額は、1日につき標準報酬日額の3分の2相当額です。ただ、会社などから賃金の一部が支払われたときは、傷病手当金と支払われた賃金との差額が支払われます。

標準報酬日額とは、標準報酬月額の30分の1の額で、傷病手当金の支給期間は、欠勤した日を通算して1年6か月です。これは、支給を開始した日からの暦日数で数えます。

なお、出産手当金が支給される場合は傷病手当金は支給されませんが、出産手当金より傷病手当金の方が多い場合は、差額が傷病手当金として支給されます。

PART5
15

労災保険・健康保険のしくみ

寄宿舎での事故・トラブル

業務災害であるため労働者死傷病報告をする

■ 事業に関する寄宿舎の種類や判断基準

寄宿舎は、労働基準法では「事業附属寄宿舎」とされています。事業附属寄宿舎とは、「常態として相当人数の労働者が宿泊し、共同生活の実態を備えるもの」で、かつ、「事業経営の必要上その一部として設けられているような事業との関連をもつ」ものです。事業関連の有無や労務管理上の共同生活の要請有無、場所等から寄宿舎かどうかが総合的に判断されます。

■ 寄宿舎の設置や規則の届出を行う

使用者は、次のいずれかの条件に該当する工事に伴い寄宿舎を設置する場合は、寄宿舎設置届を周囲の状況および四隣との関係を示す図面、建築物の各階の平面図、断面図を添えて、所轄の労働基準監督署長に提出しなければなりません。

① 常時10人以上の労働者を就業させる事業

② 厚生労働省令で定める危険な事業または衛生上有害な事業

また、寄宿舎設置届とは別に、寄宿舎規則の届出や管轄の消防署への防火対象物使用開始届の提出が必要です。

■ 寄宿舎の管理者の職務

建設業附属寄宿舎規程によると、使用者は、寄宿舎規則において事業主および寄宿舎の管理について権限を有する者を明らかにし、寄宿舎の出入口等見やすい箇所にこれらの者の氏名または名称を掲示しなければなりません。また、寄宿舎の管理について権限を有する者は、1か月以内ごとに1回、寄宿舎を巡

---

②の事業

使用する原動機の定格出力の合計が2.2kW以上である労働基準法別表第1第1号から第3号までに掲げる事業などが該当する。

建設業附属寄宿舎規程

労働基準法別表第1第3号に掲げる事業であって事業の完了の時期が予定されるものの附属寄宿舎に適用される。

224

労働基準法の寄宿舎の要件

	使用者のすべきこと
寄宿舎生活の自治	寄宿する労働者の私生活の自由を侵してはならない 役員の選任に干渉してはならない
寄宿舎生活の秩序	起床、就寝、外出及び外泊に関する事項 行事に関する事項 食事に関する事項 → 寄宿舎規則の届出 安全及び衛生に関する事項 建設物及び設備の管理に関する事項
寄宿舎の設備及び安全衛生	換気、採光、照明、保温、防湿、清潔、避難、定員の収容、就寝に必要な措置 労働者の健康、風紀及び生命の保持に必要な措置

視し、巡視の結果、寄宿舎の建物、施設または設備に関し、建設業附属寄宿舎規程で定める基準に照らして修繕や改善すべき箇所があれば、速やかに使用者に連絡しなければなりません。

■ 寄宿舎で火事や事故、ケガが発生した場合の労災

寄宿舎で火事や事故、ケガが発生した場合は「業務起因性」があれば労災保険の給付対象となります。

業務起因性については、労働契約の条件として事業主の指定する寄宿舎を利用することがある程度義務付けられていれば、認められます。労災認定の際に、これらの条件が求められた場合は、特段の事情が判明しない限り、業務上の理由で災害を被ったものと考えられます。

また、この場合の「特段の事情」とは、労働者間の私的・恣意的行為によって発生したケガや事故などです。その他、設備の不良で事故が起きた際も業務上の災害となります。

なお、労働災害による労働者の死亡・休業時と同じく、寄宿舎での災害発生時も、事業主は所轄労働基準監督署長に「労働者死傷病報告」を提出しなければなりません。

業務起因性

業務上の災害と認められること。

業務起因性と業務遂行性

業務起因性と認定されるためには前提条件として、「業務遂行性」があることが必要である。業務遂行性には次の3類型に分類される。
①事業主の支配・管理下で業務に従事している場合
②事業主の支配・管理下にあるが、業務に従事していない場合
③事業主の支配下にあるが管理下を離れて業務に従事している場合
なお、寄宿舎での火事や事故は上記の②に該当する可能性がある。

PART5 労災保険・健康保険のしくみ **225**

Column

健康保険の埋葬料等

・埋葬料

　労災事故にならない場合でも、健康保険の被保険者が死亡した場合、被保険者により生計を維持されていた人で、埋葬を行う人に健康保険から埋葬料が支給されます。「被保険者により生計を維持されていた人」とは、被保険者の配偶者や子などです。民法上の親族や遺族でない者や、同居していない者でもかまいません。また、生計の一部を維持されていた人も含み、健康保険の被扶養者である必要はありません。「埋葬を行う人」とは、常識的に考えて埋葬を行うべき者のことです。配偶者や子がいない場合は、被保険者の兄弟姉妹やその他親戚の者などです。埋葬料の額は、標準報酬月額にかかわらず一律5万円です。

・埋葬費

　身寄りのない1人暮らしの被保険者が亡くなった場合のように、被保険者と生計維持関係にあった者がおらず、埋葬料の対象となる者がいない場合は、実際に埋葬を行った者に対して埋葬費が支給されます。被保険者と離れて暮らす被保険者の子、父母、兄弟姉妹や友人、会社の同僚、町内会の代表などの近所の者が埋葬を行った場合は、埋葬費の支給対象に該当します。埋葬費の額は、埋葬料の金額の範囲内で、実際に埋葬に要した実費相当額です。つまり、最大の支給額は埋葬料と同じく5万円です。費用には、霊柩車代、霊前供物代、僧侶謝礼、火葬料などが含まれますが、参列者の接待費用や香典返しなどは支給対象にはなりません。

・家族埋葬料

　被扶養者が死亡した場合、被保険者に対して家族埋葬料が支給されます。家族埋葬料の支給額も、埋葬料と同じく一律5万円です。ただし、死産児は家族埋葬料の支給対象にはなりません。

巻 末

書式集

書式1　安全衛生管理規程

安全衛生管理規程

第1章　総則

第1条（目的） 本規程は、就業規則の定めに基づき、従業員の安全と健康を確保するため、労働災害を未然に防止する対策、責任体制の明確化、危害防止基準の確立、自主的活動の促進、その他必要な事項を定め、従業員の安全衛生の管理活動を充実するとともに、快適な作業環境の形成を促進することを目的としてこれを定める。

2　従業員は、安全衛生に関する関係法令および会社の指揮命令を遵守し、会社と協力して労働災害の防止および職場環境の改善向上に努めなければならない。

第2章　安全衛生管理体制

第2条（総括安全衛生管理者） 会社は、安全および衛生に関し、各事業所にこれを統括管理する総括安全衛生管理者を選任する。職務について必要な事項は別に定める。

第3条（法定管理者等） 会社は、総括安全衛生管理者の他、安全および衛生管理を遂行するために、関係法令に基づき各事業所に法定管理者を次のとおり選任する。

⑴　安全管理者

⑵　衛生管理者　1名は専任とする

⑶　産業医

⑷　作業主任者

2　前項により選任された者は、その業務に必要な範囲に応じて安全および衛生に関する措置を講ずる権限を有する。

3　第1項により選任された者の職務について必要な事項は別に定める。

第4条（安全衛生委員会の設置） 会社は、安全衛生管理に関する重要事項を調査審議し、その向上を図るため、各事業所に安全衛生委員会を設置する。

228

2　安全衛生委員会の運営に関する事項は、別に定める安全衛生委員会規則による。

第3章　安全衛生教育

第5条（安全衛生教育訓練） 会社は、安全および衛生のため次の教育訓練を行う。

(1)　入社時教育訓練

(2)　一般従業員教育訓練

(3)　配置転換・作業内容変更時の教育訓練

(4)　危険有害業務就業時の特別教育訓練

(5)　管理職（管理職就任時を含む）の教育訓練

(6)　その他総括安全衛生管理者が必要と認めた教育訓練

2　前項各号の教育訓練の科目および教育訓練事項については、別に定める。

3　会社は、第1項各号に定める教育訓練の科目および教育訓練事項について、十分な知識および経験を有していると認められる者に対しては、当該科目および事項を省略することができる。

第4章　健康管理

第6条（健康診断） 会社は、従業員を対象として、採用時および毎年1回定期に健康診断を実施する。

2　会社は、法令で定められた有害業務に従事する従業員を対象として、前項に定める健康診断に加えて、特別の項目に関わる健康診断を実施する。

3　従業員は、会社の行う健康診断を拒否してはならない。但し、やむを得ない事情により会社の行う健康診断を受け得ない従業員は、所定の診断項目について他の医師による健康診断書を提出しなければならない。

4　従業員は、自身の健康状態に異常がある場合は、速やかに会社に申し出なければならない。また、必要に応じて医師等の健康管理者

巻末　書式集　229

より指導等を受けなければならない。

5　従業員は、労働安全衛生法第66条の10の規定に基づくストレスチェックおよび面接指導の実施を求められた場合は、その指示に従うよう努めなければならない。なお、ストレスチェックおよび面接指導の詳細については、別に定める。

第7条（就業制限等）会社は、前条の健康診断の結果またはそれ以外の事由により、従業員が業務に耐え得る健康状態でないと認める場合は、就業の禁止または制限、あるいは職務の変更を命じることがある。

第8条（健康管理手帳提示の義務）健康管理手帳の所有者は、入社に際し、それを提示しなければならない。

第5章　その他

第9条（危険有害業務）会社は、危険有害業務については、関係法令の定めるところにより、就業を禁止または制限する。

第10条（免許証等の携帯）法定の免許または資格を有する者でないと就業できない業務に従事する者は、就業時は、当該業務に係る免許証または資格を証する書面等を常に携帯しなければならない。

第11条（安全衛生点検）会社は、災害発生の防止を図るため、関係法令に定めるものの他、所定の安全衛生点検を行う。

第12条（保護具等の使用）危険有害な業務に従事する者は、保護具等を使用しなければならない。

第13条（非常災害時の措置）従業員は、火災発生時には実態に応じ、必要な応急措置を行い、速やかに直属所属長に報告し、指示を受けなければならない。

2　労務安全担当課長は、災害の原因について分析し、類似災害を防止するために必要な措置を講じなければならない。

附　則

1　この規程は令和○年○月○日に制定し、同日実施する。

書式2　労働者死傷病報告（休業が４日以上の場合）

労働者死傷病報告

様式第23号（第97条関係）（表面）

労働保険番号（建設業の工事に従事する下請人の労働者が被災した場合、元請人の労働保険番号を記入すること。）

| 8 | 1 | 0 | 0 | 1 | | 1 | 3 | 4 | 0 | 7 | 1 | 0 | 9 | 9 | 9 | 9 | 0 | 0 | 0 | | | |

都道府県　所掌　管轄　基幹番号　枝番号　被一括事業番号

事業の種類　**総合工事業**

事業場の名称（建設業にあっては工事名を併記のこと。）

カナ

| カ | ブ | シ | キ | ガ | イ | シ | ャ | ト | ウ | ザ | イ | ケ | ン | セ | ツ | | | |

漢字

| 株 | 式 | 会 | 社 | 東 | 西 | 建 | 設 | | | | | | | | | | | |

工事名

| 新 | 宿 | 中 | 央 | 病 | 院 | 新 | 築 | 工 | 事 | | | | | | | | | |
| | | | | | | | | | | | | | | | | | | |

職員記入欄

事業場の所在地　**東京都新宿区中央2-1-1**　電話 03（3333）1234

構内下請事業の場合は親事業場の名称
関東・東西建設共同企業体

郵便番号　| 1 | 6 | 0 | - | 0 | 0 | 0 | 1 |

労働者数　| | 3 | 4 | 5 | 人

発生日時（時刻は24時間表記とすること。）
7：平成　9：令和　| 9 | 0 | 6 | 0 | 5 | 1 | 9 | | 1 | 4 | 3 | 0 |

被災労働者の氏名（姓と名の間は1文字空けること。）

カナ　| カ | ナ | ヤ | マ | | ヨ | ウ | イ | チ |

漢字　| 神 | 奈 | 山 | | 洋 | 一 |

生年月日　| 5 | 4 | 0 | 0 | 2 | 2 | 4 | （59）歳

性別　〇

職種　**塗装工業**　経験期間 30

休業見込期間又は死亡日時（死亡の場合は死亡欄に〇）
休業見込 | 0 | 7 | | （いずれかに〇）

傷病名　**右腕打撲**

傷病部位　**右腕**

被災地の場所　**東京都新宿区中央2-6-5**

災害発生状況及び原因

①どのような場所で②どのような作業をしているときに③どのような物又は環境に④どのような不安全な又は有害な状態があって⑤どのような災害が発生したかを詳細に記入すること。

令和6年5月19日午後2時半頃、病院新築工事現場にて、塗装工事の際、4尺脚立の天板から1段下の段（高さ約1m）に乗り4階天井の木枠を塗装する作業中、誤ってバランスを崩し、落下した。その際、合板の床に右腕を強打して負傷した。

略図（発生時の状況を図示すること。）

床へ落下

報告書作成者　職氏名　**労務課課長　赤山三郎**

令和6年　6月　1日

新宿　労働基準監督署長殿

事業者職氏名　**株式会社　東西建設　代表取締役　千葉二郎**

受付印

書式３ 労働者死傷病報告（休業が４日未満の場合）

様式第24号（第97条関係）

労働者死傷病報告

事業の種類	事業場の名称（建設業にあつては工事名を併記のこと。）	事業場の所在地	電話	労働者数
総合工事業	株式会社 南北建築	新宿区東新宿１−２−３	03（1234）5678	167

災害発生状況　令和6年 7月から 5年 9月まで

被災労働者の氏名	性別	年齢	職種	派遣労働者の場合は欄に○	発生月日	傷病名及び傷病の部位	休業日数	災害発生状況
黒田 裕一	男・女	35歳	内装工		8月11日	熱中症	1	室温40度の現場で作業中、めまい・ふらつきがあり、熱中症を発症したもの
白井 恭介	男・女	58歳	内装工		9月13日	側頭部外傷	2	棚の解体作業中、近くにあったカーテンレールに側頭部をぶつけたもの
	男・女	歳			月　日			
	男・女	歳			月　日			
	男・女	歳			月　日			
	男・女	歳			月　日			

報告書作成者職氏名　総務課長 西村一郎

令和6年10月5日

新宿労働基準監督署長殿

事業者職氏名
株式会社 南北建築
代表取締役 南山次郎

備考　派遣労働者が被災した場合、派遣先及び派遣元の事業者は、それぞれ所轄労働基準監督署に提出すること。

書式4 事故報告書（安全衛生規則第96条関係）

様式第22号（第96条関係）

事 故 報 告 書

事業場の種類	事業場の名称（建設業にあっては工事名併記のこと）	労働者数
総合工事業	株式会社 大東京工業 羽田町地内水道管交換工事	60人

事 業 場 の 所 在 地	発 生 場 所
東京都大田区羽田中央1-1-1 （電話　03-3123-4567　　）	東京都大田区羽田東 5-5-5

発 生 日 時	事故を発生した機械等の種類等
令和6年 9月 7日 10時 00分	トラック搭載クレーン（吊上荷重2.9t）

構内下請事業の場合は親事業場の名称 建設業の場合は元方事業場の名称	大日本建設株式会社 東京支店

事故の種類	ワイヤーロープの切断

	区 分		死亡	休業4日以上	休業1〜3日	不休	計		区 分	名称、規模等	被害金額
人的被害	事故発生事業場の被災労働者数	男	0	0	1	2	3	物的被害	建　物	m²	円
									その他の建設物		円
		女							機 械 設 備	ワイヤーロープ切断	150,000 円
									原 材 料		円
	その他の被災者の概数	なし							製　品		円
				( )					そ の 他		円
									合　計		円

事 故 の 発 生 状 況	トラック搭載クレーンの荷台から水道管10m（約500kg）を玉掛けし、設置予定箇所に降ろそうとしたところ、作業員に当たりそうになったため、巻き上げ操作を行ったところワイヤーロープが切断した。
事 故 の 原 因	急激な巻き過ぎにより、劣化していたワイヤーロープが切断したこと。事前点検において劣化を発見できなかったこと。
事 故 の 防 止 対 策	作業開始前の異常点検の徹底。 吊り荷の下に作業員を立ち入らせないこと。
参 考 事 項	巻き過ぎ警報装置が正常に作動することにより、ワイヤーロープの切断事故が防げるので、作業開始前に作動を確認する。
報告書作成者職氏名	総務部長 山梨 吉雄

令和 6 年 9 月 9 日

大田 労働基準監督署長 殿 　　事業者 職 氏名

株式会社 大東京工業
代表取締役 東京 太郎

備考
1 「事業の種類」の欄には、日本標準産業分類の中分類により記入すること。
2 「事故の発生した機械等の種類等」の欄には、事故発生の原因となった次の機械等について、それぞれ次の事項を記入すること。
　(1) ボイラー及び圧力容器に係る事故については、ボイラー、第一種圧力容器、第二種圧力容器、小型ボイラー又は小型圧力容器のうち該当するもの。
　(2) クレーン等に係る事故については、クレーン等の種類、型式及びつり上げ荷物又は積載荷重。
　(3) ゴンドラに係る事故については、ゴンドラの種類、型式及び載積荷重。
3 「事故の種類」の欄には、火災、鎖の切断、ボイラーの破裂、クレーンの逸走、ゴンドラの落下等具体的に記入すること。
4 「その他の被災者の概数」の欄には、届出事業者の事業場の労働者以外の被災者の数を記入し、( ) 内には死亡者数を内数で記入すること。
5 「建物」の欄には構造及び面積、「機械設備」の欄には台数、「原材料」及び「製品」の欄にはその名称及び数量を記入すること。
6 「事故の防止対策」の欄には、事故の発生を防止するために今後実施する対策を記入すること。
7 「参考事項」の欄には、当該事故において参考になる事項を記入すること。
8 この様式に記載しきれない事項については、別紙に記載して添付すること。

巻末　書式集　　233

書式5　定期健康診断結果報告書

様式第6号(第52条関係)(表面)

定期健康診断結果報告書

`8 0 3 1 1`

労働保険番号 `1 3 1 0 5 0 1 2 3 4 5 0 0 0 [ ] [ ] [ ] [ ]`
都道府県／所掌／管轄／基幹番号／枝番号／被一括事業場番号

| 対象年 | 7:平成　9:令和 | `9 0 6` (1月～12月分) (報告1回目) | 健診年月日 | 7:平成　9:令和 | `9 0 6 1 2 1 5` |

1～9年は右↑

| 事業の種類 | 総合工事業 | 事業場の名称 | 株式会社 東西建設 |

事業場の所在地　郵便番号(101-0101)
東京都中央区中央1－1－1　　電話　03(2468)1357

| 健康診断実施機関の名称 | 中央健診センター | 在籍労働者数 | `[ ] [ ] [ ] 7 4` 右に詰めて記入する |
| 健康診断実施機関の所在地 | 中央区中央2－4－6 | 受診労働者数 | `[ ] [ ] [ ] 7 4` 右に詰めて記入する |

(*)労働安全衛生規則第13条第1項第3号に掲げる業務に従事する労働者数(右に詰めて記入する)

計 `[ ] [ ] [ ] [ ]`人

健康診断項目		実施者数	有所見者数		実施者数	有所見者数
	聴力検査(オージオメーターによる検査)(1000Hz)	`[ ] [ ] 7 4`	`[ ] [ ] [ ] [ ]`	肝機能検査	`[ ] [ ] 7 4`	`[ ] [ ] [ ] 3`
	聴力検査(オージオメーターによる検査)(4000Hz)	`[ ] [ ] 7 4`	`[ ] [ ] [ ] [ ]`	血中脂質検査	`[ ] [ ] 7 4`	`[ ] [ ] [ ] 2`
	聴力検査(その他の方法による検査)	`[ ] [ ] [ ] [ ]`	`[ ] [ ] [ ] [ ]`	血糖検査	`[ ] [ ] 7 4`	`[ ] [ ] [ ] [ ]`
	胸部エックス線検査	`[ ] [ ] 7 4`	`[ ] [ ] [ ] 7`	尿検査(糖)	`[ ] [ ] 7 4`	`[ ] [ ] [ ] [ ]`
	喀痰検査	`[ ] [ ] [ ] 6`	`[ ] [ ] [ ] [ ]`	尿検査(蛋白)	`[ ] [ ] 7 4`	`[ ] [ ] [ ] [ ]`
	血圧	`[ ] [ ] 7 4`	`[ ] [ ] [ ] [ ]`	心電図検査	`[ ] [ ] 4 2`	`[ ] [ ] [ ] [ ]`
	貧血検査	`[ ] [ ] [ ] 4`	`[ ] [ ] [ ] [ ]`			

| 所見のあった者の人数 | `[ ] 1 2`人 | 医師の指示人数 | `[ ] [ ] 2`人 |

| 産業医 | 氏名 | 山中一郎 |
| | 所属機関の名称及び所在地 | 山中クリニック　中央区中央3－1－16 |

令和7年1月11日

事業者職氏名

株式会社 東西建設
代表取締役
南川次郎

中央　労働基準監督署長殿

受付印

234

書式6 心理的な負担の程度を把握するための検査結果等報告書

様式第6号の3（第52条の21関係）（表面）

心理的な負担の程度を把握するための検査結果等報告書

8 0 5 0 1	労働保険番号	1 1 1 1 1 1 1 1 1 1 1 1 1 1 1 1 1 1 1 1 1

都道府県　所掌　管轄　　　　　基幹番号　　　　　枝番号　統一・一括事業場番号

対象年	7:平成 9:令和 →	9 0 6 年分 1〜9年は右↑	検査実施年月	7:平成 9:令和 →	9 0 6 1 0 1〜9年は右↑1〜9月は右↑

事業の種類	総合工事業	事業場の名称	株式会社 大東京工業

事業場の所在地	郵便番号（〇〇〇-〇〇〇〇） 東京都大田区羽田中央１−１−１　　電話 〇〇〇（××××）△△△△

		在籍労働者数	□ □ 1 2 5 人 右に詰めて記入する↑
検査を実施した者	1	1:事業場選任の産業医 2:事業場所属の医師（1以外の医師に限る。）、保健師、歯科医師、看護師、精神保健福祉士又は公認心理師 3:外部委託先の医師、保健師、歯科医師、看護師、精神保健福祉士又は公認心理師	検査を受けた労働者数	□ □ 1 1 3 人 右に詰めて記入する↑
面接指導を実施した医師	1	1:事業場選任の産業医 2:事業場所属の医師（1以外の医師に限る。） 3:外部委託先の医師	面接指導を受けた労働者数	□ □ □ □ 2 人 右に詰めて記入する↑
集団ごとの分析の実施の有無	1	1:検査結果の集団ごとの分析を行った 2:検査結果の集団ごとの分析を行っていない		

産業医	氏名	間　太朗
	所属機関の名称及び所在地	東新宿病院　新宿区東新宿３−５−２

令和7年 2 月 1 日

株式会社 大東京工業
事業者職氏名 東京　太郎

受付印

大田 労働基準監督署長殿

折り曲げる場合は、◀の所を谷に折り曲げること

巻末　書式集　**235**

書式7 安全衛生教育実施結果報告

安全衛生教育実施結果報告

様式第4号の5（第40条の3関係）　　　　令和6年4月1日から令和7年3月31日まで

事業場の名称	株式会社 大東京工業	事業場の所在地	東京都大田区羽田中央 1-1-1

教育の種類	イ 雇入れ時の教育　　　ロ 作業内容変更時の教育　　　ハ 特別の教育　　　ニ 職長等の教育	性別 労働者数	男	女	計	教育を省略した理由
教育実施月日	令和6年4月1日～令和6年4月7日	全労働者数	50	10	60	前職で10年にわたり、建設業に従事し、雇入れ時の教育内容については熟知している。
	令和6年10月1日～令和6年10月7日	教育の対象となる労働者数	8	2	10	
	年 月 日～ 年 月 日	教育を省略できる労働者数	2	0	2	
	年 月 日～ 年 月 日	教育を実施した労働者数	6	2	8	

教育内容					教育実施担当者		
科目又は事項	教育方法	教育内容の概要	教育時間	使用教材等	氏名	職名	資格
機械の扱い方法 保護具の性能 作業手順 作業開始時の点検 疾病の原因と予防 整理整頓 事故時の応急措置及び避難 その他	学科／実技 学科 学科／実技 学科／実技 学科 学科／実技 学科／実技 学科／実技	労働者が使用する機械の危険性等を周知し、危険を避けるための保護具の取扱い方法、作業手順、点検について教え、整理整頓の必要性、緊急時の退避方法、その他安全衛生に関する事項	40 時間	当社安全衛生マニュアル	大阪一郎	工場長	一級建築士

令和7年4月8日

事業者 職 氏名　株式会社 大東京工業
代表取締役 東京 太郎

大田 労働基準監督署長 殿

（備考）　1 この報告は、教育の種類ごとに作成すること。
　　　　　2 「教育の種類」の欄は、該当事項を○で囲むこと。
　　　　　3 「教育の内容」及び「教育実施担当者」の欄は、報告に係る期間中に実施された教育のすべての科目又は事項について記入すること。
　　　　　4 「教育方法」欄は、学科教育、実技教育、討議等と記入すること。
　　　　　5 労働安全衛生規則第40条の3第1項の規定により作成した安全衛生教育の計画を添付すること。

書式8 総括安全衛生管理者・安全管理者・衛生管理者・産業医選任報告

様式第3号（第2条、第4条、第7条、第13条関係）（表面）

総括安全衛生管理者・安全管理者・衛生管理者・産業医選任報告

8 0 4 0 1	労働保険番号	1 3 1 0 5 0 1 2 3 4 5 0 0 0 □ □ □	□ □ / □ □

都道府県　所掌　管轄　　基幹番号　　　枝番号　　被一括事業場番号

事業場の名称	株式会社 東西建設	事業の種類	坑内労働又は有害業務（労働基準法施行規則第18条各号に掲げる業務）に従事する労働者数	人
事業場の所在地	郵便番号（ 101-0101 ） 東京都中央区中央1-1-1	建設業	坑内労働又は労働基準法施行規則第18条第1号、第3号から第5号まで若しくは第9号に掲げる業務に従事する労働者数	人

電話番号	0 3 - 2 4 6 8 - 1 3 5 7 □ □ □ □ <small>左に詰めて記入する</small>	労働者数	□ □ □ 7 4 <small>右に詰めて記入する</small>	計 □ □ □ □ □	産業医の場合は、労働安全衛生規則第13条第1項第3号に掲げる業務に従事する労働者数

フリガナ <small>姓と名の間は1文字空けること</small>	ホッカイ　カズ゛オ
被選任者氏名 <small>姓と名の間は1文字空けること</small>	北海　　一男

選任年月日	7：平成 9：令和	元号　年　　月　　日 9 0 6 0 7 0 1 <small>1～9月は右　1～9日は右</small>	生年月日	1：明治 3：大正 5：昭和 7：平成 9：令和	元号　年　　月　　日 5 4 1 0 3 0 9 <small>1～9月は右　1～9日は右</small>	選任種別	2	1．総括安全衛生管理者 2．安全管理者 3．衛生管理者（以外の者） 4．衛生管理者（衛生工学管理担当） 5．産業医

・安全管理者又は衛生管理者の場合は担当すべき職務	安全管理一般に関すること	専属の別	1	専属 非専属	他の事業場に勤務している場合は、その勤務先	
		専任の別	2	専任 兼職	他の業務を兼職している場合は、その業務	総務部長

・総括安全衛生管理者又は安全管理者の場合は経歴の概要	○○大学　理工学部卒 令和4年7月1日～令和5年6月30日　施設係長 令和5年7月1日～令和6年6月30日　施設課長 以上の職において、産業安全の実務経験2年以上あり

・産業医の場合は医籍番号等	□ - □ □ □ □ □ □ □ □ □ <small>種別付</small>　　　　<small>医籍番号（右に詰めて記入する）</small>

フリガナ <small>姓と名の間は1文字空けること</small>	
前任者氏名 <small>姓と名の間は1文字空けること</small>	

辞任、解任等の年月日	7：平成 9：令和	元号　年　　月　　日 <small>1～9月は右　1～9日は右</small>	参考事項	

令和6年7月10日

事業者職氏名　　株式会社 東西建設
　　　　　　　代表取締役
　　　　　　　南 川 次 郎

中央　労働基準監督署長殿

受付印

巻末　書式集　237

書式9 共同企業体代表者（変更）届

様式第1号（第1条関係）

共同企業体代表者 ~~（変更）~~ 届

事 業 の 種 類	※共同企業体の名称	※共同企業体の主たる事務所の所在地及び仕事を行う場所の地名番号	
鉄筋鉄骨コンクリート造マンション建設工事	大東京・大江戸建設工事共同企業体	電話 ○○○（××××）△△△△ 東京都新宿区○○１２３	
発 注 者 名	日本不動産株式会社	工 事 請 負 金 額	200,000,000円
工 事 の 概 要	鉄筋鉄骨コンクリート造マンション5階新築工事	工 事 の 開 始 及 び終 了 予 定 年 月 日	令和6年10月1日 〜令和7年3月31日
※代表者職氏名	新 大東京建築株式会社 代表取締役 東京次郎		※変 更 の 年 月 日
	旧（変更の場合のみ記入）		
※変 更 の 理 由			
仕事を開始するまでの連絡先	東京都大田区○○１１１１		
		電話 ○○○（××××）△△△△	

※ 令和6 年 3 月 20 日

※ 新宿 労働局長殿

※共同企業体を構成する事業者職氏名

大東京建築株式会社 代表取締役 東京次郎

大江戸建築株式会社 代表取締役 江戸次郎

備考

1 共同企業体代表者届にあつては、表題の（変更）の部分を抹消し、共同企業体代表者変更届にあつては、※印を付してある項目のみ記入すること。

2 「事業の種類」の欄には、次の区分により記入すること。

水力発電所建設工事 ずい道建設工事 地下鉄建設工事 鉄道軌道建設工事 橋梁（りょう）建設工事 道路建設工事 河川土木工事 砂防工事 土地整理土木工事 その他の土木工事 鉄骨鉄筋コンクリート造家屋建築工事 鉄骨造家屋建築工事 その他の建築工事又は設備工事

3 この届は、仕事を行う場所を管轄する労働基準監督署長に提出すること。

書式10　特定元方事業者等の事業開始報告

様式任意（第664条関係）

特定元方事業者等の事業開始報告

元方事業者	事業の種類	ずい道等の工事	事　業　場　の　名　称	株式会社　○○土木	事業場の所在地	〒○○○－○○○○ 東京都新宿区○○	常時使用労働者数	31人
	事業の概要	工事延長　L＝1000m			工　期	発注者名 令和6年8月25日～令和6年12月25日		
	統括安全衛生責任者の選任の有無及び有の場合氏名	㊞・無	氏　名	東京　一郎		有・無	氏　名	
	元方安全衛生管理者の選任の有無及び有の場合氏名	㊞・無	氏　名	東京　次郎	店社安全衛生管理者の選任の有無及び有の場合氏名	有・無	氏　名	
関係請負人	事業の種類	重機機械 土木工事	事　業　場　の　名　称	○○建設 ○○工業㈱	事　業　場　の　所　在　地	東京都大田区○○○ 東京都大田区○○○	常時使用労働者数	5名 10名

備考

6年　8月　30日

新宿　労働基準監督署長　殿

特定元方事業者
職　氏　名

東京都新宿区○○
株式会社○○土木
代表取締役　　東京　太郎　㊞

備考
1　氏名を記載し、押印することに代えて、署名することができる。

239

書式11 機械等設置・移転・変更届

様式第20号（第86条関係）

機　械　等　設　置・<s>移転・変更</s>届

事 業 の 種 類	総合工事業	事 業 場 の 名　　　称	株式会社 新東京工業	常時使用す る労働者数	60人
設　　置　　地	東京都新宿区新宿123		主たる事務所 の 所 在 地	東京都大田区羽田東 2-4-6 電話 03（3123）0123	
計 画 の 概 要	足場の設置を行う。高さ25.4ｍ。躯体工事用として、躯体の 全周に枠組足場を設置。				

製造し、又は 取り扱う物質 等及び当該業 務に従事する 労働者数	種　類　等	取　扱　量	従事労働者数		
			男	女	計
			5名	0名	5名

参画者の氏名	坂本　義男	参 画 者 の 経 歴 の 概 要	一級建築士免許番号　第123号 型枠支保工・足場工事計画作成参画者 資格研修修了証番号　第456号

工 事 着 手 予 定 年 月 日	令和6年 6 月10日	工 事 落 成 予 定 年　　　月　　　日	令和6年 6 月17日

令和6 年　5 月　1 日

事業者職氏名 **株式会社 新東京工業**
　　　　　　　代表取締役 東京 一郎

新宿 労働基準監督署長　殿

備考

1　表題の「設置」、「移転」及び「変更」のうち、該当しない文字を抹消すること。

2　「事業の種類」の欄は、日本標準産業分類の中分類により記入すること。

3　「設置地」の欄は、「主たる事務所の所在地」と同一の場合は記入を要しないこと。

4　「計画の概要」の欄は、機械等の設置、移転又は変更の概要を簡潔に記入すること。

5　「製造し、又は取り扱う物質等及び当該業務に従事する労働者数」の欄は、別表第7の13の項から25の項まで（22の項を除く。）の上欄に掲げ

書式12 建設工事・土石採取計画届

建設工事
~~土石採取~~ 計画届

様式第21号（第91条、第92条関係）

事 業 の 種 類	事 業 場 の 名 称	仕事を行う場所の地名番号
鉄骨鉄筋コンクリート造家屋建設工事	株式会社 大東京工業	東京都大田区羽田東2-20-3 電話　03（3123）8901

仕 事 の 範 囲	労働安全衛生規則第90条第1号 (高さ31mを超える建築物等の 建設等の仕事)	採取する土石 の　種　類	
発 注 者 名	関東不動産株式会社	工 事 請 負 金　　　額	100,000,000 円
仕 事 の 開 始 予 定 年 月 日	令和 6 年 5 月 20 日	仕 事 の 終 了 予 定 年 月 日	令和 6 年 12 月 25 日
計 画 の 概 要	鉄骨造（一部、鉄骨鉄筋コンクリート造） 地下1階、地上10階　延べ面積 10,000 ㎡ 高さ65.0m（軒高60m、ペントハウス5m）		
参 画 者 の 氏 名	東京 太郎	参 画 者 の 経 歴 の 概 要	一級建築士免許番号 第654321号 建築工事における安全衛生の実務 経験5年（経歴の詳細は別紙）
主たるの事務所 の 所 在 地	東京都大田区羽田中央1-1-1 電話　03（3123）4567		
使 用 予 定 労 働 者 数	10 人	関係請負人 の予定数	100 人	関係請負人の使用 する労働者の予定 数 の 合 計	110 人

令和　6 年　5 月　2 日

事業者職氏名　　株式会社 大東京工業
代表取締役
東京　太郎

厚 生 労 働 大 臣
大田 労働基準監督署長　殿

備考
1　表題の「建設工事」及び「土石採取」のうち、該当しない文字を抹消すること。
2　「事業の種類」の欄は、次の区分により記入すること。
　建 設 業　　水力発電所等建設工事　ずい道建設工事　地下鉄建設工事　鉄道軌道建設工事
　　　　　　　橋梁建設工事　道路建設工事　河川土木工事　砂防工事　土地整理土木工事
　　　　　　　その他の土木工事　鉄骨鉄筋コンクリート造家屋建築工事　鉄筋造家屋建築工事
　　　　　　　建築設備工事　その他の建築工事　電気工事業　機械器具設置工事　その他の設備工事
　土石採取業　　採石業　砂利採取業　その他土石採取業
3　「仕事の範囲」の欄は、労働安全衛生規則第90条各号の区分により記入すること。
4　「発注者名」及び「工事請負金額」の欄は、建設工事の場合に記入すること。
5　「計画の概要」の欄は、届け出る仕事の主な内容について、簡潔に記入すること。
6　「使用予定労働者数」の欄は、届出事業者が直接雇用する労働者数を記入すること。
7　「関係請負人の使用する労働者の予定数の合計」の欄は、延数で記入すること。
8　「参画者の経歴の概要」の欄には、参画者の資格に関する学歴、職歴、勤務年数等を記入すること。

巻末　書式集　　**241**

様式13 クレーン設置届

様式第2号(第5条関係)

クレーン設置届

事 業 の 種 類	総合工事業
事 業 の 名 称	株式会社 大東京工業
事 業 場 の 所 在 地	東京都大田区羽田中央1-1-1　　　　電話(　03-3123-4567　)
設　置	
種 類 及 び 型 式	クラブトロリ式天井クレーン　つり上げ荷重　100t
製造許可年月日及び番号	令和 6 年 4 月 15 日東京労働局第999号(　　　　　　)
設置工事を行う者の名称及び所在地	大日本建設株式会社　東京都大田区西羽田6-5-6 電話(　03-3123-5678　)
設置工事落成予定年月日	令和 6 年 12 月 10 日

令和 6 年 6 月 1 日

大田 労働基準監督署長　殿

事業者職氏名　株式会社 大東京工業 代表取締役 東京 太郎

備考
1 「事業の種類」の欄は、日本標準産業分類(中分類)による分類を記入すること。
2 「製造許可年月日及び番号」の欄の( )内には、すでに製造許可を受けているクレーンと型式が同一であるクレーンについて、その旨を注記すること。

書式14 特別加入申請書（中小事業主等）

■ 様式第34号の10（表面）

労働者災害補償保険　特別加入申請書（一人親方等）

帳票種別 `3 6 2 2 1`

◎裏面の注意事項を読んでから記載してください。
※印の欄は記載しないでください。（職員が記載します。）

① 申請に係る事業の労働保険番号

府県	所掌	管轄	基幹番号	枝番号
1 3	1	0 6	0 9 8 7 6 5	0 0 0

※受付年月日　9 令和

元号　年　月　日

② 特別加入団体

名称（フリガナ）	オオタケンセツギョウ　キョウドウクミアイ
名称（漢字）	大田建設業　協同組合
代表者の氏名	組合長　大森　智史
事業又は作業の種類	建設の事業　※特定業種区分

③ 特別加入予定者　加入予定者数　計 **3** 名

*この用紙に記載しきれない場合には、別紙に記載すること。

特別加入予定者	法第33条第3号に掲げる者との関係	業務又は作業の内容 業務又は作業の具体的内容	除染作業	従事する特定業務	特定業務・給付基礎日額 業務歴	
フリガナ カマタ サブロウ 氏名 鎌田 三郎 生年月日 昭和50年 4月 20日	①本人 5 家族従事者 （　）	大工工事業	1 有 ③無	1 粉じん 3 振動工具 5 鉛 7 有機溶剤 ⑨該当なし	最初に従事した年月　年　月 従事した期間の合計　年間　ヶ月 希望する給付基礎日額 14,000 円	
フリガナ サタケ ジュンイチ 氏名 佐竹 淳一 生年月日 昭和61年 11月 16日	①本人 5 家族従事者 （　）	舗装工事業	1 有 ③無	1 粉じん 3 振動工具 5 鉛 7 有機溶剤 ⑨該当なし	最初に従事した年月 平成16年 5月 従事した期間の合計 20年 5ヶ月 希望する給付基礎日額 12,000 円	
フリガナ マセ ツヨシ 氏名 間瀬 剛 生年月日 平成18年 2月 4日	①本人 5 家族従事者 （　）	左官工事業	1 有 ③無	1 粉じん 3 振動工具 5 鉛 ⑦有機溶剤 9 該当なし	最初に従事した年月 令和6年 4月 従事した期間の合計　年間 6ヶ月 希望する給付基礎日額 10,000 円	
フリガナ 氏名 生年月日　年　月　日	1 本人 5 家族従事者 （　）		1 有 3 無	1 粉じん 3 振動工具 5 鉛 7 有機溶剤 9 該当なし	最初に従事した年月　年　月 従事した期間の合計　年間　ヶ月 希望する給付基礎日額　円	
フリガナ 氏名 生年月日　年　月　日	1 本人 5 家族従事者 （　）		1 有 3 無	1 粉じん 3 振動工具 5 鉛 7 有機溶剤 9 該当なし	最初に従事した年月　年　月 従事した期間の合計　年間　ヶ月 希望する給付基礎日額　円	

④ 添付する書類の名称

団体の目的、組織、運営等を明らかにする書類	大田建設業　協同組合規約
業務災害の防止に関する措置の内容を記載した書類	大田建設業　協同組合災害防止規程

⑤ 特別加入を希望する日（申請日の翌日から起算して30日以内）　令和6年 11月 1日

上記のとおり特別加入の申請をします。

令和6年 10月 21日

東京　労働局長　殿

名　称　大田建設業　協同組合

〒144－0004　電話（ 03 ）3444－4444

団体の主たる事務所の所在地　東京都大田区東蒲田4－8－1

代表者の氏名　組合長　大森　智史

巻末　書式集　243

書式15 療養補償給付たる療養の給付請求書

様式第5号(表面)　労働者災害補償保険
業務災害用
複数業務要因災害用
療養補償給付及び複数事業労働者
療養給付たる療養の給付請求書

標準字体　0 1 2 3 4 5 6 7 8 9 " ° ー
アイウエオカキクケコサシスセソタチツテトナニヌ
ネノハヒフヘホマミムメモヤユヨラリルレロワンゝ゛

※ 帳票種別	①管轄局署	②業通別	③保留	⑥処理区分	④受付年月日
3 4 5 9 0		1	1業 3通	1全レセ 3全給付	※

標準字体で記入してください。

⑤労働保険番号
府県 所掌 管轄 基幹番号 枝番号
1 3 1 0 9 6 5 4 3 2 1 0 0 0

⑦支給・不支給決定年月日
※

年金証書番号記入欄

⑧性別	⑨労働者の生年月日	⑩負傷又は発病年月日
1 男女	5 6 1 0 6 1 0	9 0 6 0 7 1 9

⑪再発年月日
※

⑯メイ(カタカナ)・姓と名の間は1文字あけて記入してください。濁点・半濁点は1字として記入してください。
ア オ キ　ヒ カ ル

⑬三者	⑭特疾	⑮特別加入者

労働者

氏名　青木　光　　　　　　　　　　　(38歳)

⑰負傷又は発病の時刻
午後 9 時 50 分頃

郵便番号　151-0000
フリガナ　シブヤクシブヤ
住所　渋谷区渋谷32−10

⑱災害発生の事実を確認した者の職名、氏名
職名　総務課長
氏名　西村一郎

職種　作業員

⑲災害の原因及び発生状況
(あ)どのような場所で(い)どのような作業をしているときに(う)どのような物又は環境に(え)どのような不安全な又は有害な状態があって(お)どのような災害が発生したか(か)⑦と初診日が異なる場合はその理由を詳細に記入すること

新築工事現場で、建築資材を運んでいる最中に障害物につまづいて転倒し右手首を骨折してしまった。

⑳指定病院等の	名称	東新宿病院	電話(03) 3456-7890
	所在地	新宿区東新宿3−5−2	〒160−9999

㉑傷病の部位及び状態　右手首骨折

⑫の者については、⑩、⑰及び⑲に記載したとおりであることを証明します。　　6 年 7 月 23 日

事業の名称	株式会社　東西建設	電話(03) 2468-1357
事業場の所在地	東京都中央区中央1−1−1	〒101−0101
事業主の氏名	代表取締役　南川　次郎	

(法人その他の団体であるときはその名称及び代表者の氏名)

労働者の所属事業
場の名称・所在地

電話( )

(注意) 1　労働者の所属事業場の名称・所在地については、労働者が直接所属する事業場が一括適用の取扱いを受けている場合に、労働者が直接所属する支店、工事現場等を記載してください。
2　派遣労働者について、療養補償給付又は複数事業労働者療養給付のみの請求がなされる場合にあっては、派遣先事業主は、派遣元事業主が証明する事項の記載内容が事実と相違ない旨裏面に記載してください。

上記により療養補償給付又は複数事業労働者療養給付たる療養の給付を請求します。　　6 年 7 月 31 日

中央 労働基準監督署長 殿

東新宿

病院 診療所 薬局 訪問看護事業者 経由

請求人の
〒151-0000　電話(03) 3111-4222
住所　渋谷区渋谷32−10　　　(方)
氏名　青木　光

支不支給決定決議書

	署 長	副署長	課 長	係 長	係	決定年月日	・ ・
調査年月日	・ ・					不支給の理由	
復命書番号	第 号	第 号	第 号				

(この欄は記入しないでください。)

244

書式16 療養補償給付たる療養の費用請求書

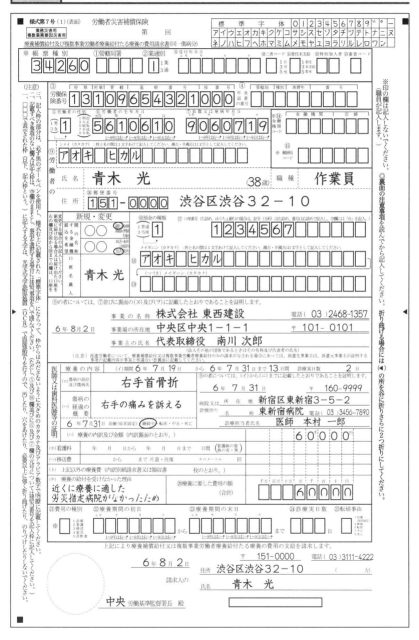

様式第7号(1)(裏面)

| (リ) 労働者の所属事業場の名称・所在地 | 株式会社 東西建設 中央区中央1-1-1 | (ヌ) 負傷又は発病の時刻 | 午前 9 時 50 分頃 | (ル) 災害発生の事実を確認した者の | 職名 総務課長 氏名 西村 一郎 |

(ヲ)災害の原因及び発生状況 (あ)どのような場所で(い)どのような作業をしているときに(う)どのような物又は環境に(え)どのような不安全な又は有害な状態があって(お)どのような災害が発生したか(か)⑦と初診日が異なる場合はその理由を詳細に記入すること

新築工事現場内で、建築資材を運んでいる最中に障害物につまづいて転倒し右手首を骨折してしまった。

療養の内訳及び金額

診療内容			点数(点)	診療内容	金額	摘要
初診				初診	円	
再診	外来診療科	× 回		再診 回	円	
	継続管理加算	× 回		指導 回	円	
	外来管理加算	× 回		その他	円	
	時間外	× 回				
	休日	× 回		食事(基準)		
	深夜	× 回		円× 日間	円	
指導				円× 日間	円	
在宅	往診	回				
	夜間	回		小 計 ②	円	
	緊急・深夜	回				
	在宅患者訪問診療	回		摘 要		
	その他	回				
	薬剤					
投薬	内服 薬剤	単位				
	調剤	× 回				
	屯服 薬剤	単位				
	外用 薬剤	単位				
	調剤	× 回				
	処方	× 回				
	麻毒	回				
	調基					
注射	皮下筋肉内	回				
	静脈内	回				
	その他	回				
処置		回				
	薬剤					
手術麻酔		回				
	薬剤					
検査		回				
	薬剤					
画像診断		回				
	薬剤					
その他	処方せん	回				
	薬剤					
入院	入院年月日 年 月 日					
	病・診・衣 入院基本料・加算					
		× 日間				
		× 日間				
		× 日間				
		× 日間				
	特定入院料・その他					
小計	点 ①			合計金額 ①+②	円	

㋬その他就業先の有無

有 有の場合のその数 (ただし表面の事業場を含まない)
無 社

有の場合でいずれかの事業で特別加入している特別加入状況(ただし表面の事業を含まない)	労働保険事務組合又は特別加入団体の名称
	加入年月日 年 月 日
	労働保険番号(特別加入)

(注意)

一 共通の注意事項
 該当する事項を○で囲むこと。
(リ)、(ヌ)及び(ル)については、その費用について明細書及び看護移送費
(ホ)、(ヘ)及び(ト)の(イ)から(ヲ)までは、この請求書に係る療養の費用を請求する場合に記入すること。
(リ)(ヌ)及び(ル)は、第一回の請求(この請求書が離職後である場合には）に記載すること。第二回以後の請求には記載する必要がないこと。
傷病補償年金又は複数事業労働者傷病年金の受給権者が当該傷病に係る療養の費用を請求する場合の注意事項
療養の費用を請求する場合以外の場合の注意事項
③、⑥及び(ワ)から(ヲ)までは記載する必要がないこと。
初めて診察を受けた者の確認をすること。
災害発生の事実を確認した者が多数あるときは最も直接関係ある者を記載すること。
労働者が直接所属する支店、工事現場等の名称を記載すること。
(ロ)は、その費用についての明細書及び看護移送費等の費用の明細書を添付すること。
事業主の証明は受ける必要がないこと。

二 ② 事業主の証明は受ける必要がないこと。

三 ④療養の給付を受ける指定病院等を経由して提出する場合には、最終の投薬の期間に計算した額を記入すること。

四 ⑤及び⑥は、第一回の請求(この請求書が離職後である場合には、)に記載すること。

五 「その他就業先の有無」欄の記載がない場合又は複数就業していない場合、複数事業労働者療養給付の請求はないものとして取り扱うこと。

六 疾病に係る請求の場合、脳・心臓疾患、精神障害及びその他(二)以上の事業の業務を要因とする疾病以外は複数事業労働者療養給付の請求はないものとして、療養補償給付のみで請求されることとなること。

派遣先事業主証明欄	派遣元事業主が証明する事項(表面の⑦並びに(ヌ)及び(ヲ))の記載内容について事実と相違ないことを証明します。	
	年 月 日	事業の名称 電話( ) ─
		事業場の所在地 〒 ─
		事業主の氏名
		(法人その他の団体であるときはその名称及び代表者の氏名)

| 社会保険労務士記載欄 | 作成年月日・提出代行者・事務代理者の表示 | 氏 名 | 電話番号 |
| | | | ( ) ─ |

246

書式17 休業補償給付支給請求書

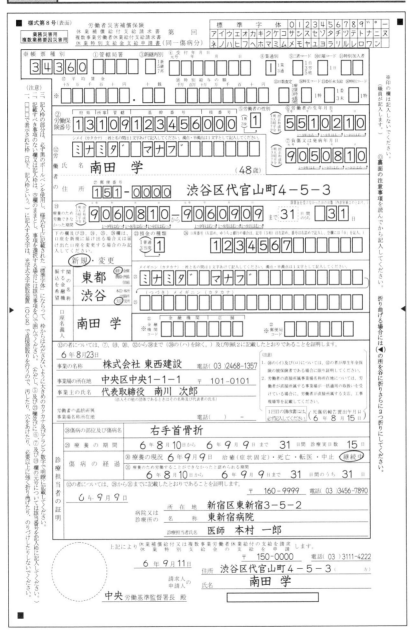

巻末 書式集 247

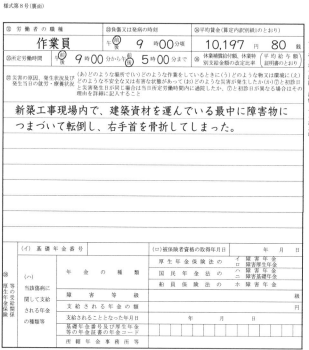

様式第8号（別紙1）　（表面）

労　働　保　険　番　号	氏　　　　　名	災害発生年月日

府県	所掌	管轄	基幹番号	枝番号
1 3	1	0 9	1 2 3 4 5 6	0 0 0

南田　学

6 年 8 月 10 日

平均賃金算定内訳

（労働基準法第12条参照のこと。）

雇　入　年　月　日	平成20 年 12 月 1 日	常用・日雇の別	常用 日雇
賃 金 支 給 方 法	月給・週給・日給・時間給・出来高払制・その他請負制	賃金締切日	毎月 20 日

A 月・週その他一定の期間によって支払ったもの	賃 金 計 算 期 間		4 月 21 日から 5 月 20 日まで	5 月 21 日から 6 月 20 日まで	6 月 21 日から 7 月 20 日まで	計	
	総　日　数		30 日	31 日	30 日	(イ) 91	日
	賃金	基 本 賃 金	270,000 円	270,000 円	270,000 円	810,000	円
		職務 手当	20,000	20,000	20,000	60,000	
		残業 手当	10,000	10,000	10,000	30,000	
		計	300,000 円	300,000 円	300,000 円	(ロ) 900,000	円

B 日若しくは時間又は出来高払制その他の請負制によって支払ったもの	賃 金 計 算 期 間		4 月 21 日から 5 月 20 日まで	5 月 21 日から 6 月 20 日まで	6 月 21 日から 7 月 20 日まで	計	
	総　日　数		30 日	31 日	30 日	(イ) 91	日
	労　働　日　数		19 日	21 日	21 日	(ハ) 61	日
	賃金	基 本 賃 金	円	円	円		円
		残業 手当	12,000	9,000	7,000	28,000	
		手当					
		計	12,000 円	9,000 円	7,000 円	(ニ) 28,000	円

総　　　　　　計	312,000 円	309,000 円	307,000 円	(ホ) 928,000	円

平　均　賃　金	賃金総額(ホ) 928,000 円 ÷ 総日数(イ) 91 ＝ 10,197 円 80 銭

最低保障平均賃金の計算方法

Aの(ロ)	900,000 円 ÷ 総日数(イ) 91 ＝	9,890 円 11 銭 (ヘ)
Bの(ニ)	28,000 円 ÷ 労働日数(ハ) 61 × $\frac{60}{100}$ ＝	275 円 41 銭 (ト)
(ヘ)	9,890 円 11 銭 ＋ (ト) 275 円41銭 ＝	10,165 円 52 銭 (最低保障平均賃金)

日日雇い入れられる者の平均賃金 （昭和38年労働省告示第52号による。）	第1号又は第2号の場合	賃 金 計 算 期 間		労働日数又は労働総日数(リ)	(ヌ) 賃 金 総 額	平均賃金(ヌ÷リ× $\frac{73}{100}$)	
		月 日から 月 日まで		日	円	円 銭	
	第2号の場合	都道府県労働局長が定める金額					円
	第4号の場合	従事する事業又は職業					
		都道府県労働局長が定めた金額					円

漁業及び林業労働者の平均賃金（昭和24年労働省告示第5号第2条による。）	平均賃金協定額の承認年月日	年 月 日	職種	平均賃金協定額	円

① 賃金計算期間のうち業務外の傷病の療養等のため休業した期間の日数及びその期間中の賃金を業務上の傷病の療養のため休業した期間の日数及びその期間中の賃金とみなして算定した平均賃金
　（賃金の総額(ホ)－休業した期間にかかる②の(リ)）÷（総日数(イ)－休業した期間②の(チ)）
　（　　　　　　円－　　　　　　円）÷（　　　日－　　　日）＝　　　円　　銭

巻末　書式集　　249

書式18 健康保険傷病手当金支給申請書

健康保険 傷病手当金 支給申請書

1 2 3 4 ページ

被保険者記入用 傷

被保険者が病気やケガのため仕事に就くことができず、給与が受けられない場合の生活保障として、給付金を受ける場合にご使用ください。
なお、記入方法および添付書類等については「記入の手引き」をご確認ください。

被保険者（申請者）情報

被保険者証	記号（左づめ）	番号（左づめ）	生年月日
	7 1 0 1 0 2 0 3 1 3		1 昭和 2 平成 3 令和 **1** 6 2 年 0 1 月 3 1 日

氏名（カタカナ）： ホ ン ジ ョ ウ　タ カ シ

姓と名の間は1マス空けてご記入ください。濁点（゛）、半濁点（゜）は1字としてご記入ください。

氏名： **本 上　貴 志**

※申請者はお勤めされている（いた）被保険者です。
被保険者がお亡くなりになっている場合は、
相続人よりご申請ください。

郵便番号（ハイフン除く）	1 1 0 0 0 0 1	電話番号（左づめハイフン除く）	0 3 3 3 3 3 1 1 1 1

住所： 東京 ㊞道／府・県　目黒区東7－3－19

振込先指定口座

振込先指定口座は、上記申請者氏名と同じ名義の口座をご指定ください。

金融機関名称	東西	銀行 金庫 信組 農協 漁協 その他（ ）	支店名	目黒駅前	本店 支店 代理店 出張所 本店営業部 本所 支所

預金種別	1 普通預金	口座番号（左づめ）	1 2 3 4 5 6 7

ゆうちょ銀行の口座へお振り込みを希望される場合、支店名は3桁の漢数字を、口座番号は振込専用の口座番号（7桁）をご記入ください。
ゆうちょ銀行口座番号（記号・番号）ではお振込できません。

2ページ目に続きます。 ≫≫

被保険者証の記号番号が不明の場合は、被保険者のマイナンバーをご記入ください。
（記入した場合は、本人確認書類等の添付が必要となります。） ▶

社会保険労務士の
提出代行者名記入欄

――― 以下は、協会使用欄のため、記入しないでください。 ―――

MN確認（被保険者）	☐	1. 記入有（添付あり） 2. 記入有（添付なし） 3. 記入無（添付あり）				

添付書類	職歴	☐	1. 添付 2. 不備	年金	☐	1. 添付 2. 不備	労災	☐	1. 添付 2. 不備

	戸籍（法定代理）	☐	1. 添付	口座証明	☐	1. 添付

受付日付印

（2023.3）

その他	☐	（理由） 1. その他	枚数	☐☐

6 0 1 1 1 1 0 1

全国健康保険協会
協会けんぽ

1 / 4

250

健康保険 傷病手当金 支給申請書

2 ページ

被保険者記入用

被保険者氏名 本上 貴志

申請内容

① 申請期間（療養のために休んだ期間）
令和 `0 6` 年 `0 7` 月 `0 1` 日 から
令和 `0 6` 年 `0 8` 月 `3 1` 日 まで

② 被保険者の仕事の内容（退職後の申請の場合は、退職前の仕事の内容）
建設工事等の営業（ルート回り）

③ 傷病名
☑ 療養担当者記入欄（4ページ）に記入されている傷病による申請である場合は、左記に☑を入れてください。
別傷病による申請を行う場合は、別途その傷病に対する療養担当者の証明を受けてください。

④ 発病・負傷年月日
`2` 1.平成 2.令和 `0 6` 年 `0 7` 月 `0 1` 日

⑤-1 傷病の原因
`1` 1.仕事中以外（業務外）での傷病 2.仕事中（業務上）での傷病 3.通勤途中での傷病 } ➡ ⑤-2へ

⑤-2 労働災害、通勤災害の認定を受けていますか。
☐ 1.はい 2.請求中（＿＿＿＿＿労働基準監督署） 3.未請求

⑥ 傷病の原因は第三者の行為（交通事故やケンカ等）によるものですか。
`2` 1.はい 2.いいえ 「1.はい」の場合、別途「第三者行為による傷病届」をご提出ください。

確認事項

① 報酬

①-1 申請期間（療養のために休んだ期間）に報酬を受けましたか。
`2` 1.はい ➡ ①-2へ 2.いいえ

①-2 ①-1を「はい」と答えた場合、受けた報酬は事業主証明欄に記入されている内容のとおりですか。
☐ 1.はい 2.いいえ ➡ 事業主へご確認のうえ、正しい証明を受けてください。

② 年金受給

②-1 障害年金、障害手当金について
今回傷病手当金を申請するものと同一の傷病で「障害厚生年金」または「障害手当金」を受給していますか。（同一の傷病で障害年金等を受給している場合は、傷病手当金の額を調整します）
`2` 1.はい ➡ ②-3へ 2.いいえ 「1.はい」の場合

②-2 老齢年金等について
※退職後の継続給付として健康保険資格喪失後の期間について、傷病手当金を申請する場合はご記入ください
老齢または退職を事由とする公的年金等を受給していますか。（公的年金を受給している場合は、傷病手当金の額を調整します）
`2` 1.はい ➡ ②-3へ 2.いいえ 「1.はい」の場合

②-3 ②-1または②-2を「はい」と答えた場合のみ、ご記入ください。

基礎年金番号	☐☐☐☐ - ☐☐☐☐☐☐
年金コード	☐☐☐☐
支給開始年月日	1.平成 2.令和 ☐☐年 ☐☐月 ☐☐日
年金額	☐☐☐☐☐☐円（右づめ）

③ 労災補償
今回の傷病手当金を申請する期間において、別傷病により、労災保険から休業補償給付を受給していますか。
`3` 1.はい 2.請求中（＿＿＿＿＿労働基準監督署） 3.いいえ 「1.はい」の場合 「2.請求中」の場合

『健康保険傷病手当金支給申請書記入の手引き』をご確認ください。

「事業主記入用」は3ページ目に続きます。 》》》

`6 0 1 2 1 1 0 1`

全国健康保険協会
協会けんぽ

(2/4)

巻末 書式集 251

健康保険 傷病手当金 支給申請書

事業主記入用

労務に服することができなかった期間（申請期間）の勤務状況および賃金支払い状況等をご記入ください。

被保険者氏名（カタカナ）: ホンジョウ　タカシ

姓と名の間は1マス空けてご記入ください。濁点（ﾞ）、半濁点（ﾟ）は1字としてご記入ください。

勤務状況 2ページの申請期間のうち出勤した日付を【○】で囲んでください。「年」「月」については出勤の有無に関わらずご記入ください。

令和 06 年 07 月 　1　2　3　4　5　6　7　8　9　10　11　12　13　14　15　16　17　18　19　20　21　22　23　24　25　26　27　28　29　30　31

令和 06 年 08 月 　1　2　3　4　5　6　7　8　9　10　11　12　13　14　15　16　17　18　19　20　21　22　23　24　25　26　27　28　29　30　31

令和 　年 　月 　1　2　3　4　5　6　7　8　9　10　11　12　13　14　15　16　17　18　19　20　21　22　23　24　25　26　27　28　29　30　31

2ページの申請期間のうち、出勤していない日（上記【○】で囲んだ日以外の日）に対して、報酬等（※）を支給した日がある場合は、支給した日と金額をご記入ください。
※有給休暇の場合の賃金、出勤の有無に関わらず支払っている手当（扶養手当・住宅手当等）、食事・住居等現物支給しているもの等

例　令和 05 年 02 月 01 日　から　05 年 02 月 28 日　300000 円

① 令和 　年 　月 　日　から　　年 　月 　日　　円
② 令和 　年 　月 　日　から　　年 　月 　日　　円
③ 令和 　年 　月 　日　から　　年 　月 　日　　円
④ 令和 　年 　月 　日　から　　年 　月 　日　　円
⑤ 令和 　年 　月 　日　から　　年 　月 　日　　円
⑥ 令和 　年 　月 　日　から　　年 　月 　日　　円
⑦ 令和 　年 　月 　日　から　　年 　月 　日　　円
⑧ 令和 　年 　月 　日　から　　年 　月 　日　　円
⑨ 令和 　年 　月 　日　から　　年 　月 　日　　円
⑩ 令和 　年 　月 　日　から　　年 　月 　日　　円

事業主が証明するところ

上記のとおり相違ないことを証明します。　　06 年 09 月 13 日
事業所所在地　〒141-0000　東京都品川区五反田1-2-3
事業所名称　株式会社　緑建設
事業主氏名　代表取締役　鈴木　太郎
電話番号　03-3321-1123

6 0 1 3 1 1 0 1

「療養担当者記入用」は4ページ目に続きます。

全国健康保険協会　協会けんぽ

3 / 4

健康保険 傷病手当金 支給申請書

療養担当者記入用

患者氏名（カタカナ）	ホンジョウ　タカシ

姓と名の間は1マス空けてご記入ください。濁点（ ゛）、半濁点（ ゜）は1字としてご記入ください。

労務不能と認めた期間（勤務先での従前の労務に服することができない期間をいいます。）
令和 06 年 07 月 01 日 から
令和 06 年 08 月 31 日 まで

傷病名（労務不能と認めた傷病をご記入ください）： 自律神経失調症

初診日（療養の給付の開始年月日）： 2. 令和 06 年 07 月 01 日

発病または負傷の原因

発病または負傷の年月日： 2. 令和 06 年 07 月 01 日

労務不能と認めた期間に診療した日がありましたか： 1. はい

上記期間中における「主たる症状及び経過」「治療内容、検査結果、療養指導」等：

発汗異常・循環障害を発症。
投薬による治療を行う。

経過は良好で安定しつつあるものの、
依然として上記の症状が継続しているため、
自宅療養を要する。

上記のとおり相違ないことを証明します。 令和 06 年 10 月 08 日

医療機関の所在地： 東京都港区芝町1-1-1
医療機関の名称： 港総合病院
医師の氏名： 三田　太郎
電話番号： 03-6767-0101

6 0 1 4 1 1 0 1

全国健康保険協会 協会けんぽ

(4/4)

書式19 葬祭料請求書（業務災害用　表面）

様式第16号（表面）

業務災害用
複数業務要因災害用

労働者災害補償保険
葬祭料又は複数事業労働者葬祭給付請求書

① 労 働 保 険 番 号					③ 請 求 人 の	フリガナ 氏　名	アサイ　マサコ 朝井　昌子
府県	所掌	管轄	基幹番号	枝番号		住　所	品川区西品川３－８－４
13	1	09	123456	000		死亡労働者 との関係	妻

② 年 金 証 書 の 番 号

管轄局	種別	西暦年	番　号

④ 死亡労働者の	フリガナ 氏　名	アサイ　アキオ 朝井　明夫 （男）・女)	⑤ 負傷又は発病年月日
			令和6 年 12 月 7 日
	生年月日	昭和 63 年 6 月 25 日(36 歳)	午前・(後) 2 時 30分頃
	職　種	営業	⑦ 死 亡 年 月 日
	所属事業場 名称所在地		令和6 年 12 月 7 日

⑥ 災害の原因及び発生状況
(あ)どのような場所で(い)どのような作業をしているときに(う)どのような物又は環境に(え)どのような不安全な又は有害な状態があって(お)どのような災害が発生したかを簡明に記載すること

得意先に新製品の説明をするため、社用車で向かっていたところ、品川区大崎駅前の交差点で右折する際に直進車と衝突し死亡した。

⑧ 平 均 賃 金
10,253 円 16 銭

④の者については、⑤、⑥及び⑧に記載したとおりであることを証明します。

令和7 年 1 月 15 日

事業の名称　　株式会社　南北商会　　電話(03)1234－5678
事業場の所在地　新宿区東新宿１－２－３　〒 160－9999
事業主の氏名　代表取締役　南山　次郎
(法人その他の団体であるときはその名称及び代表者の氏名)

⑨ 添付する書類その他の資料名	除籍謄本　死亡検案書　住民票謄本

上記により葬祭料又は複数事業労働者葬祭給付の支給を請求します。

令和7 年 1 月 17 日　　　　〒 141－0000　電話(03)3456－6543

新宿　労働基準監督署長　殿

請求人の　住　所　品川区西品川３－８－４
　　　　　氏　名　朝井　昌子

振込を希望する金融機関の名称		預金の種類及び口座番号
東都　銀行・金庫 農協・漁協・信組	品川　本店・本所 出張所 支店・支所	普通・当座　第345678号 口座名義人　朝井　昌子

254

書式20 遺族補償年金支給請求書

様式第12号(表面)

業務災害用
複数業務要因災害用

労働者災害補償保険

遺族補償年金
複数事業労働者遺族年金　支給請求書
遺族特別年金　支給申請書

年金新規報告書提出

① 労 働 保 険 番 号

府県	所掌	管轄	基幹番号	枝番号
13	1	09	123456	

② 年 金 証 書 の 番 号

管轄局	種別	西暦年	番号	枝番号

③死亡労働者の

フリガナ	アサイ アキオ	④ 負傷又は発病年月日
氏 名	朝井 明夫 （男・女）	6 年 12 月 6 日
生年月日	昭和41年 4 月10日（58歳）	午前・後 2 時 30 分頃
職 種	商品企画	⑤ 死 亡 年 月 日
所属事業場 名称・所在地		6 年 12 月 6 日

⑦ 平 均 賃 金

10,253 円 16 銭

⑥ 災害の原因及び発生状況　(あ)どのような場所で(い)どのような作業をしているときに(う)どのような物又は環境に(え)どのような不安全な又は有害な状態があって(お)どのような災害が発生したかを簡明に記載すること

令和6年12月6日午後2時半頃、「頭が痛いので横になりたい」と仮眠室へ向かおうとしたところ、突然倒れ、意識不明の状態になり、救急車で近隣の病院に搬送されたが、その後死亡した。（詳細については別紙記入）

⑧ 特別給与の総額（年額）

850,000 円

⑨
厚生年金保険等の受給関係

㋑	死亡労働者の厚生等の年金証書の基礎年金番号・年金コード			㋺ 死亡労働者の被保険者資格の取得年月日	昭和61年 5 月 1 日

㋩ 当該死亡に関して支給される年金の種類			
厚生年金保険法の	ロ 遺族年金 遺族厚生年金	国民年金法の	イ母子年金　ロ準母子年金　ハ遺児年金 ニ寡婦年金　ホ遺族基礎年金
船員保険法の遺族年金			

支給される年金の額	支給されることとなった年月日	厚生年金等の年金証書の基礎年金番号・年金コード （複数のコードがある場合は下段に記載すること。）	所轄年金事務所等
円	年 月 日		

受けていない場合は、次のいずれかを○で囲む。　・裁定請求中　・不支給裁定　・未加入　・請求していない　・老齢年金等選択

③の者については、④、⑥から⑧まで並びに⑨の㋑及び㋺に記載したとおりであることを証明します。

7 年 1 月 16 日

事業の名称	株式会社 東西商事	電話（　）1234-5678
事業場の所在地	新宿区東新宿1-2-3	〒160-9999
事業主の氏名	代表取締役 東山 次郎	

[注意]
⑨の㋑及び㋺については、③の者が厚生年金保険の被保険者である場合に限り証明すること。

（法人その他の団体であるときはその名称及び代表者の氏名）

⑩
請求人

氏 名（フリガナ）	生 年 月 日	住 所（フリガナ）	死亡労働者との関係	障害の有無	請求人（申請人）の代表者を選任しないときは、その理由
アサイ マサコ 朝井 昌子	昭46・12・8	品川区西品川3-8-4	妻	ある・ない	
				ある・ない	

⑪

氏 名（フリガナ）	生 年 月 日	住 所（フリガナ）	死亡労働者との関係	障害の有無	請求人（申請人）と生計を同じくしているか
アサイ アキコ 朝井 明子	平17・6・10	シナガワクニシシナガワ 品川区西品川3-8-4	長女	ある・ない	いる・いない
	・ ・			ある・ない	いる・いない
	・ ・			ある・ない	いる・いない
	・ ・			ある・ない	いる・いない

⑫ 添付する書類その他の資料名

⑬
年金の払渡しを受けることを希望する金融機関又は郵便局

金融機関（郵便貯金銀行を除く。）	名 称	東都	㋑銀行・金庫 農協・漁協・信組	品川	本店・本所 出張所 ㋺支店・支所	※金融機関店舗コード
	預金通帳の記号番号	普通・当座 第 345678 号				
郵便貯金銀行の貯金通帳の記号番号	フリガナ					※郵便局コード
	名 称					
	所在地	都道府県		市郡区		
	預金通帳の記号番号	第 号				

遺族補償年金
複数事業労働者遺族年金　の支給を請求します。
遺族特別年金　の支給を申請します。

上記により

7 年 1 月 25 日

新宿 労働基準監督署長　殿

請求人
申請人
（代表者）

〒 141-0000 電話（　）3456-6543
住所 品川区西品川3-8-4
氏名 朝井 昌子

個人番号

□本件手続を裏面に記載の社会保険労務士に委託します。

特別支給金について振込を希望する金融機関の名称			預金の種類及び口座番号	
東都	銀行・金庫 農協・漁協・信組	品川 本店・本所 出張所 支店・支所	普通・当座 第 345678 号 口座名義人 朝井 昌子	

巻末　書式集　255

【監修者紹介】
林　智之（はやし　ともゆき）
1963年生まれ。東京都出身。社会保険労務士（東京都社会保険労務士会）。早稲田大学社会科学部卒業後、民間企業勤務を経て2009年社会保険労務士として独立開業。開業当初はリーマンショックで経営不振に陥った中小企業を支えるため、助成金の提案を中心に行う。その後、中小企業の業績向上のためには、従業員の能力を最大限発揮させることが重要と考え、従業員が働きやすい社内規程を提供している。また、労働者が安心安全に働くことができる職場づくりのための「パワハラ予防社内研修」の実施や、中小零細企業に特化したモチベーションの向上を図れる「人事評価、処遇制度」の構築を提案している。さらにハイレベルな講師よりコーチングを学び、労働者が抱える様々な問題解決の手助けをしている。
主な監修書に、『障害者総合支援法と障害年金の法律知識』『建設業事業者のための法律【労務・安全衛生・社会保険】と実務書式』『給与計算・賞与・退職手続きの法律と税金実務マニュアル』『最新 会社の事務と手続きがわかる事典』『最新 社会保険のしくみと届出書類の書き方』『労働保険【労災保険・雇用保険】のしくみと届出・申請書類の書き方』『テレワーク・副業・兼業の法律と手続き』『改訂新版　職場のハラスメント【セクハラ・パワハラ・マタハラ】の法律と対策』『障害年金・遺族年金受給のためのしくみと手続き』など（いずれも小社刊）がある。

櫻坂上社労士事務所（旧さくら坂社労士パートナーズ）
https://www.sakurazakasp.com/

三訂版　図解で早わかり
労働安全衛生法のしくみ

2025年2月20日　第1刷発行

監修者	林　智之
発行者	前田俊秀
発行所	株式会社三修社
	〒150-0001　東京都渋谷区神宮前2-2-22
	TEL　03-3405-4511　FAX　03-3405-4522
	振替　00190-9-72758
	https://www.sanshusha.co.jp
印刷所	萩原印刷株式会社
製本所	牧製本印刷株式会社

©2025 T. Hayashi Printed in Japan
ISBN978-4-384-04957-2 C2032

JCOPY 〈出版者著作権管理機構 委託出版物〉
本書の無断複製は著作権法上での例外を除き禁じられています。複製される場合は、そのつど事前に、出版者著作権管理機構（電話 03-5244-5088　FAX 03-5244-5089　e-mail: info@jcopy.or.jp）の許諾を得てください。